PROF. DR. MEHMET Z. SUNGUR

AŞK EVLİLİK SADAKATSİZLİK

ŞEYTAN ÜÇGENİ

PROF. DR. MEHMET Z. SUNGUR

AŞK, EVLİLİK, SADAKATSİZLİK

ŞEYTAN ÜÇGENİ

YAZAR HAKKINDA

Ortaöğrenimini Tarsus Amerikan Koleji'nde, üniversite eğitimini ise Hacettepe Tıp Fakültesi'nde tamamlamıştır. 1985 yılında bir Avrupa Konseyi bursu aracılığıyla İngiltere'de "Toplum Psikiyatrisi" ve "Ruh Sağlığı Hizmetlerinin Yapılandırılmasında Değişik Modeller" konularında çalışmıştır.

1986-1988 yılları arasında British Council bursiyeri olarak gittiği Londra Psikiyatri Enstitüsü'nde (Kings College) "Davranış Tedavileri", "Cinsel İşlev Bozuklukları-Cinsel Terapiler", "Evlilik Terapileri" ve "Kaygı Bozuklukları" alanlarında eğitim almıştır.

1992 yılında Doçent, 2001 yılında Profesör unvanını almıştır. Doçentlik sonrasında çalışmalarını özellikle "Bilişsel ve Davranış Terapileri", "Cinsel İşlev Bozuklukları", "Evlilik Terapileri" ve "Kaygı Bozuklukları" konularında yoğunlaştırmış ve 1996 yılında kanıta dayalı çağdaş bir terapi yaklaşımının ülkemiz içinde tanınması ve yaygınlaştırılması amacıyla Kognitif ve Davranış Terapileri Derneği'nin kurucu başkanlığını yapmıştır. Halen aynı derneğin başkanlığını yürütmekte; bilişsel davranışçı tedavilerinin hem ülkemizde hem de dünyanın çeşitli ülkelerinde iyi ve etik uygulamalarının yaygınlaştırılması doğrultusunda eğitimler vermektedir. Ankara Üniversitesi Tıp Fakültesi Psikiyatri Anabilim Dalı'nda hizmet verdiği 1992 yılında, Türkiye'deki ilk "Sigara Bırakma Merkezi" ve ilk "Cinsel İşlev Bozuklukları Değerlendirme ve Tedavi Merkezi"nin kuruculuğunu yapmıştır.

2019 yılında "Avrupa Davranış ve Kognitif Terapiler Birliği (EABCT) Başkanı" seçilmiştir. Dr. Sungur önce İngiliz Davranış ve Kognitif Terapiler Birliği, ardından EABCT tarafından "Kognitif-Davranışçı Terapist" olarak akredite edilmiştir. Merkezi Amerika'da olan "Kognitif Terapi Akademisi (ACT)" kurucu üyelerinden olup, aynı akademinin eğitici ve süpervizörlerinden biridir. Beck Enstitüsü (BI) Uluslararası Danışma Kurulu üyesi de olan Dr. Sungur, 2017 yılında merkezi ABD'de olan "Uluslararası Kognitif Terapiler Birliği"nin (IACP) Amerikalı olmayan ilk başkanı seçilmiştir. 2019 yılında ise "Avrupa Seksoloji Federasyonu (EFS)" dönem başkanı seçilmiştir. 2020 yılında tüm kıtaları ve birlikleri aynı şemsiye altında toplayan "Dünya Kognitif Davranış Terapileri Konfederasyonu"nun (WCCBT) yönetim kurulu üyelerinden biri olmuştur. Bugüne kadar toplam sekiz uluslararası ve birçok uluslararası katılımlı ulusal kongrenin başkanlığını üstlenmiştir.

Yurtdışında çeşitli ülkelerde yürüttüğü eğitim etkinliklerinin yanı sıra, birçok uluslararası ve ulusal bilimsel dergilerde editörlük, danışma ve yayın kurulu üyeliği görevleri yapmıştır. Yurtiçi ve yurt ışındaki bilimsel dergilerde yayımlanmış yüzden fazla makalesi ve çeşitli kitap ve kitap bölümleri mevcuttur. *Deprem Sonrası Ortaya Çıkan Psikolojik Tepkileri Anlamak ve Kendi Kendine Yardım Etme Yöntemleri, Sen, Ben ve Aramızdaki Her Şey* ve *Aşk, Evlilik, Sadakatsizlik: Şeytan Üçgeni* ve *Belirsizlikle Barışmak Kaygı ve Endişeyi Yönetmek* isimli çok sayıda okunan kitabın yazarıdır. Ayrıca *Çocuk ve Ergenlerde Bilişsel Terapi Uygulamaları* adlı kitabın editörlük ve yayıma hazırlama görevlerini üstlenmiştir. Yurtiçi ve yurtdışında yüzlerce kongrede davetli konuşmacı olarak yer alan yazar, yine yurtiçi ve yurtdışında ruh sağlığı profesyonellerine Avrupa Davranış ve Kognitif Terapileri Eğitim Standartları ile uyumlu "Bilişsel Davranışçı Terapi" eğitimi dışında "Çift Terapileri", "Cinsel Tedaviler", "Kaygı Bozuklukları" gibi konularda eğitimler vermektedir. Ulusal ve uluslararası meslek ödülleri de olan Dr. Sungur, son olarak Avrupa Seksoloji Federasyonu tarafından çift ve seks terapilerine olan katkıları nedeniyle bir "gold medal" ile ödüllendirilmiştir. Halen, İstanbul Kent Üniversitesi'nde öğretim üyesi olarak görev yapmaktadır.

İÇİNDEKİLER

İKİNCİ BÖLÜM
İLİŞKİNİN DEĞİŞİK AŞAMALARINDA ERKEKLER VE KADINLAR: FARKLAR VE BENZERLİKLER

ÜÇÜNCÜ BÖLÜM

EVLİLİK / 133

Aşk, Evlilik, Sadakatsizlik
yaşantılarının zorlantılı süreçlerini benimle paylaşan birey ve çiftlerin aktardıklarından esinlenerek yazılmıştır.

Kitap, zaman zaman gerçek yaşamöykülerinden alıntılar yapılarak yazılmış olsa da, içeriğindeki isim ve öyküler kimlikleri korumak amacıyla maskelendirilmiş, gerektiği yerde değiştirilmiştir.

TEŞEKKÜR

Mesleki yaşamımda en büyük desteği hastalarımdan ve öğrencilerimden aldım. Bu kitap ve bundan sonra yazmayı düşündüğüm kitaplarda onların payı büyüktür. Bana danışan insanlarla yalnızca hasta-hekim ilişkileriyle yetinmekten öteye, insan insana bir ilişki kurmayı denedim ve böylelikle onlardan daha çok şey öğrenme fırsatım oldu. Hem öğrettikleri hem de beni yazmaya yüreklendirdikleri için onlara şükranlarımı sunarım.

Bu kitabın yazılışının her aşamasında emeği olan, uykusuz geceleri benimle paylaşan, her zaman gülümseyen yüzü, yorgunluğunu yansıtmamaya çalışan ifadeleri, sadeliği, içtenliği ve iyileşmez iyimserliği ile bana umut veren sevgili eşim Umut'a sevgi ve şükranlarımı sunmak isterim. Doğumlarıyla birlikte yaşamımı belirgin olarak değiştiren, yaşama ve insanın farklı hallerine duyarlılığımı artıran oğullarım Mehmet Cem'e ve Ahmet Can'a çok şey borçluyum. Aynı resmi dili günlük yaşamlarımızda kullanmıyor olsak da sevginin dilinin evrensel olduğunu sayelerinde öğrendiğim diğer çocuklarım Kale'ye ve Lara'ya hiçbir mesafenin karşılıklı sevginin arasına giremeyeceğini öğrettikleri için teşekkürlerimi sunuyorum.

Çok genç yaşta aramızdan ayrılan, müzik konusunda bir dâhi olan ve geride bıraktığı acı ile bana acının muhteşem bir bilgi olabileceğini öğreten biricik kardeşim piyanist Ahmet Mutlu Sungur'a yeni mekânında huzur diliyorum. Tedavisi mümkün olmayan bir hastalıkla birlikte uzun yıllar yaşamına devam eden, şimdilerde aramızda olmayan sevgili annem Azize

Sungur yaratıcılığı, kararlılığı, çalışkanlığı, üretkenliği, yaşadığı zaman diliminde kadın hakları konusunda sergilediği örnek duruş, seçimlerindeki zarafet ve özellikle yaşama olan bağlılığı ile bana ve çevresindekilere her zaman örnek oldu. Kendisine kronik hastalığına rağmen yaşamla kurduğu güçlü bağları uzun yıllar boyunca azimle ve umutla devam ettirerek yaşamda kalmaya yönelik kararlılığın ne anlama geldiğini öğrettiği, cesareti, özgüveni, değerlerine sahip çıkarak sürdürdüğü yaşam biçimi ile bana ve yüzlerce öğrencisine olan katkıları nedeniyle şükranlarımı sunuyorum. İnsanlar isimleri son kez anıldığında ölürlermiş. Sizlerin isimleri ben yaşadıkça hep anılacak.

Fedakârlığı, dürüstlüğü, dostlarına gösterdiği sadakat ve tüm insanlara yönelik duyarlılığı ile önümde olağanüstü özel bir model oluşturan sevgili babam Refik Sungur'a yaşamım boyunca bana gösterdiği özen ve şefkat için ne kadar teşekkür etsem azdır. Onun gibi bir baba olabilmeyi çok isterdim. Uzun yıllar bizimle kal sevgili babacığım. Ayrıca, Cem ve Can'a tıpkı anneleri gibi özenli bir bakım vererek, kitaba ayırdığım zamanda kendimi huzurlu hissetmemi sağlayan oğullarımın anneanneleri Sayın Meral Sağıroğlu'na şükranlarımı sunarım.

Hiçbir kitabın yalnızca yazarının eseri olmadığının farkındalığı içinde yaşamımın değişik evrelerinde, hep koşulsuz destek veren, bitmeyen işlerim nedeniyle kendileriyle arzuladığım kadar beraber olamamama rağmen bana hoşgörü ve şefkatlerini esirgemeyen sevgide cömert dostlarıma minnettarım. Her birinin farklı özellikleri benim için şölen sayılabilecek bir öğrenme ortamı oluşturdu. Akademik yaşamımda model oluşturan, sohbetlerinden ve kitaplarından yararlandığım birçok meslektaşım var teşekkür etmek istediğim. Ancak Uluslararası mesleki birliklerin yönetiminde birlikte yolculuk yaparken yolumu aydınlatan bu devlerinin bir ya da birkaçının ismini yazmak ismini yazmayı ihmal ettiklerime haksızlık olur. Hepsine şükranlarımı sunarım. Hayat yolculuğunda sizlerle karşılaşmış olduğum için çok şanslıyım.

Kitabımın bazı değişikliklerle yeniden basılması konusunda beni yüreklendiren ve yeni baskının hızlıca yayımlanması konusunda her türlü desteği veren değerli arkadaşım Sayın Yelda Cumalıoğlu ve Destek Yayınları ekibine şükranlarımı sunarım.

Son olarak beni motive ederek yazmaya cesaretlendiren bazılarıyla hiç yüz yüze gelemediğim değerli okuyucularıma ve takipçilerime teşekkür etmek isterim. Onlar benim isimsiz ve kostümsüz kahramanlarım...

ÖNSÖZ

Yaşamımız boyunca gözümüzü yakalayan birçok şey vardır. Ancak bunların çok azı yüreğimizi ve ruhumuzu da yakalar. Aşk, evlilik ve sadakatsizlik acısı gibi!... Aşk "ben"leri yok etmek pahasına "biz" olabilmektir. Sınırları iyi çizilmiş bir evlilik "ben"leri koruyarak "biz" olabilme sanatıdır. Sadakatsizlik ise "biz"i yok etme riskini göze almaktır. Kitabın aşk, evlilik ve sadakatsizlik üzerine yazılması bir tesadüf değil çünkü insanların hemen hemen tamamı yaşamları boyunca bu üçlüden en az birini, en az bir kez yaşıyorlar.

Acı, onu araştıran ve anlayan kişiler için muhteşem bir bilgidir. Acı, yaşama ve yaşadıklarımıza verdiğimiz değeri gösterir. Belki de artık orada olmayanın değerini... Bir terapi oturumunda ağlayan eşinin gözyaşlarını zayıflık gibi algıladığı için hiçbir anlam veremediğini söyleyen ve "Ben hiç ağlamadım" diye övünen birine, "Sizin için çok üzüldüm" demiştim. O da bana "Ağlayan ben değilim eşim. Onun için üzülün" demişti. Ben de nazikçe "Kimin için üzüleceğime izninizle ben karar vermek isterim" dedim. O da bana "Peki. Niye benim için üzülüyorsunuz?" diye sorduğundaysa, "Siz 55 yaşındasınız ve geride bıraktığınız 55 yıl boyunca sizi ağlatacak kadar değer verdiğiniz hiçbir şeyin olmaması çok üzüntü ve acı verici de ondan" dediğimi hatırlıyorum. Neredeyse, "Çözüm yoksa sorun da yoktur" biçimindeki aşırı pragmatik bir anlayışın pompalandığı bir dünyada, kim acıyı derinlemesine incelemek ve gösterdiği adresi bulmak ister ki? Bu kitabın bazı bölümleri ve özellikle sadakatsizliğe ayrılan bölümü, kendi acısından öğrenmeyi ve anlam çıkarmayı amaçlayan insanlar için yazıldı... Acı yaşamın kaçınılmazlarından biridir. Ancak acı çekmekten daha da önemli olan acı çekmeye değer bir yaşamöyküsü oluşturabilmektir.

Bu kitap, yalnızca sadakatsizlik gibi travmatik olabilecek yaşantıları daha iyi anlamak ve onları sağlıklı bir biçimde geride bırakarak yaşama devam etmenin yollarını aktarmak için yazılmadı. İnsan yaşamının vazgeçilmez bir yanılsaması olan aşk ve neredeyse felaket sayılabilecek olumsuz sonuçlarına rağmen halen dünyanın en büyük gönüllü kurumu olarak ayakta kalmayı başaran evlilik de, bu kitabın konuları oldu. Evlilik, ABD ve İngiltere gibi birçok ülkede kendisine yatırım yapanların yarısını hayal kırıklığına uğratan ve iflas ettiren bir kurum. Başka bir deyişle, istatistikler, birçok ülkede iki evlilikten birinin boşanma ile sonuçlandığını göstermekte. Eğer bu istatistikler yapacağınız evlilikle ilgili değil de bir iş ortaklığı ile ilgili olsaydı, yani birisiyle iş ortaklığı yapacağınız sırada istatistik becerilerine çok güvendiğiniz bir arkadaşınız, "Ben ikinizin de iş yaşamındaki özelliklerine baktım ve mevcut koşullar içinde ikinizin iş ortaklığının yürüme şansının yalnızca yüzde elli olabileceğini söyleyebilirim" deseydi hâlâ tüm mal varlığınızı bu yüzde elli şansı olan ortaklığa yatırır mıydınız? Muhtemelen hayır. Ne gariptir ki iş evliliğe gelince insanların yüzde 90'ından fazlası, yüzde 50 yürüme şansı olan bir ortaklığa yatırım yapabiliyor. Bu kitabın bir bölümü de böylesi bir davranışı daha iyi anlamaya ve evliliklerin daha sağlıklı yürüyebilmesi yönünden yapılması gerekenlere ilişkin görüşlere ayrıldı. Kitabın bir başka bölümü ise çoğu kez politik doğruların konuşulduğu bir dünyada, kolaylıkla yanlış anlaşılabileceği için konuşulmaması beklenen kadın-erkek farklılıklarına ayrıldı. Benzerliklerin eşitlikle eşdeğer anlaşıldığı bir dünyada farklılıkları konuşmak cesaret ister. Oysa gerçekte farklılık, eşitliğe aykırı bir kavram değildir. Doğal olarak erkek ve kadına ait genellemeler, her türlü genellemenin içerdiği tüm hataları kapsayacaktır. Ancak kitapta sözü edilen farklılıkların en azından bir kısmı bile gerçekse, bu farklılıkları anlamak birlikte yaşamayı kolaylaştırabilir. Bu anlayıştan yola çıkarak, "İlişkinin Değişik Aşamalarında Erkekler ve Kadınlar: Farklar ve Benzerlikler" başlığı altında farklılıkları mizahla yumuşatarak aktarmaya çalışan bir bölüm eklendi kitaba. Bu bölümün okuyucuları eğlendirirken bir yandan da bana kızmadan önce düşündürebileceğini umuyorum. Bu kitabı yaşadıkları sorunlarla ilgili yardım almaya gelen birey ve çiftlerin "Bizimle paylaştıklarınızı mutlaka yazmalısınız" şeklinde dile getirdikleri bir talebi karşılamaya yönelik olarak 25 yıl önce yazmaya başladım. Yazma süreci çok uzadığı için kitaba isim aradığım bir dönemde adını *Bitmeyen Kitap* koymak geldi içimden... Yoğun bir iş ve yaşam temposu içinde geniş aralıklarla yazdığım kitap bölümlerini tekrar okuduğumda yazdıklarım anlamlı gelmiyordu bana. Önce yazmayı bilmiyor olmaktan korktum. Sonra fikirlerimin süreç içinde değişmiş olduğunu ve artık yazmış olduğum gibi düşünmüyor olduğumu görmekten ürktüm. En sonunda başka bir şeyi anladım!... Yaşama yıllar katmaktan öteye yıllara yaşam katanların, seneler önce düşündüğü gibi düşünüyor olmaları tuhaf olurdu. Ayrıca bu, aradan geçen zaman diliminde yeni bir şey öğrenmediğim anlamına da gelebilirdi. Cesaretlendim ve 30 yıl boyunca farklı çiftlerle çalışırken öğrendiklerimi bir kitap içinde toplama cesaretini gösterdim. Bu kitabı yazarken en büyük kılavuzum bizzat yaşadığım yaşam olayları oldu. İnsanın kendi yaşantılarından anlam çıkarabilmeyi öğrenmesi tartışmasız çok önemli. Ne var ki çoğu kez yaşam süresi insanın yalnızca kendi deneyimlerinden öğrenmesi için kısa bir zaman dilimi. Başkalarının deneyimlerinden öğrenmek de çok önemli. Yani damdan düşmek yetmiyor çünkü düşebileceğimiz çok sayıda dam var hayatlarımızda. İnsanı diğer canlılardan ayıran ortak özelliklerinden biri de başkalarının deneyimlerinden öğrenme kapasitesi.

Yaşam sorunlarıyla başa çıkmakta hep aynı stratejileri kullanan ve buna rağmen farklı sonuçlar almayı bekleyen pek çok insanla karşılaştım yaşamımda. Farklı sonuç alamadıklarını görmelerine rağmen stratejilerini değiştirmek yerine mevcut stratejilerinin dozunu artıran insanlara... Bu nedenle insanın kendi acılarından ve deneyimlerinden öğrenip anlam çıkarabilmesini ve öğrendiklerini işlevsel biçimde kullanabilmesini giderek sıradan bir şey olmaktan çok bir erdem olarak görmeye başladım. Ancak daha büyük erdemin başkalarının deneyim ve yanılgılarından da öğrenebilmek olduğunu düşünüyorum şimdilerde.

Önümdeki zaman dilimini bu bağlamda daha iyi kullanabilmeyi ve okuyucularımı yeni ürünlerle buluşturabilmeyi umuyorum. Okuyucularımın gereksinimlerine hizmet edebilir nitelikte bulunursa kitabımın bu yeni baskısı başka anlamlı olabileceğini umduğum yeni konularla devam edecek. Çünkü yakın ilişkide bulunan iki insan arasında yaşananlar aşk, evlilik ve sadakatsizlikle sınırlı değil elbette... Eğer kitapla ilgili değerli görüşlerinizi, beğendiğiniz veya beğenmediğiniz yanlarını birkaç dakikalık bir zaman ayırarak www.mehmetsungur.com.tr adresine gönderirseniz, bana ve bundan sonra yazmayı planladığım yeni kitaplara önemli bir katkıda bulunmuş olursunuz. Çocuklarım Kale, Lara, Cem ve Can'ın daha şefkatli ve daha cömert bir dünyada yaşamaları ve acı çekmeye değer yaşamöyküleri oluşturabilmeleri dileklerimle...

Birinci Bölüm

Aşk

1. AŞKIN KAÇINILMAZLIĞI

İnsanlık tarihinde sen ve benden önce kaç erkek ve kadın benzer duygular yaşadı? Kaç kişinin rüyaları gerçek oldu? Kaç tutku tükendi?

Leyla ile Mecnun, Romeo ve Juliet, Paris ve Helen gibi popüler olan aşklardan, 4 bin yıl öncesinde eski bir Sümer kraliçesinin bir çobana âşık oluşuna kadar giden bir dizi benzer öykü, aşkın her dönemde insanla birlikte varoluşunun en somut kanıtıdır. Bir yanda aşk şarkıları, aşk şiirleri, aşk büyüleri, aşk iksirleri, aşk falları, aşk efsaneleri, diğer yanda aşk acıları, karşılıksız aşklar, aşk intiharları, aşk cinayetleri... Çocukluk aşkı, okul aşkı, komşu çocuğunun aşkı, işyeri aşkı, tatil aşkı... Bütün bunlar aşkın, insan dokusuna işlenmiş evrensel bir gerçek olduğunu söylüyor. Aşkı böylesine kaçınılmaz kılan ne?

Amerikalı antropolog Helen Fisher,* yaptığı çalışmada hangi yaş, hangi cinsiyet, hangi cinsel yönelim, hangi dini inanç ve hangi etnik gruptan olursa olsun, tüm âşık olan insanların âşık oldukları kişilerle ilgili sorulara büyük oranda benzer yanıtlar verdiğini saptamış. Yani büyü, seni, beni, hepimizi benzer biçimde etkiliyor. Aşkın böylesine benzer yaşanmasını sağlayan ne?

---

* Helen E. Fisher (1945): ABD'li antropoloji profesörü.

2. AŞK NEDİR? NİÇİN ÂŞIK OLURUZ?

Aşkı kaçınılmaz yapan nedenleri anlamaya çalışırken tüm aşkların ortak özelliklerini gözden geçirmek yararlı olur. Biri diğerine âşık olduğunda, âşık olunan kişinin algılanması değişir.

Artık onda hangi özellikleri görmek istersen onları görürsün. Bu nedenle aşk, bir ***görme kusuru*** olarak da tanımlanabilir. Bu bağlamda **aşk, hayal edilenle gerçek arasındaki fark anlaşılıncaya kadar geçen süreyi kapsar**. Aşk ilişkisinde partnerler* birbirlerinin temel mutluluk kaynağı olduklarından ve neredeyse birbirleri için doğduklarını düşündüklerinden âşık olma dönemi, aynı zamanda hayali bir birlikteliği de temsil eder. Aşk, âşık olunan kişiye atfedilen özel bir anlamdır. Shakespeare'in** Romeo'su Juliet için, "O benim güneşim" der. Ancak aşkın hayali özellikler taşıyor olması, her zaman gerçekçi olduğunu iddia eden insanların bile âşık olma arzusunu köreltememektedir. Çünkü insanların yaşamlarında en özgür oldukları yer hayalleridir. Hayaller hep gerçeklerin önünde gider. Birçok insan aşkın abartılı yaşandığını bilmekte hatta aşkı, "Çıkmaz" olarak tanımladıklarında bile, "Ama içinden çıkmak istemediğim bir çıkmaz" diye ekleme yapmaktadırlar. Duyguların mantığa meydan okuduğu ve kazandığı bu süreci böylesine çekici hale getiren sence nedir? Aşkın, çoğu insanın derinde kendisine sakladığı iyi ve sevecen yönlerini ortaya çıkaran yanı mı? Sayısız sahteliklerin yaşandığı dünyada emsalsiz bir içtenliği geçici bir süre için de olsa simgeliyor olması mı? Tüketici dünyasında baş döndürücü olduğu söylenen bir duyguyu tatma ve tüketme isteği mi? Bir ihtiyaç olarak algılandığı için yokluğunun derinden hissedilmesi mi? Varlığında

---

* "Partner" kelimesi tüm kitap içinde "birlikte olunan kişi" anlamında kullanılmıştır. Evlilik ilişkisi içindeki partner ise "eş" olarak tanımlanmıştır.

** William Shakespeare (1564-1616): İngiliz şair ve tiyatro oyun yazarı.

tüm mutsuzlukların ortadan kalkacağına yönelik bir beklenti mi? Yoksa elmanın diğer yarısını bularak ancak böylelikle bir bütün olunacağını düşünmek mi?

3. AŞKIN TANIMI NEYE DAYANILARAK YAPILIR?

Düşünce ve algıların önemi: Hayatını değiştirmek istiyorsan düşüncelerini değiştir

Bitmiş ya da devam eden çoğu ilişkinin bir âşık olma dönemiyle başlıyor olması, ilişkiler üzerine yazılan bir kitapta aşka atfedilen anlamları seninle birlikte gözden geçirmeyi neredeyse zorunlu bir hale getirdi. Aşk ile ilgili tanımlamaların temalarını gözden geçirirsen, çoğu kez birbirleriyle çelişen hatta kutuplaşan algılamalar gözüne çarpar:

İnanılmaz bir mutluluk - Tarifsiz bir acı
Güç - Güçsüzlük
İrade - İradesizlik
Sağlıklılık hali - Hastalık hatta delilik hali
Var olmanın anlamı - Yok olmanın romantik yolu
Her sorunun çaresi - Çaresizliğin ta kendisi
Gerçek - Rüya
Umut - Umutsuzluk
İki kişilik - Tek kişilik gibi...

Biraz şaşırmış gibisin ama bana sorarsan bu çelişkili tanımlamalarla ilgili şaşırtıcı pek de bir şey yok, çünkü her şey karşıtıyla birlikte var olur. Önemli olan kavramları iki aşırı uç bağlamında düşünmekten sıyrılıp, uçlar arasındaki rakamların varlığını görebilmendir. İnsanlar çoğu kez kendileri ya da başkalarıyla ilgili tanımlar yaparken iyi-kötü, güzel-çirkin, başarılı-başarısız, seven-sevmeyen, mutlu-mutsuz gibi iki kutuplu sıfatlar kullanır. Mutluluk 100, mutsuzluk 0 ise, 0 ile 100 arasında 99 sayı daha vardır.

Bu bağlamda mutlak bir mutluluk ya da mutsuzluktan değil ancak ne kadar mutlu veya mutsuz olduğundan söz edebilirsin. Yani aşk, bazen mutluluk, bazen mutsuzluk, bazen de hem mutluluk hem de hayal kırıklıklarının birlikte yaşanabileceği bir zemin olabilir. Aşk, tek kişilik de olabilir çift kişilik de. Ya da çift kişilik başlayan bir aşk tek kişilik bir aşka dönüşürken, tek kişilik bir aşk da çift kişilik olana dönüşebilir. Çeşitli ilaç ve en iyi şekilde yapılmış terapilere rağmen iyileşmeyen kronik bir mutsuzluk halinin aniden gelişen bir aşk sonucunda tamamen ortadan kalkması biz terapistlerin az gördüğü bir durum değildir. O halde bazen aşk (olumlu yaşam olayları) biz terapistlerden çok daha etkili olabilmektedir. Ne var ki aşk acısı sonunda mutsuz olan insanların sayısı da en az aşk yaşantısı sonucu mutlu olanlar kadardır. Aşkın tüm umutların tükenebildiği bir yer olduğunu da unutmamalısın. Aşk umut da olabilir, umutsuzluk da. Sonuç olarak aşka atfedilen anlam, bireylerin bu yaşantı sonundaki öznel deneyimlerini yansıtır. Yapılan her genelleme aslında öznelliği saklama çabasının bir ürünüdür. Bu nedenle aşk hakkında genellemeler yaparken çoğu kez kendi öznel deneyimlerimizi yansıtırız.

Çeşitli yaşantılar sonucu ortaya çıkan duygularını belirleyen temel etken, nasıl düşündüğün, yani bu yaşantılara verdiğin anlamdır.

Başka bir deyişle A noktasında yaşadığın olaya C noktasında verdiğin duygusal tepki, aslında A ile C noktası arasındaki B noktasında, A olayı ile ilgili yaptığın yoruma bağlıdır.

A noktasındaki olayı, "tanıdık birinin selam vermeyişi" olarak düşünelim. C noktasında bu selam vermeme olayına yönelik farklı duygular ortaya çıkabilir. C noktasında, öfke duygusu yaşanıyorsa bu, muhtemelen B noktasında "Beni tanıdığı halde selam vermeyecek kadar saygısız, kendini ne zannediyor?" düşüncesi ile ilgilidir. C noktasında üzüntü duygusu yaşanıyor ise bu, B noktasında, "O da benim selam verilmeye değer olmadığımı anladı ve beni önemsemiyor!" şeklinde düşünülmesinden kaynaklanır. C noktasında suçluluk duygusu yaşanıyorsa bu, B noktasında, "Mutlaka onu kıracak bir şeyler yapmış olmalıyım ki selam vermedi" biçiminde düşünmeyle ilgili olabilir. Bütün bunlara karşılık kişi B noktasında, "Bana baktığı halde görmediğine göre dalgın, dalgın olduğuna göre bir sorunu olmalı" şeklinde düşünüyorsa C noktasında daha sıcak ve olumlu bir duygu yaşayacak ve belki de selam vermeyene yardım etme doğrultusunda harekete geçecektir. Gördüğün gibi A noktasındaki "selam vermeme olayı" B noktasında bu olay ile ilgili olarak yapılan farklı değerlendirmelere/yorumlara/düşüncelere bağlı olarak C noktasında birbirinden oldukça farklı duygulara neden olabilmektedir. O halde; **duygusal yaşantılarımızı belirleyen, yaşadığımız olaylar değil, olaylarla ilgili düşüncelerimizdir.**

Düşüncelerimiz, duygularımızın yanı sıra davranışlarımızı da belirler: Selam vermeyen kişinin bu davranışını kendisine yapılan bir hakaret gibi algılayan ve bu nedenle öfkelenen kişi, selam vermeyene ya öfkeli ya da en azından soğuk ve mesafeli davranacaktır. Böylelikle karşı tarafın da soğuk ve mesafeli davranma olasılığını artıracaktır. Kendisine değer verilmediği düşüncesiyle üzüntü yaşayan kişi, kendisine bu olumsuz duyguyu yaşatan kişiden uzak duracaktır. Suçluluk duygusu yaşayan kişi ise bu durumun kendisinin bir ihmali sonucu olduğunu düşündüğünden gereksiz yere aşırı özverili tutumlarını devam ettirecektir. Selam vermeyişin kendisi ile ilgili değil, o kişinin yaşamış olabileceği bir sorun nedeniyle oluşan dalgınlık sonucu olduğunu düşünen kişi ise muhtemelen selam vermeyene sorunun ne olduğunu soracak ve onunla daha sağlıklı bir iletişim içine girecektir. Görüldüğü gibi düşünceler duyguları, duygular davranışları, davranışlar ise yaşamımızı belirlemektedir. Bunu Mahatma Gandi şu güzel cümlelerle özetler:

"Düşüncelerinize dikkat edin, duygularınıza dönüşür.
Duygularınıza dikkat edin, davranışlarınıza dönüşür.
Davranışlarınıza dikkat edin, alışkanlıklarınıza dönüşür.
Alışkanlıklarınıza dikkat edin, değerlerinize dönüşür.
Değerlerinize dikkat edin, karakterinize dönüşür.
Karakterinize dikkat edin, kaderinize dönüşür."

O halde yaşamını değiştirmek istiyorsan belki de düşüncelerini değiştirmen ya da en azından esnetmen gerekir.

Benzer biçimde, yaşadığın aşka anlam verirken, bunu yaşanan sürece değil de sonuca göre veriyorsan, doğal olarak aşkı iki aşırı uç bağlamında (iyi-kötü, mutluluk-mutsuzluk vb.) değerlendiriyorsundur. Sonuçlar kendi istediğin gibi gelişmişse aşk seni mutlu etmiştir, istemediğin şekilde gelişmişse mutsuz. Ve sonuçlarına göre değerlendirilen aşk yargılanan, karalanan, suçlanan bir aşktır. Oysa aşk yalnızca bir yaşantıdır. Yargılamadan da yaşanabilir.

4. AŞKIN ÇAĞRIŞTIRDIKLARI

Kitabın bir sonraki bölümünde sana kadınla erkek arasındaki farklılıklardan söz edeceğim. Eğer kadınlarla erkeklerin çeşitli yaşam olaylarına bakışlarında farklılıklar olduğu bir gerçekse bu farklılıkların en az olduğu dönem âşık olma dönemidir. Bunu âşıkların birbirlerine yönelik benzer söylemlerinde görebilirsin:

"Mükemmelsin."
"Tamamen benim istediğim gibisin."
"Tüm arzularımın gerçeklendiği yersin."
"Anlamsız varoluşuma yaşam boyu sürecek bir anlam getirdin."
"Ruh ikizimsin."
"Birbirimiz için yaratılmışız."

Bu tür söylemlerin hoş, ancak abartılı olduğunu görmek pek zor olmasa gerek. Mükemmel âşıklar, mükemmel birliktelik oluşturduklarına inanmak ister. Daha somut söylemem gerekirse; Ahmet Ayşe'yi sevdiğinde, Ayşe artık:

- Harikadır
- Olağandışıdır
- Zekidir
- Yıldız gibi parlak gözleri vardır
- Ahmet'in aradığı her şeye sahiptir.

Bu bağlamda partnerler birbirleriyle mükemmel bir uyum içindedir. Ne şimdi ne de ileride herhangi bir sorunları olabileceğini hayal bile etmiyorlardır.

Aslında bu gerçek bir ilişki değil, hayali bir birliktelik hatta olağandışı bir kaynaşmadır. ***Bu kaynaşma sürecinde, "ben"ler "biz" olabilmek pahasına yok olmaktadır.*** Aşkı bu bağlamda, bir **bütünleşme** hatta bir **kaynaşma** olarak düşünebilirsin. Bu bütünleşmenin en güzel örneklerini şu söylemlerde görebilirsin:

"Onunla ben etle tırnak gibiyiz."

"Onunla ben bir bütünün ayrılmaz parçalarıyız."

"İkiden bir gidince bir kaldığı yalan. Sen gidince, ben kalır mıyım o zaman?"

"Birbirimiz için yaratılmışız."

"Biz birbirimizin ruh ikiziyiz."

Aşkın, yaşamın devamı için su ve hava gibi temel bir ihtiyaç olduğu ve bu bağlamda bir gıda gibi algılanabildiğini ise şu tür söylemlerde görmen mümkündür:

"Aşkına susamış bir haldeyim."

"Aşk açlığı çekiyorum."

"Onsuz yaşayamam."

"O benim içtiğim su, aldığım nefes gibi."

Aşkın olağandışı bir süreci simgeliyor olması zaman zaman büyüyü çağrıştırmasına da neden olabilmektedir. Aşkın büyü ile birlikte anılmasını şu cümlelerde görmek mümkündür:

"Bu aşkın büyüsü bitti."

"Ona aşk büyüsü yapmışlar."

"O beni büyülüyor."

Aşkın nasıl ve nereden geldiğinin net olarak belirlenememesi ve aşka karşı koyulamaması olağanüstü **güçler** ile birlikte anılmasına da neden olmuştur. Bazılarına göre aşk doğal bir gücü, bazılarına göre ise fiziksel/manyetik hatta yerçekimine karşı koyan olağandışı bir gücü simgeler.

"Ona bir mıknatıs gibi çekiliyorum."
"Aşk ayaklarını yerden kesmiş."
"Aşk gözlerini kör etmiş."
"Aramızda kontrol edilemez bir çekim var."
"Aşkın rüzgârı ile sallanan bir yaprak gibiyim."

Aşk acısı birçok yazara konu olmuş ve aşkın yakıcı gücünden söz edilmiştir. Aşk, bu bağlamda **ateş** gibi algılanmakta ve tanımlar da bu algıyı yansıtmaktadır:

"Aşkın ile yanıp tutuşuyorum."
"Aşkınla yana yana..."
"Vücudumu ateş basıyor."
"Aşk ateşiyle yanıyor."

Aşkın tüm önlemlere rağmen engellenememesini **sıvısal** özellikleri ile açıklayanlar da vardır.

"Sırılsıklam âşık olmak."
"Aşk şarabını içmek."
"Sevgi nehri gibi kabına sığamamak."
"Aşk iksiri."
"Sevda suyu."

İlişkilerin kolaylıkla tüketildiği bir dünyada aşkın ancak karşılık bulduğu ve hak ettiği değeri kazandığı zaman anlamlı olacağını düşünenler de az değildir. Bu bağlamda aşk, **karşılık bulma beklentisi** olarak da algılanabilir.

"Aşkıma layık değil."
"Bu aşk için ben senden fazlasını yapıyorum."
"Aşkımın karşılığını alamıyorum."

Aşkın kontrolsüzlüğü, kural tanımayışı, dürtüselliği, olağandışı ve abartılı davranışları içermesi **delilik** ile birlikte anılmasına da neden olmuştur.

"Aşkından çıldırmış durumda."
"Senin için deliriyorum."
"Deli gibi seviyorum."
"Ona deliler gibi âşığım."

Tüm duygular gibi aşkın da bir ömrü ve sınırlı bir süresinin olması, eninde sonunda tamamlanacak bir **yolculuğu** çağrıştırabilmektedir.
"Bu yolculuk hiç bitmesin istiyorum."
"Bu yolculuk bizi nereye götürürse götürsün umurumda değil."

Aşk sonuçlarına göre değerlendirildiğinde **hayal kırıklığı** ve **pişmanlıkla** birlikte de anılabilir.

"Zaten hiçbir zaman bir bütün olamadık."
"Kara büyü idi, geldi ve geçti."

"Aptalca bir çılgınlıktı."

"Aşkımın karşılığını asla alamadım."

"Aşk gözlerimi kör etmişti."

"Yanlış bir karardı, bitti..." vb.

5. AŞKIN FARKLI TANIMLARI

A. Aşk, normal insanlardaki anormal ilgi daralmasıdır.

Birine âşık olduğunda tüm ilgi ve dikkat âşık olunan kişiye odaklanır. Başka bir deyişle aşk, *normal insanlardaki anormal ilgi daralmasıdır*. Söylenen bütün aşk şarkıları, yazılmış tüm aşk şiirleri, seyredilen tüm aşk filmleri, okunan tüm aşk romanları sana kendi aşkını anlatmakta, her şey sevdiğini çağrıştırmaktadır.

On beş dakika evvel arkadaşlarının anlattıklarının neredeyse hiçbirini hatırlamayan sen, sevgilinin söylediği ve yaptığı her şeyi ayrıntılarıyla hatırlarsın.

B. Aşk, seçici bir odaklanma halidir.

Birine âşık olduğunda onun olumlu yönlerini abartırken, olumsuz yönlerini küçültür, görmezden gelir ya da görsen de aldırmazsın. Çünkü nasıl olsa aşk her şeyin üstesinden gelecektir. Eğer aşk bir görme kusuru ise, kim böyle bir görme kusurunun düzelmesini ister ki? Aşkın hayali özellikler taşıyor olması en gerçekçi olduğunu iddia eden insanların bile aşklarından yakınmalarına neden olmamaktadır. Aşkı bir çıkmaz olarak tanımlayanların bile, bu çıkmazı pek de içinden çıkmak istemedikleri bir durum olarak değerlendirdiklerini söylemiştim.

C. Aşk, takıntılı bir düşünce biçimine sahip olmaktır.

Birine âşık olduğunda aklından çıkaramadığın tek şey âşık olduğun kişi olur. Her yerde ve her koşulda âşık olduğun kişiyi düşünürsün. Tekrarlayıcı bir biçimde yineleyen bu düşünceler takıntılı bir hal alır. Yaptığın her iş, âşık olduğun kişiyi düşünerek sonlanır. Uyanır uyanmaz ilk aklına gelen yine âşık olduğun kişidir. Aşkı takıntıdan (obsesyon) ayıran tek fark, takıntıda kişinin istemediği bir şeyi düşünüyor olmasıdır. Örneğin çocuğuna zarar vereceğinden endişe eden bir anne, bu düşüncenin aklına gelmesinden rahatsız olmakta ve bu düşünceden kurtulmaya çalışmaktadır. Ancak düşünceden kaçma çabası, aynı düşüncenin daha da çok artmasına neden olur. Âşık olan kişi ise aşkını düşünmekten kaçınmaz, aksine bu düşünceler ona inanılmaz bir keyif vermektedir.

Ç. Aşk, coşkulu bir yükselme (mani) halidir.

Birine âşık olduğunda enerjinde belirgin bir artış olur. Enerji artışıyla birlikte uyku ihtiyacın ve iştahın da azalabilir. Uykusuz gecelere rağmen ayaktasındır. Kendine güveninin arttığını, daha cömertleştiğini, daha konuşkan olduğunu fark edersin. Bu haliyle aşk, psikiyatrların "manik" olarak tanımladıkları bir duygudurumuna doğru ilerleyen coşkulu bir yükselme halidir.

D. Aşk, duygusal bir dalgalanma halidir.

Âşık olmak, duygusal dalgalanmalar yaşamak anlamına gelir. Sevgilin ilgiliyse coşar, mutlu olursun. Sevgilin kayıtsız kalır, seni aramaz ya da ihmal ederse çöküntü yaşarsın. Yani ruhsal durumun sevgi nesnesinin davranışlarına bağlı olarak belirgin iniş ve çıkışlar gösterir.

E. Aşk, yaşamın sıradanlığına başkaldırıştır.

Birine âşık olduğunda, yaşamındaki öncelikler ve tercihler değişikliğe uğrar. İşin, arkadaşların, hobilerin artık eskisi kadar önemli değildir ya da sevgilin gündeme geldiğinde her şey ikinci plana düşer. Sevgiliyi memnun/mutlu edebilmek pahasına alışkanlıklarından, hobilerinden özveride bulunur hatta yaşam biçimini bütünüyle değiştirilebilirsin. Sevgilinin hoşlandığı şeyler senin hoşlandıklarından daha da önemli bir hale gelebilir. Bu haliyle aşk, günlük yaşamın rutinlerinden vazgeçmek ve sıradan bir yaşama tepki vermeyi simgeliyor olabilir. Çünkü âşık olunduğunda yaşamının monotonluğu kaybolur ve sıradan olaylar bile özel anlamlar kazanır. Hele aşk karşılık bulduğunda dış dünyada hiçbir şey değişmemiş olsa bile sevenin gözünde dış dünyanın keyfi gelmiştir yerine.

F. Aşk, varlığında soyut, kaybedildiğinde somut bir kavramdır.

Birine âşık olduğunda bazen ona öylesine bağımlı olursun ki değil ayrılık, ayrılık kaygısı bile asla tolere edilemez. Kısa süreli ayrılıklar katlanılamaz hale gelebilir. Onun olmadığı zamanlar, yaşanmamış zamanlar gibidir. Giderek artan bu duygusal bağımlılığın ayrılık düşüncesine bile dayanamaz hale getirir seni. Aşkın en çok somutlaştığı ve belki de tarifinin en iyi yapıldığı dönem ise onu kaybettiğin zamandır. Bu kayıpla birlikte somutlaşan aşk acısı pek çok şiir, şarkı ve edebi eserlerin konusu olmuştur.

G. Aşk empati ve sempatiden öteye bir kaynaşma halidir.

Âşık olduğunda onun mutluluğundan mutlu, mutsuzluğundan mutsuz olursun. Âşık olunan kişi için kendini feda etmek, ölümü göze almak pek çok romanın konusu olmuştur. Âdem'in yasak elmayı yiyerek kendisini Havva için feda edip cennetin bahçesinden uzaklaştırılması buna en güzel örnektir. Âdem'in Havva'ya, "Seninle ben etle tırnak gibiyiz, senin yok olman benim yok olmam olur" demesi kaynaşmayı simgeleyecek düzeyde bir bağlanma halinin varlığına işaret eder.

6. AŞKIN SÜRESİNİ UZATMAK MÜMKÜN MÜ? YA DA GEREKLİ Mİ?

Eğer aşk geçici bir görme kusuru ise eninde sonunda görme alanı netleşecektir. Verdi'nin* *La Traviata*'sında Violet, "Gelin yalnızca haz için yaşayalım. Nasıl olsa aşklar da çiçekler gibi solacaktır" der. Birlikte yaşama süresinin uzaması sonucu oluşan hayal kırıklıkları ya da evlilik süreci bazen sözü edilen görme kusurunun beklenenden önce düzelmesine neden olur. Beklenenden önce diyorum çünkü günümüzde herkes, **"Aşk ne kadar sürer?"** gibi bir sorunun yanıtının peşine düşmüş durumda. Mümkünse aşkı olabildiğince uzatmak istiyorlar. "Büyüsel bir süreç, olağanüstü güzel bir rüya" olarak tanımlanan bir yaşantının çabuk bitmemesini istemek tabii ki anlaşılmaz bir istek değil. Ancak buradaki talihsizlik, aşk bitince her şeyin biteceğini ve ilişkinin anlamsızlaşacağını düşünmek. Aşkın ne kadar süreceği şeklinde bir soru bu noktada anlam kazanır veya kaybeder. Eğer insanlar aşk yok olduğunda onun

* Giuseppe Verdi (1813-1901): İtalyan Operası Ekolü'nden gelen en ünlü İtalyan besteci.

yerine gelebilecek duygunun en az aşk kadar doyurucu olabileceğine inansa, aşk ne zaman biter sorusu eminim bu kadar önemli olmazdı. Gelişimsel olarak şehvetin yerini aşka, aşkın da yerini sevgiye bırakabileceği düşünülmüyor genellikle. Ancak her şehvet aşka, her aşk da sevgiye dönüşmüyor elbette. Bu noktada önemli olan, aşkın sevgiye dönüşüp dönüşmemesi. Sevgi, belki aşk gibi olağandışı bir tutkuyla yaşanmayabilir; ancak insan yaşamına tutkudan daha anlamlı olabilecek güzellikler sunabilir.

7. FARKLI KAVRAMLAR OLARAK AŞK, ŞEHVET VE SEVGİ

Şehvet, aşk ve sevgi arasında bir ayrım yapman gerek çünkü aşk ve şehvet farklı kişilerde çoğu kez benzer biçimde yaşansa da, sevgi farklı yaşanabiliyor. Çünkü sevebilmek, sevebilecek kadar olgunlaşmış olmayı gerektiriyor. **Ayrıca aşk ve şehvet bir ihtiyaç, sevmek bir sanat olarak düşünülebilir.** Bu bağlamda herkes bu sanatı farklı biçimlerde sergileyecektir. Kavramlarla ilgili tanımları gelişimsel yani türün devamı çerçevesinde yapacak olursak şehveti cinsel doyum sağlamaya yönelik doğal bir aşerme hali olarak tanımlayabiliriz. Başka bir deyişle şehvet seni de beni de *herhangi* bir partnerle cinsel doyuma motive eden itici bir güç olarak tanımlanabilir. Aşk ise şehvetin belirli bir zaman diliminde *idealize edilen* bir partnere odaklanması ve böylelikle zaman ve enerjinin israfını önlemek amacıyla ekonomik kullanımı olarak düşünülebilir. Diğer taraftan sevgi ise bir *bağlanma* hali (bağımlılık değil) olarak tanımlanabilir. Gelişimsel olarak türün devamını yani yeni nesillerin oluşumunu sağlayabilecek bir süre için bireylerin güven, şefkat ve sevecenlik içinde bir partnere odaklanmasıdır sevgi.

8. AŞKIN KİMYASALLARI

İnsanlar aşkları bitince yeni aşklar arar. Belki de âşık oldukları kişiye değil, âşık olmanın kendisine âşık oldukları içindir bu arayış. Aşkı kimyasallarla açıklamaya çalışan araştırmaların bazıları aşkın en fazla 2 ya da 3 yıl sürdüğünü, beyin çalışmaları ise aşkın ömrünün 12-18 ay (ortalama 17 ay) olduğunu gösteriyor. Yani aşk sevgiye dönüşmediği takdirde aşkın kimyasalları belirli bir süre sonunda tükeniyor. Aşkın sözü edilen kimyasallarına kitabın ilerleyen bölümlerinde daha geniş yer vereceğim.

9. AŞKIN KÖRÜKLEYİCİLERİ

A. Kıskançlık

Aşk ateşinin uzun sürmesi ancak bu romantik ateşin ara sıra körüklenmesi ile sağlanır. Aslında kıskançlık ve olumsuz koşullar sanılanın aksine aşk ateşinin körükleyicileridir. Bir Çinli düşünür 3 bin yıl önce, "Sevgi bağı iki kişi arasında olandır. Üçüncü kişi yalnızca kıskançlık getirir" demiştir. Sahiplenme dürtüsünün kamçıladığı kıskançlık her zaman olumlu sonuçlar getirmese de ateşi körükleyen bir duygudur. Sahiplenme insan türünde öylesine yaygındır ki amacının, *sevileni ya da sevgiyi koruma* olduğu söylenir ve doğalmış gibi algılanır.

İki kişi arasındaki bir ilişki üçüncü bir şahıs tarafından tehdit edildiğinde kıskançlık ortaya çıkar. Hatta bazen bu üçüncü kişiler hayali olsa bile. Bu tür durumlarda kıskanan partner, sevgilisinin tüm zamanını tekeline almaya, onun sosyal yaşantısını kısıtlamaya çalışabileceği gibi bazen partnerinin konuştuğu her kişiyi potansiyel bir tehdit gibi de algılayabilir. Bazıları ise sevgililerini kıskandırmaya çalışarak kaybetmekten korktukları ilgiyi kendi üzerlerinde tutmaya çalışırlar. Bu kıskandırmalar bazen kitabın sadakatsizlik bölümünde aktarılan, "Beni fark et aldatmaları"na kadar gidebilir.

Bazıları ise partnerlerine yaklaşan üçüncü şahıslardan daha üstün, daha güçlü, daha önemli, daha zeki, daha zengin, daha vs. olduklarını kanıtlama çabalarına girerler. Bazıları ilgiyi, sevgi sözcükleri ve abartılı hediyelerle kendi üzerlerinde tutmaya çalışırken, bazıları da yaşadıkları çaresizlik sonucu ilgiyi koruyabilmek adına intihar tehditleri yapabilir hatta intihar girişiminde bulunabilirler.

Kıskançlık abartılı yaşanmadığında aşkın ömrünü uzatabilir.

İlişkide sadakat ve bağlılık kavramlarının öneminin tekrar tekrar gündeme gelmesini sağlayarak, karşılıklı verilen güvenceler aracılığıyla aşkın süresini uzatabilir. Ancak kıskançlık aşkı besleyebileceği gibi aşkın ölümüne, hatta çeşitli trajik sonuçlara da yol açabilmektedir. Aşk bittiğinde oluşan kıskançlık, değersizlik düşünceleri, boşluk hissi ve yaşanan kaybı protesto etme ihtiyacı bazılarında hayal edilemeyecek düzeyde yıkıcılık, öfke, saldırganlık, hatta şiddet ortaya çıkarabilmektedir. Bu tür durumlarda bazen aşk bir trajedi ile de sonuçlanabilmektedir. Kıskançlığın getirdiği öfke duygusu da aşk gibi *"kör"*dür. Sınır tanımaz. Shakespeare'in *Othello*'su belki de içimizde gömülü öldürme refleksinin en güzel örneklerinden biridir. Zina ve namus adına işlenen cinayetlerin gelişmemiş toplumlarda yıllar boyunca anlaşılır hatta kabul edilebilir olarak değerlendirilmesi DNA'yı koruma adına paylaşılan toplu bir öldürme refleksinin genel kabulü anlamında insanlık tarihinin önemli lekelerinden biri olarak kalacaktır.

B. Olumsuz koşullar: "Romeo ve Juliet etkisi"

Âşıklar için olumsuz sayılabilecek koşulların varlığının aşkı körüklemesi nadir görülen bir durum değildir. Sosyal ve fiziksel engellerin romantik tutkuyu ateşleyebildiğine işaret eden çeşitli edebi yapıtlar arasında belki de en çok bilineni *Romeo ve Juliet*'tir. Romeo, Montague ailesinden, Juliet ise Capulet'lerdendir ve bu iki güçlü aile birbirleriyle çatışma içinde iken gelişir büyük aşk. Leyla ile Mecnun arasındaki engellerle dolu aşk öyküsü gibi... Burada çeşitli sosyal ve kültürel engeller nedeniyle âşık olduğu kişiyle asla bir araya gelemeyen eşcinsellerin giderek büyüyen tutkulu aşklarını da görmezden gelemezsin. Yine yoksulla zengin arasına giren ekonomik engellerin ve iletişimin küçülttüğü dünyada internet aracılığıyla birbirleriyle bağ kuran iki âşık arasına giren mesafe engellerinin de aşkı körükleyebildiği söylenebilir.

Özetle, engeller duyguları yoğunlaştırabilir. Âşık olduğun kişinin evli olması, okyanusun diğer tarafında olması, farklı dilleri konuşuyor olması, farklı etnik gruplardan geliyor olması, farklı dini inanışlara sahip olması romantik duyguları azaltmaz. Aslında belki de aşk ayrılık ve güçlüklerle karşılaşınca daha çok besleniyor ve en hızlı büyüme sürecini bu dönemde sağlıyor olabilir. Belki bu yüzden anne babalar, çocuklarının âşık olduğu kişiyi benimsemediklerinde ya da onları engellemeye kalkıştıklarında, çocuklarını istemedikleri kişilere daha da çok yakınlaştırmış oluyor. *"Romeo-Juliet etkisi"* bu. Yani olumsuz koşulların aşkı kamçılaması. Aşk bazen kişinin kendisine rağmen gelişen bir yaşantı bile olabiliyor. Yani kişi çıkmazları ve engelleri görmesine ve bilinçli biçimde koyduğu iradeye rağmen aşka mağlup olabiliyor.

10. AŞKI, ARANAN VE "AŞERİLEN" BİR YAŞANTI YAPAN KİMYASALLAR

Beyinde *dopamin* denilen maddenin artmasının, "ilginin odaklanması ve amaca yönelik davranışların artmasına" neden olduğu belirtilmektedir. Daha önce aşkın sevilen kişiye yönelik anormal bir ilgi daralması ve onu elde etmeye ya da kaybetmemeye yönelik abartılı bir çaba (amaca yönelik davranış) olduğunu söylemiştim. İlginin, âşık olduğun kişinin olumlu özelliklerine odaklanması ilişkinin bir rüya gibi yaşanmasına ve olumsuz özelliklerinin görülmemesine neden olur. Dopamin artışı bir yandan da enerji, kalp hızı ve soluk alma hızının artışına, uykusuzluk ve iştah azalmasına hatta çeşitli korku, kaygı ve abartılı davranışlara neden olabilmektedir. Tıpkı âşık olduğun dönemdeki abartılı davranışlar gibi. Dopamin artışı bağımlılık durumunda olduğu gibi bir aşerme haline de neden olabilmektedir. Aşkın sevilen kişiyi özleme ve bir çeşit sevilene aşerme hali olduğu düşünüldüğünde, beyindeki dopamin artışının sonuçları ile âşık olma hali arasındaki benzerlikleri görmek mümkündür.

Beklenen bir ödülün gelmesi geciktiğinde beyinde dopamin üreten hücrelerin aktiviteleri artar. Böylelikle kişi seçici olarak ödüle odaklanır ve ödülü elde etmek için amaca yönelik davranışlar sergiler. Tıpkı âşık olan kişinin, âşık olunanın aşkını ve kalbini kazanmasına yönelik gösterdiği çabalar gibi. İşte bu nedenle âşık olma döneminde âşık olduğun kişi için gösterdiğin çabalar artar. Romantizmin doruğunda söylenen, "Aşkına layık olmaya çalışacağım" biçimindeki sözcükler belki de bu çabayı aktarmaktadır.

11. AŞK, CİNSEL ARZUYU ARTIRIR MI? CİNSELLİĞİN HAZ GARANTİSİ OLARAK AŞK

Dopamin artışı bir yandan da *testosteron* ve *norepinefrin* artışına yol açar. Testosteron cinsel arzunun belirleyicisi olan hormondur. Başka bir deyişle hem kadın hem erkekte yani hem sende hem de bende şehvet, testosteron hormonu ile yakından bağlantılıdır. Erkeğin cinsel isteği yirmili yaşlarda en yüksek düzeydedir ve bu yaşlarda testosteron düzeyi de en üst noktaya ulaşır. Kadınların cinsel arzularının en yüksek olduğu dönem yumurtlama dönemleridir ve bu dönemde de testosteron düzeylerinde artış gözlenir. Daha ileri yaşlarda testosteron verilen bazı kadınlarda cinsel ilgide artış sağlanabilir. Orta yaşlardaki kadınlarda cinsel ilginin çoğu kez azalmamış bulunması da menopozla birlikte östrojenlerin azalması neticesi testosteron ve diğer androjenlerin (erkeklik hormonlarının) etkilerini daha özgür biçimde ortaya koyabilmeleri ile açıklanmaktadır. Dopaminin yükselmesinin testosteronu artırdığını söylemiştim. Bu, romantik aşkın cinsel arzuyu da artırabildiğinin kanıtıdır. Belki de bu nedenle aşk, cinselliğin *haz* garantisidir. Yine belki de bu nedenle aşk içeren cinsellikle, içermeyen cinsellik arasındaki fark sıradan bir yemekle ziyafet sofrası arasındaki fark gibidir. Belki de bu nedenle aşktan korkan cinselliğinden de korkmaktadır. Diğer taraftan yeni deneyim ve yeni uyaranlar beyindeki dopamin miktarını artırır. Yeni bir aşkın dopamin miktarını artırması gibi. Dopaminin testosteronu artırması ise yeni bir aşkta cinsel arzunun neden daha fazla olduğunu açıklayabilir.

Sana dopaminin testosteronun yanı sıra norepinefrin miktarını da artırdığını söylemiştim. Norepinefrin uyarıcı bir madde olup yeni karşılaştığın durumlarla ilgili hatırlama miktarının daha fazla olmasını sağlar. İşte bu nedenle âşık, aşkı ve âşığıyla ilgili her şeyi ayrıntılarıyla hatırlar. Norepinefrinin bu uyarıcı özelliği bir yandan âşık olduğun süreçteki enerji artışını ve uykuya duyduğun ihtiyaç ve iştahının azalmasını açıklarken, bir yandan da sevgilin ile geçirdiğin güzel anların tüm ayrıntılarının hatırlanmasını sağlar. Norepinefrin artışı aynı zamanda cinsel arzunun da artmasını sağlar. Bunun en güzel kanıtı *hızlandırıcı* olarak bilinen *amfetaminleri* alan kişilerde artan cinsel istektir. Amfetaminler, norepinefrin miktarını artırmakta ve norepinefrin de dopamin gibi testosteron üretimini hızlandırmaktadır. Âşıkların tüm gece boyunca birbirlerine sarılıp uyumadan kalabilmeleri romantizmin cinselliği uyarması ile açıklanabilir.

Sana şehvetin, belirli bir zaman diliminde, idealize edilen bir partnere odaklanmasının *romantik* aşk olarak tanımlanabileceğini söylemiştim. Cinsel arzu, romantik aşkın temel bileşenlerinden biridir. 5. yüzyıl Hindistan'ında *"aşkın elkitabı"* olarak bilinen *Kama Sutra*'da geçen "aşk" kelimesinin İngilizce karşılığı olan love kelimesinin, Sanskrit dilindeki *"lubh"* yani *"arzulama"* kelimesinden türetildiği belirtilmiştir. Şehvetin belirli ve özel bir kişiye odaklanabilmesi için cinsel dürtülerin de o kişiye yönelik olarak artmış olması beklenir. Bu bağlamda aşkın cinsel arzuyu artırması şaşılacak bir durum gibi durmuyor. Ne dersin?

12. TERSİ MÜMKÜN MÜ? CİNSEL ARZU AŞKI GETİREBİLİR Mİ?

Aslında bu soru, "Bir yabancı ile paylaşılan seks sonrası ona âşık olabilir misin?" sorusu ile eşdeğer anlam taşır. Bu, nadiren mümkün olsa da sık görülen bir durum değildir. Cinsel devrimini tamamlamış toplumlarda seks, zaman zaman hiçbir özel anlam atfedilmeden yaşanan sıradan bir aktivite olabilmektedir. Hatta arkadaşı olarak tanımladığı kişilerle cinsel ilişkiye girebilenler bile vardır. Ancak çoğu kişi bu biçimde yaşanan seksin romantik bir aşka dönüşmediğini dile getirmektedir. Testosteron alan orta yaş kadınlarında cinsel istek artabilmekte ve bu hanımlar, daha çok seks arzu edebilmektedirler. Ancak daha kolay âşık olduklarını söylememektedirler. Yani seks ve cinsel arzunun kimyasalları, romantik aşkın kimyasallarını ateşlemeyebilir. Ancak yoğun yaşanan seksin aşkı getirebildiğini söyleyenler de vardır. Ayda bir kez görüşüp yalnızca seks paylaşan ve uzun yıllardan sonra bir gün ansızın âşık olan çiftlere ya da bir gece rasgele seks yaşadığı kişiye âşık olan bireylere de rastlamak mümkün olabilmektedir. Helen Fisher, Nepalli kadınların bu konuyla ilgili yerel söylemlerini şu şekilde dile getirdiklerini aktarmıştır: "Naso pasyo, mayo basyo." Yani: "Penis içeri girdi ve aşk geldi."

13. YA SON YILLARIN POPÜLER KİMYASALI SEROTONİN: AŞKTA YERİ VAR MI?

Âşıklar saplantılıdır. Uyanık olarak geçirdikleri zamanın çoğunu âşık oldukları kişiyi düşünerek geçirirler. Onunla nereye gideceklerini, hangi giysiden hoşlanacağını, o anda ne yaptığını, sevgisini nasıl daimi tutacağını, ilgisini nasıl daha fazla çekebileceğini düşünür dururlar. İnatçı ve tekrarlayıcı bir biçimde aynı konuların tekrar tekrar düşünülmesi normalde insanları oldukça rahatsız eden bir durumdur. İçeriği aşk olmayan ve istem dışı oluşan her türlü tekrarlayıcı düşünce insanları yardım arayışına yöneltir. Tekrarlayıcı biçimde kendisine veya aile üyelerinden birine zarar geleceğini düşünmek, tekrarlayıcı biçimde kendine ya da başkalarına zarar vermekten, kendini kontrol edememekten endişe etmek gibi. Hekimler bu tür sorunları olan hastalarına *serotonin gerialım engelleyicileri* adı verilen ve beyinde serotonin düzeyini artıran antidepresan ilaçlar verir. Yani, çeşitli takıntı ve saplantıların azalan serotoninle ilgisi olduğu düşünülür. Âşıkların inatçı, tekrarlayıcı hatta zaman zaman istemleri dışında sevgilileri ile ilgili olumsuz şeyler düşünüyor olması serotonin azalması ile ilgili olabilir mi?

Yapılan bir çalışmada âşık olan bir grup; aynı zaman kesitinde âşık olmayan başka bir grup ve obsesif-kompulsif hastalık tanısı koyulmuş; ancak henüz ilaç kullanmamış üçüncü bir grupla karşılaştırılmıştır. Âşık olan grup ve obsesif-kompulsif hastalığı olan grubun kanlarındaki serotonin düzeyi, âşık olmayan gruptan daha düşük bulunmuştur. Dopamin ve norepinefrinle ateşlenen aşk büyüdükçe takıntılı ve saplantılı düşünce ve hayallerin artışı, azalan serotonin miktarı ile ilgili olabilir.

Helen Fisher kimyasallarla ilgili tüm bu açıklamaların akla yakın olmasının bazı gerçeklerin unutulmasına yol açabileceğinden endişe ettiğini dile getirmektedir:

1. Bu kimyasallar değişik dozlarda değişik etkilere sahiptir. Yani doz arttıkça etkinin dozla paralel arttığını söylemek her zaman doğru olmamaktadır.
2. Aynı kimyasallar beynin değişik bölgelerine değişik etkilerde bulunur. Her birinin izole etkilerinden çok, bir diğeri ile etkileşimleri önemlidir ve bu etkileşim değişik koşullarda, değişik sonuçlar verebilir.
3. Bu kimyasalların ancak kandaki düzeyi saptanabilmektedir. Oysa kandaki düzeylerinden çok beyindeki düzeyleri daha anlamlı olabilir.

4. Aşk statik bir durum değildir. Karşılık bulan aşkla karşılıksız yaşanan acı ve öfke gibi olumsuz duygular oluşturan aşk sırasında bu kimyasalların ne şekilde değiştiği henüz kesin olarak bilinmemektedir.

Hepsinden daha önemlisi kimyasal değişikliklerin bir neden mi yoksa bir sonuç mu olduğunun net olarak bilinmemesidir.

Başka bir deyişle kimyasallardaki değişiklikler mi aşkı yoksa aşk mı kimyasallardaki değişiklikleri oluşturmaktadır?

Belki de önemli olan hangisinin yumurta hangisinin tavuk olduğunu incelemek yerine aşkın kimyasal değişikliklerle birlikte giden bir yaşantı olduğunu bilmektir. Kimyasallardaki değişiklik enerji artışı, ilginin belirli bir kişiye odaklanması, uyku-iştahın azalması, âşık olunanı elde etmek ve elde tutmaya (amaca) yönelik davranışların artması ile paralel gitmektedir. Aynen âşığın aşkına yönelik tutkusu, şehveti ve takıntılarının da yine kimyasal değişikliklerle birlikte gitmesi gibi. Yani, aşkla birlikte somut kimyasal değişikliklerin oluşması, aşkın görme kusuru olarak tanımlanmasına rağmen *"gerçek"*ten yaşanan bir görme kusuru olduğunu da göstermektedir.

14. ÂŞIK OLAN BEYİNDE OLUP BİTENLER

Beyindeki kan akımının, belirli bir aktivite sırasında belirli bölgelerde artması, beynin o bölgesi ile o anda yapılan aktivite arasında bir bağlantı olduğunu gösterir. Başka bir deyişle; kişiler belirli aktiviteleri yaparken, beynin o aktivite ile ilgili bölgeleri görevlerini yapabilmek için beynin o aktiviteden sorumlu olmayan bölgelerine göre daha çok oksijen tüketirler. Oksijen kanla taşındığından aktivite sırasında aktifleşen beyin bölgelerinde kan akımı artar. *FMRI* (Functional Magnetic Resonance Imaging-Fonksiyonel Manyetik Rezonans Görüntüleme) olarak bilinen beyin görüntüleme yöntemi bu mantık çerçevesinde işlev görür ve belirli görevler yapılırken çekilen FMRI bu görevlerden sorumlu beyin bölgelerini belirlemeye yarar.

FMRI ile yapılan çalışmalarda, yoğun aşk yaşadığını söyleyen kişilere sevgililerinin fotoğrafı gösterilip, sevgilileri ile ilgili düşünmeleri istendiğinde beynin iki bölgesinde belirgin aktivite artışı olduğu gösterilmiştir. Bunlardan biri *kaudat çekirdek*tir. Beynin ortasında C şeklinde yer alan bu bölge ödülün algılanmasını, ayrıştırılmasını, hedeflenmesini ve hepsinden önemlisi ödülün elde edilmesi için kişilerde gerekli motivasyonun devreye girmesini sağlar. Başka bir deyişle beynin "ödül sistemi"dir. Fisher'ın yaptığı çalışmalar âşık beyinde yalnızca kaudat aktivitesinin arttığını göstermekle kalmamış, aynı zamanda tutkunun şiddeti (aşkın yoğunluğu) ile kaudat bölgedeki aktivite artışı arasında bir paralellik olduğunu da göstermiştir. Kaudat çekirdek, aynı zamanda ilginin odaklanması ile ilgili bölgedir. Bu bağlamda aşk ödülünü elde etme çabası ve ilginin belirli bir kişi üzerine daralması, kaudat çekirdek aktivitesinin artması ile açıklanabilir.

Âşık olma ile birlikte aktivitesi belirgin olarak artan ikinci beyin bölgesi ise *ventral tegmental alan*'dır (VTA). VTA, dopamin üreten hücrelerin olduğu bölgedir. Bu bölgenin seçici olarak ilginin odaklanmasına yönelik bir işlevi vardır. Aşkla birlikte harekete geçen VTA, daha çok dopamin üretilmesine, daha çok dopamin artışı ve artan kaudat çekirdek aktivitesi ise aşkı elde etmeye (yani hedefe-ödüle) yönelik davranışları artırmaktadır. Başka bir deyişle aşk gecikince dopamin salgılayan hücrelerde artış ve buna paralel olarak âşık olunanı elde etme arzusunda artış oluşmaktadır.

Bu bağlamda aşkın kimyasalları ile âşık olan beyinde devreye giren bölgeler belirgin ve ilginç bir tutarlılık göstermektedir.

15. AŞK NEREDE? KİME ÂŞIK OLURUZ?

Rüyasında gördüğü ya da hayallerinde yarattığı kişiye âşık olup aşkına kavuşmak için diyar diyar dolaşan, bu uğurda olmadık çilelere katlanan, yaşamının önemli bir süresini âşık olduğu kişiyi aramakla geçiren insan öykülerine hemen hemen tüm kültürlerde rastlanır. Eğer gerçek aşkı henüz bulamadığını düşünenlerdensen ve aşkının okyanuslar ötesinde, gezegenin uzak bir köşesinde yaşadığına inanıyorsan, daha fazla beklemekten vazgeçip çevrene daha dikkatli bakmalısın. Çünkü aşk her yerde!... Biliyorum, "Ben gerçek aşktan söz ediyorum" diyorsun. ***"Gerçek" aşk diye ayrıcalıklı bir şey yok. Bütün aşklar gerçektir; hepsinde bir düzeye kadar görme kusuru olmasına karşın.*** "Gerçek" aşk dediğinde, belki de sürece değil sonuca bakıyor ve aşkın belirli bir sürecin sonunda hâlâ devam edip etmediğine göre "gerçek" olup olmadığına karar veriyorsun. Ancak devam eden aşk değil, aşktan da üstün olan "sevgi"dir. **Yani aşk sevmeyi becerebilirsen aşktan da üstün bir yaşantıya hatta bir şölene dönüşebilir.** Bunu sana kitabın ilerleyen bölümlerinde daha açık anlatmaya çalışacağım.

Ne oluyor da son derece ilgili, sevecen, vermeyi bilen, seninle ağlayabilen ve başkalarının gözünde mükemmel sayılabilecek özellikleri olan bir sevgili adayı değil kalbini, kılını bile kıpırdatmıyor? Buna karşılık, yalnızca kendini düşünen, bencil, ağlıyor olmanı zayıflık gibi algılayan ve senin dışında herkese ilgi gösteren biri âşık olduğun kişi olabiliyor!

Belki de âşık olabilmek için âşık olmaya ihtiyaç duyduğun bir zaman dilimi içinde olman gerekiyor. Belki de herkes tarafından istenen, statüsü olan, güçlü görünen, kimseye kendini bırakmayan birinin aşkını kazanmak aşkını daha değerli yapıyor.

Genelde insanlar duygusal yoğunluk yaşadıkları dönemlerde âşık oluyor. Bu duygusal yoğunluk ister neşe, ister hüzün, ister korku, ister kaygı, ister meraktan kaynaklansın kişiyi aşk denilen tutkuya daha yakın hale getiriyor. Âşık olma ve âşık olunma ihtiyacından kaynaklanan boşluk bazen kurbağanın bir prens ya da prenses gibi algılanmasını sağlayabiliyor. Belki de ihtiyaçlarımız görme alanımızı bulanıklaştırıyor. Neden mi bahsediyorum? ***"Aşk"ı âşık olunandan daha fazla sevmekten söz ediyorum.***

İleride ihtiyaç duyma ile sevme arasındaki bağlardan söz edeceğim sana. Ancak şu ana kadar olan söylemlerim belirli bir zaman diliminde çevremizde birden fazla insan varken, *"Niçin o?"* sorusunun yanıtını vermiyor. Sahi niçin o?

Her şeyden önce mekân bağlamında yakın olmak âşık olmayı kolaylaştırıyor. Genellikle insanlar okulda, işyerinde, arkadaş ortamlarında ve çeşitli hobiler geliştirmek üzere gittikleri yerlerde görüp tanıdıkları kişilere âşık oluyorlar. Ancak bu da tanıştığımız herhangi birine değil de niye "o" kişiye âşık olduğumuzu açıklamıyor. Bu noktada belki de en önemli etken *benzerlik.* Zıt kutuplar zaman zaman birbirini çekse de, insanlar genellikle, ortak ilgi alanlarına, benzer dünya görüşlerine ve değer yargılarına sahip kişilere âşık oluyor. Belki de birbirine benzer olmak, insan yaşamının en önemli gereksinmelerinden biri olan *güven* ve *emniyet* duygusunun daha kolay gelişmesini sağlıyor. Benzerliğin getirdiği tahmin edilebilirlik ve bunun sonucunda ortaya çıkan güven. Diğer yandan sürprizler de istiyor insan. Şaşırtılmak istiyor, hatta ayaklarını yerden kesebilecek duygular da yaşamak istiyor. Bu istek arttığında benzer ilgiler önemini yitiriyor ve bilinmezliğin çekiciliğine kapılabiliyorlar. Senden farklı özellikler taşıyan insanlar enteresan, ayrıksı ve hepsinden önemlisi yenilikçi gelebiliyor. Yenilik ve yeni aktiviteler ise daha önce sözü edilen dopamin düzeylerinin yükselmesine, yani romantik aşkın kimyasalının artmasına yol açabiliyor.

16. AŞKTA AYNA ETKİSİ

Memelilerde ilginç biçimde aşina olunanla çiftleşmeden kaçınmak yaygın görülen bir davranıştır. Hayvanlar âleminde de aşinalık ve yakından tanışıklık, cinsel yönden itici bir özellik olarak kabul edilebilir. Genç rhesus maymunları (Hint şebekleri) doğup büyüdükleri ortamlarda kaldıklarında annelerine küçük bir çocuk gibi sarılıyor ancak cinsel bir davranış sergilemiyorlar. Hatta bir şempanzenin kız kardeşine yönelik cinsel girişiminin kız kardeşinde çığlık atma, tekmeleme, ısırma gibi tepkiler ve ortamı terk etme türünde davranışlara neden olduğu gözlenmiş. Yani benzerlik çok çekici de gelse, hepimiz benzerliğin tutsağı olmuyoruz.

İnsanların yeni ve aşina olmadığı ortamlarda kendileri ile ilgili olarak daha çok şey öğrendiklerine inanmışımdır her zaman. Sen de farklılığın çekiciliği nedeniyle yeni ve farklı kişilere yönelsen de güven duygusunun eksikliğini hissettiğinde eski ve alışılmışa dönersen çok şaşırmamalısın. Bu, insan yaşamının vazgeçilmezlerinden biridir. Alışılmışlık, tutarlılık, tahmin edilebilirlik ve bunların sonunda oluşan güven...

Aşinalık ve yakın tanışıklığın insanlarda romantik aşkın oluşma olasılığını azalttığını gösteren önemli bulgulardan biri de İsrail'de Kibbutz'larda yetiştirilen çocukların tutum ve davranışlarıdır. Kibbutz'larda çocuklar ortak bir evde yaşıyor, birlikte uyuyor, birlikte banyo yapıyor, birlikte oyun oynuyor. Ergenlik-gençlik döneminde güçlü kardeşlik bağları geliştiriyorlar. Hiçbiri yaşamlarının daha sonraki yıllarında birbirleriyle evlenmiyor. Bazı bilim insanları çocukluk çağının belirli bir döneminde ve özellikle 3-6 yaşları arasında birbirlerini çok iyi tanıyan ve birlikte fazla vakit geçiren erkek ve kız çocuklarının ileride birbirlerine âşık olamayacağını düşünüyor. O halde sonuç ne? Bir yanda ortak ilgi alanları, değer yargıları ve dünya görüşleri olan insanların birbirlerini çekmesi, diğer yanda aynı ortamda büyüme-aşinalık gibi özelliklerin insanları itmesi.

Benzer etnik, sosyal, eğitim ve ekonomik altyapıları olan, benzer tutum, beklenti, beceri ve çekicilik düzeyine sahip ancak geçmişte fazla tanımadığın kişiler aşk için ideal partnerler oluşturabiliyor. Başka bir deyişle benzer değerlere sahip kişiler çekici geliyor. Ayna konuşuyor ve çoğu kez ayna kazanıyor. Bununla ilgili veciz bir söz de var dilimizde: "Davul dengi dengine çalar..."

17. AŞKI ÂŞIK OLUNANDAN DAHA ÇOK SEVMEK

Giderek globalleşen bir dünyada insanlar tamamen farklı kültürlerden gelen, farklı inanış ve değerlere sahip olan kişilere de çekilip, âşık olabiliyorlar. Belki aşkın farklılıklar dahil her türlü güçlüğün üstesinden gelebileceğine inandıkları için. Belki de aşkın anlamsız bir yaşamı bile anlamlı hale getireceğine inandıkları için. İşte bu nedenle aşkı, bir görme kusuru olarak tanımlıyorum sana. ***Bu bağlamda aşk: "Farkındalık olmaksızın yani hesapsız bir sevebilme gücüdür."*** Yine bu nedenle belki de daha saf ve naiftir.

Diğer yandan aşk, kolaylıkla tüketilebilen bir duygu da olabiliyor globalleşen dünyada. ***Belki de insanlar giderek daha az korkuyor aşkı tüketmekten.*** Nasıl olsa her şey tükenmiyor mu? Nasıl olsa aşkı âşık olduğumuzdan daha çok sevmiyor muyuz? Eski aşklardan yeni aşklara geçiş yapmıyor muyuz? Nasıl olsa her şeyin tüketildiği bir dünyada aşk da yalnızca tüketilen bir yaşantı olmuyor mu zaman zaman? Bu bağlamda aşk saf ve naif olmaktan çıkıp bir ihtiyacın karşılanması oluyor. Belki de ilk aşk daha saf ve naif, sonrakiler ise doyum amacına yönelik girişimler oluyor yalnızca. Ta ki bireysel doyumun ötesindekileri görecek olgunlaşma sağlanıncaya kadar.

18. EN İYİ ŞARAPTAN EN KESKİN SİRKE ELDE EDİLİR: AŞKTAN ÖFKEYE GEÇİŞ VE AŞKIN YAN ETKİLERİ

Seninle benden önce kimler âşıklarının ölümcül reddi ile karşılaştılar? Seninle ben kimlerin aşklarını geri çevirdik? Onları tarifsiz bir hüzün içinde bırakarak... Ayrılık acısı yaşatılarak kaç kişiyi boşluk, umutsuzluk ve korku duyguları ile yakından tanıştırdık? Aşkın seni bıraktı, peki ya sen? Sen onu bırakabiliyor musun? ***Her ayrılık öyküsü ayrı bir hüzündür. Ayrılıksa kaçınılmaz bir gerçek.*** Senin de, benim de, onun da, hepimizin bir dizi öyküsü var ayrılığa ilişkin. Sadece hüzün, sadece depresyon mu geriye kalan? Ya bu beklenmeyen ve asla istenmeyen duygunun oluşturduğu öfke?

Yoksa öfkeli benlikler aşkın büyüsünden sonra şimdi de aşkın nefretini mi yaşıyor? "Aşk hiçbir zaman pişmanlık duymamaktır" demişler. Kim demiş? Ne yazık ki mutlak gerçek, sanal gerçekten farklı çoğu kez. Terk edilmenin öfkesini yaşayan birilerini gördün mü sen? Tanıdın mı sınır bilmeyen öfkeyi?

Aşk yaşantısının tersi en güçlü nasıl ifade edilir diye düşünmüşümdür hep. Aşkın tersi nefrettir ve nefretin acımasız elçisi de öfke. Kırılmışlığın, incinmişliğin ifadesi öfke... Kibri bırakıp sıradanlaşamamanın getirdiği öfke... **Beni nasıl sevmez diye yaşanan öfke...** ***Ne zaman öğreneceğiz kibirsiz ve sıradan yaşamayı? Herkes gibi senin de benim de terk edilebileceğimizi!...*** Ne zaman anlayacağız yaşamın ölümü göze almak olduğunu, birlikteliğin ayrılık riskini beraberinde getirdiğini?

Şüphesiz sen de zamanla öğreneceksin bir zamanlar sevdiğin kişilerden nefret etmeyi ve şüphesiz zamanla ben de öğreneceğim bu öfkeyi anlamayı...

Ya hüzün ve öfkenin yanı sıra yaşanan boşluk ve anlamsızlık? Tüm ilgi alanlarına yönelik kayıp? Hindistan'da her mayıs ayının üçüncü günü sen ve ben gibi terk edilmiş her erkek ve kadın, *Kırık Kalpler Günü*'nü kutluyor ve terk öyküleri anlatıyorlar birbirlerine.

Âşık olunan kişi tarafından terk süreci iki aşamadan geçer genellikle. İlki **protesto** aşaması olup kaybedilen aşkın yeniden kazanılması için tüm çabaların gösterildiği ve ilk âşık olma sürecinde harcanan enerjiye benzer bir enerjinin ortaya çıktığı dönemdir. Yeniden *bir* ve *birlikte* olmaya yönelik bu protesto döneminde tüm ilgi alanın, elden kayıp gitmekte olan aşk nesnesine yönelir. Yine, ilk âşık olunan dönemde olduğu gibi sürekli onu düşünüp, onunla yatıp, onunla kalkar olursun. Seni terk edenden duymayı umduğun en küçük umut verici bir söz veya davranışa öylesine ihtiyaç duyarsın ki bulabildiğin her sıradan bahane ile onu arar ve ilişkinizin bittiğine işaret eden söylemlerinden onlarcasını duymazken, seni kırmamak adına söylediği bir küçücük güzel sözü umut kapısı yaparsın. Algılamada seçici biçimde olumsuzlara odaklanma kaygılı insanların günlük yaşamlarında sık yaptığı bir hatadır. Burada ise ilginç bir biçimde tersini yapar ve onu kaybetmediğine kendini inandırabilmek adına yalnızca olumlulara odaklanır ve yalnızca umudunu devam ettirebilecek söz ve davranışları fark edersin.

Daha önce de söylemiştim; olumsuz yaşantı ve yaşam olayları tutkuyu körükler, aşka hemşirelik eder diye. **Belki de engellenmenin dayanılmaz çekiciliğidir yaşanan.** Bazılarında umut azaldıkça aşk sıcaklaşır. Aslında protesto tepkisi bağlanma nesnesinin kaybı ya da kayıp tehdidi yaşanan her koşulda ortaya çıkar. Tıpkı bebeklerin annelerinden ayrı kaldığında gösterdikleri davranışlar gibi. Ağlarlar, uyumazlar, yemek düzenleri bozulur ve huzursuzlaşırlar. Aşkın kimyasalları olan dopamin ve norepinefrin ayrılık tehdidi ile karşılaşınca aşkta olduğu gibi artarak bir çeşit yardım arama davranışı ortaya çıkarır. Ödülü tekrar alabilmek için. Diğer taraftan bu protest davranışın bazen ödül getirebileceğini de söylemek mümkündür günlük yaşamda. Terk edilendeki protesto davranışı arttıkça terk eden ilişkiyi yeniden gözden geçirir ve zaman zaman geri dönüşler olabilir, geçici de olsa... Bu oldukça ironik bir durumdur. Aşk elden giderken de aşkın belirleyicisi olan kimyasallar artarak aşkı elde tutmaya çalışıyor belki de.

Karşılığı verilmeyen aşka geri dönersek, reddedilen insanları böylesine öfkelendiren nedir?

En iyi şaraptan en keskin sirke elde ediliyorsa, en derin aşktan en öldürücü öfkenin oluşması da pek şaşırtıcı değildir. Romantik aşkla terk edilme öfkesi beyinde birbirleriyle sıkı bir bağlantı içindedir. Her ikisi de hem bedensel hem zihinsel bir uyarılmışlık halidir ne de olsa. Yani her ikisinde de aşırı bir enerji artışı söz konusudur. Her ikisinde de ilgi sevilen üzerine odaklanır. Her ikisinde de amaca yönelik davranışlar ve özlem artar. Birinde âşık olunanla bütün olmaya, diğerinde ise terk edenden intikam almaya yöneliktir özlem. İnsan kibri, terk edilmeyi tolere edemiyor belli ki. Bağlanma teorilerini ortaya koyan Bowlby* sevilenin kaybına ilişkin öfkeyi bağlanılan nesnenin yeniden kazanılmasına yönelik bir mekanizma olarak görür. *Terk edilme öfkesinin arkasında terk eden için harcanmış zaman ve emek vardır. Bazen de aldatılmışlık düşüncesi...* Yeniden âşık olup sevebilmek olanaksız gibi gelir. Kendilik saygısı derin yaralar almıştır. **Ayrılığı değersizleşme gibi yaşayan insanların, ayrılığa tahammülleri yoktur.**

Terk edilmeyi izleyen ikinci aşama olan **umutsuzluk** aşaması, protesto aşamasının sönmesi ile başlar. Kişi özlemekten yorulmuştur. Artık o eski âşık olunan kişi sonsuza kadar yok olmuştur. Bu aşamada umutsuzluk ve hüzün duyguları hâkim olur. Kişi depresyona girebilir. Erkekler ve kadınlar bu hüzün döneminde farklı tepkiler verir çoğu kez. Erkeklerin romantik partnerlerine bağımlılıkları daha fazla, sosyal bağları daha zayıftır genellikle. Bu nedenle erkeklerin alkol ve madde kullanımına yönelimleri artabilir, tehlikeli ve dikkatsiz araba kullanımı başlayabilir. Duygularını açmakta kadınlara göre daha çok zorlandıklarından hüzünlerini kendi içdünyalarında yaşarlar. Hatta acılarını kendi içlerine gömdüklerinden depresif bile görünmeyebilirler. Ayrılık acısını erkekler bazen daha dramatik bir şekilde sergiler; tahmin edilenin aksine, erkeklerin terk edilme sonrası ortaya çıkan intihar oranları kadınlarınkinden üç dört kat daha fazladır.

Kadınlarda ise depresyona girme oranı erkeklerden iki kat daha fazladır. Umutsuzlukla giden bir depresyon yaşayan kadınlarda konsantrasyon azalır, kilo kaybı olur, sosyal çekilme ve intihar girişimleri görülebilir. Dinlemeye açık arkadaşlarına öykülerini tekrar tekrar anlatır. Bu anlatım onu rahatlatabilir.

---

* John Bowlby (1907-1990): "Bağlanma kuramı"nın (attachment theory) öncüsü İngiliz psikiyatr ve psikanalist. (Ed. n.)

Ancak tekrarlayıcı biçimde olayın yalnızca rahatsız edici yönlerine odaklanma hem öfke oluşturur hem de yeniden travmatize olmasına ve iyileşmenin gecikmesine yol açabilir. Terk edilen partner terk edenin asla gelmeyeceğini anladığında ödülü arama davranışı azalır. Buna bağlı dopamin üreten hücreler aktivitelerini azaltır ve depresyon gelir. Kısa süreli stresörler dopamin artışına ve serotonin azalmasına neden olurken, terk edilmeye bağlı uzun süren stres tüm kimyasalları azaltarak ağır bir umutsuzluk depresyonunun oluşmasına neden olabilir.

19. AŞKTAN DA ÜSTÜN BİR YAŞANTI OLARAK SEVGİ: AŞK VE SEVGİ ARASINDAKİ FARK NEDİR?

Sen ve ben ilk defa mı âşık oluyoruz? *"Sensiz yaşayamam"* ilk kez söylediğimiz ya da duyduğumuz bir söz mü? Bizden evvel kaç âşık yaşadıklarının "gerçek aşk" olduğunu ve sonsuza kadar devam edeceğine inandı? Sen ve benden önce kaç âşık, aşklarını kaybettiğinde yaşamlarının da anlamını kaybettiğini düşündü? Peki, milyonlarca insanın kaçı onsuz yaşayamadı? Kaçı bir daha asla âşık olamadı? Nasıl olsa biz aşkı, âşık olduğumuzdan daha çok sevmedik mi?

Tekrarlayayım. Gerçek aşk diye bir şey yoktur. Çünkü bütün aşklar gerçektir. Yani öznel gerçek. Kim kime, "Benimki seninkinden daha gerçek" diyebilir ki? Esas olan dış gerçek değil, algılanan gerçek olduğuna göre kim kendi algısını değersizleştirmek ister ki? Hangi bilge hangi âşığa, *"Bu da geçer"* dediğinde aşkını yitiren âşığın acısı azalmıştır? Hangi âşık bu tür sözlerle aşkının sıradanlaştırılmasına öfke duymamıştır? Kaç âşık, acısının zamanla azalacağını bilerek, aşkını yitirmekten korkmadan sevebilmiştir?

"Biz aşkı aşkımızdan daha çok sevdik" derken sen ve benim aşkı bir ihtiyaç gibi yaşadığımızdan söz ediyorum. Aşk bir ihtiyaç gibi yaşandığında bencillik de beraberinde gelir çoğu kez. Çeşitli düzeylerde görme kusuru içeren aşk, âşık olunanda ihtiyaç duyulan hemen her şeyin var olduğunu varsayar.

Âşıklar bu yüzden birbirlerine, "Birbirimiz için yaratılmışız" veya "Sen benim ruh ikizimsin" gibi sözler söyler. Sanki elmanın iki yarısı uzun zamandır birbirlerini aramış ve nihayet bir araya gelerek bir bütün oluşturmuştur. Âşıklar mükemmel bir uyum içinde olduğunu düşünür. Hatta öylesine bir beraberlikleri vardır ki bu beraberlikte dış dünyaya duyulan ihtiyaç giderek azalır. Çoğu kez tüm ilgi alanının âşık olunan üzerine odaklanması, dış dünyayla daha önceden oluşturulmuş anlamlı bağların zayıflamasına neden olabilir. Daha önceden de belirtildiği gibi aşk, işte bu nedenle normal insanlardaki anormal bir ilgi daralması olarak da tanımlanabilir. Elmanın iki yarısı olmak, etle tırnak olmak, ruh ikizi olmak, birbirleri için yaratılmış olmak, anlamsız bir varoluşa yaşam boyu sürecek anlam getirmek hep aynı ihtiyaçtan kaynaklanan bir yüceltme çabasıdır.

Aslında bu haliyle aşk, gerçek bir ilişki olmaktan öteye hayal edilen bir birlikteliği, hatta bir kaynaşmayı temsil eder. Bu kaynaşma 1+1'in 2 etmesinden çok, iki yarımın bir etmesini ifade eder. Ne var ki ihtiyaçlardan kaynaklanan görme kusuru nedeniyle idealize edilen bu kaynaşma hali çok uzun sürmeyecektir. Zamanla görme kusuru düzelmeye başlar ve her şeyi *olmasını istediğimiz gibi* görmekten vazgeçip, *olduğu gibi* görmeye başlarız. Artık hayallerimizin kahramanı yok olmuştur. **Ancak sen ve ben, yalnızca kahramanlarımızdan vazgeçeriz. Hayallerimizden değil.** Tekrar âşık oluruz; çünkü ihtiyaç ve hayallerimizin abartılı olduğunu değil, kahramanımızın abartılı olduğunu düşünmüşüzdür. Böylelikle ihtiyaçlarımız ve hayallerimiz her koşulda aynı biçimde devam eder. Hayallerin, insanın tamamen özgür olabildiği tek alan olduğu düşünülecek olursa bu durum pek şaşırtıcı sayılmaz. Her şeyin tüketildiği bir dünyada en zor tüketilen şey hayallerdir. Ne var ki, gün gelir insanlar hayallerinden de vazgeçebilir.

Yaşamı boyunca "gerçek" aşkı aradığını ama bulamadığını söyleyen erkek ve kadınlara da rastlamak mümkündür. Bunun ardında, "Benim ihtiyaçlarımı karşılayacak nitelikte biriyle karşılaşmadım" söylemi gizlidir. Gördüğün gibi insanlar yalnızca kendilerinin veya aşklarının değil ihtiyaçlarının da sıradanlaşmasından korkabiliyorlar. Belki de *sıradan ihtiyaçlar* onlarda, *sıradan insanları* çağrıştırdığı için... Ne zaman öğreneceğiz kibirsiz ve sıradan yaşamayı?

İngilizcedeki "love" (aşk) kelimesinin Sanskrit dilindeki *lubl* yani "arzulamak" kelimesinden türetildiğini söylemiştim. Osho* aşk (love) kelimesinin Sanskrit'teki *lobha* sözcüğünden türetildiğini söyler. Lobha, "açgözlülük" anlamına gelir. Açgözlülük "istemek, istemek, istemek"tir. "Belki de aşkın açgözlülük anlamına gelen bir sözcükten türemiş olması tamamen tesadüf değildir" der Osho. İhtiyaçlarımızın giderilmesini istemek. Bu anlamda aşk, bir mecburiyet gibidir.

İngilizcede aşk ve sevgi için ayrı ayrı kullanılan iki farklı kelime olmadığından ihtiyacı gidermek için yaşanmayan aşka "gerçek aşk" (true love) ya da "olgunlaşmış aşk" (mature love) gibi adlar verilir. Türkçede aşk ve sevgiyi birbirinden ayrı düşünmek mümkündür. ***Aşk ile sevgi arasındaki fark "Seni seviyorum çünkü sana ihtiyacım var" ile "Sana ihtiyacım var çünkü seni seviyorum" arasındaki fark gibidir.*** Aşk herkesin birbirine benzer biçimde hissettiği bir ihtiyaçtan doğar. Sevgi ise bir sanattır ve onu herkes farklı biçimde icra eder. Sevgi

* Osho (Bhagwan Shree Rajneesh, 1931-1990): Hintli mistik filozof, felsefe profesörü.

bir ihtiyacı içerse de ihtiyaçtan çok daha geniş bir yelpazeyi de içerir. Aşk, bir tutkuyu; sevgi ise bir şefkat ve sevecenlik halini simgeler. Aşk, insanın egosunu; sevgi ise ruhunu besler. Aşkta talepler, arzular vardır. Sevgide ise paylaşım. **Sevgi vermesini bilir, aşk istemesini.**

20. "SENİ SEVİYORUM ÇÜNKÜ SANA İHTİYACIM VAR" YERİNE "SANA İHTİYACIM VAR ÇÜNKÜ SENİ SEVİYORUM" DİYEBİLMEK

Aşk bir ihtiyaçtır. Romeo, Juliet'e, "Sen benim güneşimsin" der, çünkü yaşamak için güneşe ihtiyacı vardır. Âdem, Havva'ya, "Etle tırnak gibiyiz. Seni kaybetmek kendimi kaybetmek olur" diyerek ona olan ihtiyacını dile getirir. Sevgilin sana, "Seni seviyorum" der ve bekler. Çünkü "Seni seviyorum" bir cümle ya da bir duygu ifadesi olmaktan çok, benzeri bir yanıt duyma ihtiyacından kaynaklanan bir soru gibidir. Çünkü beklenen, "Ben de seni seviyorum" şeklinde bir yanıttır. Sevmenin karşılığında sevildiğini duymak seven için çoğu kez bir ihtiyaçtır. Freud* aşkın "benlik" (ego) ile nesne arasındaki sınırları tehdit ettiğini söylemiştir. Çünkü aşk öylesine bir kaynaşma ihtiyacıdır ki "ben"ler "biz" olabilmek pahasına yok olmayı göze almaktadır. Belki de aşk ile sevgi arasındaki en önemli fark budur. Aşk, "Seni seviyorum çünkü sana ihtiyacım var" demektir. Sevgi ise "Sana ihtiyacım var çünkü seni seviyorum" anlamına gelir. İşte bu yüzden sevgi olgunlaşmış olmayı yani sevebilme kapasitesi ve becerisini gerektirir.

---

* Sigmund Freud (1856-1939): Psikanaliz öğretisini geliştirmiş olan Yahudi kökenli Avusturyalı nörolog.

21. ROMANTİK AŞKTAN OLGUNLAŞMIŞ AŞKA GEÇİŞ: KOŞULSUZ SEVEBİLECEK KADAR SEVİYOR MUSUN?

Aşk aşırı değer verilen bir yaşantıdır. Sen de, ben de âşık olabilmek isteriz. Ancak aşk, kimyasal bir bağımlılık gibi kendi içinde kendini de yok edebilir. İhtiyaçlarımızı giderdiği müddetçe harikadır. Ama bir süre sonra aynı aşk ihtiyaçlarımızı gidermekte yetersiz kalır. Tıpkı aynı dozda alınan alkol ya da bağımlılık yapıcı maddenin bir süre sonra ihtiyaçları karşılamakta yetersiz kalması gibi. Aşk başka birinin sana hissettirdiklerini sevmektir. Âşık olduğunda, onun neredeyse senin için var olduğunu düşünürsün. Tıpkı benmerkezci özellikler taşıyan bebeğin, dünyanın kendisi için var olduğunu düşünmesi gibi... Ya da küçük bir çocuğun dondurmayla ilk tanışıklığı gibi... Dünya onun dondurmayı seveceğini anlamış ve sanki dondurmayı onun için yaratmıştır. Tıpkı âşık olduğun kişinin senin için yaratılmış olduğunu düşünmen gibi.

İşte bu nedenle bazen aşk "yapış yapış" ya da "etle-tırnak" kıvamında yaşanır. Halil Cibran,* "Beraberliklerinizde boşluklar olsun. Aranıza cennetin rüzgârları girebilsin" der. Bağlı olmakla bağımlı olmak arasındaki fark ancak bu kadar güzel dile getirilebilir. Bağımlılık her zaman hayal kırıklıklarıyla sonuçlanır. Sevgide hayal kırıklığından söz etmek zordur çünkü sevgide bir beklenti yoktur.

İhtiyaçları karşılamaya yönelik çeşitli talep ve beklentiler henüz olgunlaşmamış aşkın özellikleridir. Henüz "gerçek"leşmemiş yani sevgiye dönüşmemiş aşkı asla tatmin edemezsin çünkü beklentiler o kadar artabilir ki yapılan her şey zamanla az gelebilir.

---

* Halil Cibran (1883-1931): Lübnan asıllı ABD'li filozof, şair, ressam ve yazar. 1923'te yazdığı *Ermiş* (The Prophet) adlı kitabıyla dünya çapında tanınmıştı. (Ed. n.)

Bu nedenle aşk, kendini "gerçek"leştiremezse yani olgunlaşmazsa hep acıya yol açarken, sevgi her zaman tatmin eder.

Sende kavram kargaşasına neden olmamak için sevgi, olgunlaşmış aşk, gerçek aşk ve kendini "gerçek"leştiren aşkı aynı anlamda kullandığımı belirtmek isterim. ***Gerçek aşk, "farkındalık içeren bir sevgi" ile sağlanır.*** Farkındalık senin dünyanda olup bitenle, ötekinin dünyasında olup biteni birbirinden ayırt edebilmeyi gerektirir. Bu anlamda sevgi, sevilenin hissettiklerinden bağımsız yaşanan bir duygudur. Özgürdür ve iki kişilik olması tercih edilse de, mutlaka iki kişilik olması gerekmez.

Aşkın olgunlaşması ya da "gerçek"leşerek sevgiye dönüşmesi için, öncelikle *eğer* türünde yani koşullu türden sevgiden uzaklaşabilmek gerekir. Çünkü bu karşılık bekleyen türden bir sevgidir. Sanskritçedeki *"lobha"* yani bencillik ve açgözlülükten kaynaklanan olgunlaşmamış aşkta amaç, sevginin karşılığında bir şeyler elde etmektir. Böyle bir sevgi beklenti içerir ve "eğer" türü bir koşul üzerine kurulduğu için, "eğer'in koşulları karşılanmadığında yok olur. Hep tekrarladığım "aşkın bir görme kusuru olduğu" gerçeği insanların birbirlerinin gerçek hallerine değil, hayallerindeki abartılı romantik yansımalarına tutulmaları ile ilgilidir. İşte bu nedenle "eğer" türündeki aşklarda beklentiler karşılanmadığında büyük aşk, öfke ve nefrete dönüşebilir. Özetle bu tür aşk, "Eğer benim beklentilerimi karşılarsan seni sevmeye devam ederim" demektedir. Nedeni ve biçimi bağlamında oldukça bencildir.

"Eğer" türünden pek de farklı olmayan çünkü türü sevgide sevilen, bir şeyler yaptığı ya da bir şeyler olduğu için sevilir. Yani, onu sahip olduğu özellikleri nedeniyle seversin. Bu türden sevgi ipotekli bir sevgidir. Seveni ve özellikle sevileni baskı altına alır. Seven, bu özellikleri benimsediği, istediği ve ihtiyaç duyduğu müddetçe sever. Sevilen ise bu özellikleri taşıdığı sürece sevilir.

Örneğin sevilen güzel olduğu için sevildiğini düşündüğünden, hep güzelliğini korumaya çalışır. Günümüzde ardı arkası kesilmeyen estetik ameliyatlardan vazgeçmeyen birçok insan, belki de, "çünkü" sevgisini ve hayranlığı koruma adına bu tür tekrarlayıcı cerrahi girişimlere başvurmaktadır. "Ancak güzel ve çekici olursam sevilirim" şeklinde düşünen insanların kendisinden güzel birini görünce tehdit algısı yaşaması belki de kendisini sevenlerin sevgilerini kaybetme korkusu ile ilgilidir. Bu onları daha güzel olma çabasına iter. Elde etmek isteyip, edemediklerini yeterince güzel olmamalarına bağlarlar. Kendilerini bir bütün olarak geliştirmek yerine, güzelliklerini geliştirmeye çalışırlar. Başka bir deyişle eğer amaca yönelik bir strateji yanlışsa ve yanlış olduğu kişi tarafından anlaşılmıyorsa, kişiler stratejilerini değiştirmek yerine stratejilerinin dozunu artırırlar. Tıpkı bir hekimin verdiği ilacın istediği sonucu getirmediğini gördüğünde "Teşhisim yanlış olabilir mi?" diye düşünmek yerine ilacın dozunu artırması gibi... Bu tür sevgi, kuşkulu ve kaygılı yaşanan bir sevgidir ve olgunlaşmamıştır.

Olgunlaşmış sevgide, sevilen, bir şey olduğu için ya da çeşitli beklentileri karşıladığı için değil, olan ve olmayan tüm özellikleri ile sevilir. *Notre Dame'ın Kamburu*'ndaki güzel Esmeralda, Quasimodo'yu çirkin ve kambur olmasına karşın sevmiştir; asil, yakışıklı ve zengin genç de Esmeralda'yı "Çingene" olmasına rağmen. Japon yazar Masumi Toyotome bu türden sevginin eksikliğini, "dünyadaki en büyük ve en önemli kıtlık" olarak tanımlar ve "Yüreklerin en çok susadığı sevgi budur" der.

1970'lerde ABD'de ortalama 4,3 milyon boşanmış yetişkin varken 2000 yılında bu sayı 20 milyona yükselmiş durumda. Belli ki ya evlenme çağındaki nüfus 30 yılda beş kat artmış ya da insanlar yüreklerin en çok susadığı bu türden sevgiye bir türlü ulaşamamışlar. Ne dersin? Evlenirken söylenen, "Ölüm bizi ayırana kadar" sözü muhtemelen fiziksel ölümü simgelemiyor artık. Buradaki ölüm, *ilişkinin ölümü* anlamında kullanılıyor ve ilişkiler günümüzde daha erken ölüyor.

"Seni seviyorum" diyen durup bekliyor, çünkü, "Ben de seni seviyorum" sözünü duymak istiyor. "Seni seviyorum, sen de beni sevdiğin müddetçe" biçiminde, "eğer" türünden, koşullu bir sevgi bu. Erkek kadına, "Seni dünyanın en güzel kadınına değişmem. Sharon Stone senin yanında hiç kalır. Tanrı senden güzelini yaratmadı" diyor. Kadın da erkeğe, "Sen tüm arzularımın gerçeklendiği yersin. Hiçbir erkek senin kadar hoş ve karizmatik değil" diyor. Bu insanlar ne diye başka erkek ve kadınları işin içine sokuyor? Sharon Stone'dan ya da diğer karizmatik ve hoş insanlardan söz etmeden sevemez miyiz? Bu "çünkü" türünde bir sevgi. "Seni seviyorum çünkü çok güzelsin, çok karizmatik ve çok hoşsun, hatta Sharon'dan bile güzelsin" diye ifade edilen bir sevgi bu. ***Oysa olgunlaşmış aşk*** ya da sevgi karşılaştırma yapmadan, "çünkü"ler ve "eğer"ler oluşturmadan sevebilmek anlamına geliyor.

Belki de "Seni seviyorum" sözü çok sık kullanılıyor. Bir kelime ya da cümle ne kadar sık kullanılırsa anlam yükü o kadar azalıp, sıradanlaşabiliyor. Belki de "Seni arzuluyorum" ya da "Seni istiyorum" cümleleri yerine "Seni seviyorum" demek kulağa daha asil geliyor. Birini arzulamak bedenden gelir. Sevmek ise ruhumuzdan. Onunla geçecek bir geceyi arzulamak ya da onunla geçecek bir ömrü arzulamak. Bu anlamda arzu, daha uygun bir kelime. Kelimeler doğru anlamda kullanılmadığında amacını, yönünü ve anlamını yitirebiliyor. Birilerinin, seni ve beni kim ya da ne olduğumuz için değil de, olduğumuz gibi sevmesi için daha ne kadar beklememiz gerekecek?

22. AŞKIN OLGUNLAŞIP SEVGİYE DÖNÜŞMESİ NEYİ GEREKTİRİR? SEVGİYİ AŞKTAN ÜSTÜN YAPAN NEDİR?

Aşkın sevgiye dönüşmesi her şeyden önce zaman gerektirir. Çünkü sevgi yalnızca fiziksel ya da kimyasal anlık bir çekim değildir. Sevgi, aşk gibi "bulunan" bir şey de değildir. Önce doğurulan, ardından büyütülüp geliştirilen ve özenli biçimde bakım verilen bir şeydir sevgi.

Yalnızca bir duygu asla değildir sevgi. Çünkü her duygunun bir ömrü vardır ve ömrü tamamlanınca duygular da tükenir. Aşk gibi, korku gibi, sevinç gibi, öfke gibi.

İnsanlar karşılıklı çekim sonucu oluşan bir bağ gerekçesiyle evlenebiliyor. Aradan yıllar geçiyor, çekim ve çekicilik kaçınılmaz olarak azalıyor. Bu çifti bir arada tutabilen tek güç yaşamlarının geri kalan kısmını bir arada geçirme kararı oluyor.

Peki, nedir öyleyse sevgi? O. Henry'nin* *The Gift of the Magi*'de (Magi'nin Hediyesi) yazdığı şu kısa öyküde en güzel şekilde ifade edilir sevgi:

> Bir zamanlar birbirini çok seven, evli ve oldukça yoksul genç bir çift vardı. Noel zamanının yaklaştığı bir dönemdi. Her iki eş de parasız oldukları için birbirlerine hediye alamayacak olmanın yoğun üzüntüsünü yaşıyorlardı. Genç kadının para edebilecek tek varlığı çocukluğundan beri uzattığı ve herkesin hayran olduğu uzun saçları idi. Genç adamın para edebilecek tek varlığı ise nesilden nesile aktarılmayı takiben en son babasından kendine kalan ve hep cebinde sakladığı altın saati idi.

* O. Henry (1862-1910): Amerikalı yazar William Sydney Porter'ın takma adıdır. Yazar, özellikle öykülerinin şaşırtıcı sonları ile ünlüdür.

Noel sabahı geldiğinde her ikisi de birbirlerine birer hediye paketi verdiler. Erkeğin karısına hediyesi güzel saçlarını topuz yapıp yukarıda toplayabilmesi için aldığı pırlantalı saç tokası idi. Kadının kocasına aldığı hediye ise her zaman kaybetmekten korktuğu altın saatini güven içinde taşımasını sağlayacak altın bir zincirdi. Ancak koca pırlanta tokayı alabilmek için altın saatini, karısı ise altın zinciri alabilmek için güzel saçlarını satmıştı. Her ikisi de mutluluktan ağlıyorlardı. Her ikisi de birbirleri için dış dünyadan aldıkları hediyeleri kullanamayacaklardı. Ancak içdünyalarından gelen bu gerçek hediyeler, onlara derin sevgilerini her zaman hatırlatacaktı!...

Sevdiğiniz zaman birbirinize hediye verirsiniz. Ancak bu, sokağa çıkıp alınan hediyelerden farklıdır. Bu, kendinizle ilgili çok önemsediğiniz bir şeyden onun için vazgeçebilmek anlamında bir hediyedir. Bunu yaparken, "Aynı şeyi o da yapar mıydı?" diye düşünmezsin çünkü sevgi, senin sevgindir.

Genç bir öğrencimle aramızda geçen bir diyaloğu hatırlatıyor O. Henry'nin öyküsü. Öğrencim, tıp fakültesinden mezun olmuştu ve mezuniyet balosuna sevdiği erkek arkadaşı ile gitmek istiyordu. Ancak balonun olacağı akşam erkek arkadaşının yer aldığı takımın basketbol maçı da vardı. Kendisi baloya, erkek arkadaşı da maça gitmek istiyordu. Ne yapacağına karar veremediğini ve bunu danışmak için bana geldiğini söyledi. Kendisine ne yapmayı düşündüğünü sorduğumda mezuniyet balosunun kendisi için çok önemli olduğunu, bunun öğrencilik hayatının son gecesi olduğunu ve evlenmeyi planladığı arkadaşının bu baloya gelmesinin kendisini çok mutlu edeceğini söyledi. Diğer taraftan erkek arkadaşının maçının şampiyonluk öncesi bir maç olduğunu, onun da aslında kendisinin maça gelmesini istediğini ama bunu teklif edemediğini belirtti. Onu maçtan alıkoymanın kendisinde suçluluk duygusu oluşturmasından endişe ettiğini söyledi. Bu koşullarda en uygun olan davranışın kendisinin baloya, erkek arkadaşının ise maça gitmesi olacağını ifade etti. Kendisine bu kararının yanlış olmayacağını ve her ikisinin her an aynı şeyleri yapamayacaklarını belirttikten sonra şöyle bir soru sordum: "Bu evlenmeyi düşündüğün adamı gerçekten seviyor musun?" Yanıt gayet kesin ve kısa idi: "Evet, tabii ki, hem de çok." Bunun üzerine, "O halde bırak maça gitsin, hatta sen de onunla git" dedim. Biraz şaşırdı. Şöyle devam ettim: "Çünkü birini sevdiğinde ona hediye verirsin. Bazen hediyelerin en güzeli onun mutluluğu için kendi arzularından vazgeçebilmektir. **Ona onun ihtiyacı olanı, kendi ihtiyacından vazgeçmek pahasına vermektir sevgi.** O, maç sırasında etrafında olmanı istiyor. Bir gün onunla evlendiğinde daha birçok baloya birlikte gitme şansın olacaktır." Öğrencim güvendiği birinin verdiği bu önerinin rahatlığı, şaşkınlığı ve mutluluğu ile teşekkür ederek odamı terk etti. Daha da önemlisi birkaç gün sonra beni arayarak, "Erkek arkadaşımı arayarak baloya değil maça gitmek istediğimi söylediğimde o da bana maça gitmeyeceğini çünkü baloya ikimiz adına bilet aldığını belirtti. Şimdi ikimiz de birbirimizi çok sevdiğimizi biliyoruz. Siz bizim sevgimizin elçisi oldunuz. Sevince içdünyamızdan hediyeler vermeyi öğrettiniz. Erken yaşta öğrettiğiniz bu bilgi bizi hem olgunlaştırdı hem de ilişkimizi güçlendirdi. Her ikimiz adına teşekkür ederim" dedi. Ben de kendisine, sevgiye olan inancımı bir kat daha artırdıkları için teşekkür edip, yaşam boyu mutluluklar diledim. Evlendikleri zaman nikâh şahitleri olmamı istediler. Yurtdışında olduğumdan nikâhlarına katılamadım. Ancak onlarla bir sonraki karşılaşmamızda önce her ikisinin maça, ardından geç de olsa baloya katıldıklarını ve gecenin geri kalan kısmında, balonun en mutlu çifti olarak dans ettiklerini öğrendim.

Sevgi ne istediğinle ilgili değildir. Sevgi, sevilene sevgini "koşulsuz" verebilmenle ilgilidir. Koşulsuz bir sevgi, sağlıklı birine verildiğinde sevilmeyi de beraberinde getirir. Sevgi başkasının sana hissettirdiği değil, senin ona koşulsuz olarak hissettiklerinle ilgilidir. Daha önce de belirttiğim gibi insanlar bazen karşılarındakini değil, o kişinin kendilerine hissettirdiklerini yani beğenilerini, ilgi ve övgülerini sevebiliyor. Narkissos'un durgun bir su birikintisine bakarken kendi görüntüsüne âşık olması gibi. Oysa kendisini ve başkalarını sevebilen insanların aynaya ihtiyacı yoktur. Narkissos kendisine âşık olarak, kendi kendini sevgi nesnesi yapmıştı. Aslında kendisini değil yalnızca sudaki görüntüsünü sevmişti. Başkalarının güzel söz ve övgülerini seven de, aslında kendisinden çok yansımasını sevmekle meşguldür. ***Oysa sevmek, sevecen olma gereği duymadan sevecenliğin kendisi olabilmektir. Tıpkı mutluluk arayışından çıkıp mutluluğun kendisi olabilmek gibi...***

23. ANLAM MERDİVENİ BAĞLAMINDA SEVGİ:

Taktikler Dünyasında Anlam Merdivenini Tırmanabilmek

Sevgi bir merdiven gibidir. Bir anlam merdiveni. "Sevdim de ne oldu?" diyenler, bu anlam merdiveninde yukarı adım atmayı henüz becerememiş kişilerdir. Sonuçları ne olursa olsun, sevginin anlam merdiveninde yukarıya doğru mesafe kat etmek sana bağlıdır. Sevgi adına çekilen acılar, anlam merdivenini iyi kullandığın müddetçe asla boşa gitmez. Sevgi acısı seni daha üst bir bilinç düzeyine de taşıyabilir. Partnerinin sana olan ilgisi azaldığında, çevrendekiler bunu koşulsuz vericiliğin, onu şımartman, hep isteyici hale getirmen, yani uygun taktikler kullanmamanla ilgili olarak değerlendirebilir. Bu masala sen de inanırsan, bundan sonra verebileceğin yalnızca hesaplı, koşullu ve temkinli bir sevgi (!) olacaktır. Oysa sen koşulsuz sevgini sunarken, ne onu şımartmak ne de onu isteyici bir hale getirmek için verdin. Sen yalnızca içinden geleni yaptın ve bildiğin sevgiyi sundun. Şimdi sana sevgini yanlış bir biçimde sunduğun söyleniyor ve sen de buna inanıyorsun. Dikkat et! Senden bilmediğin bir sevgiyi sunmanı istiyorlar... Partnerinin ilgisinin azalması, hatta seni terk etmesi hiçbir zaman senin vericiliğinle ilgili olamaz. Olsa olsa senin vericiliğini görememesi, görmek istememesi ya da henüz görmeye hazır olmaması ile ilgilidir. Yani senin vericiliğin seninle, onun bunu anlamayışı ya da göremeyişi ise onunla ilgilidir. Sunduğun, verdiğin, kattığın her şey sevmeyi bildiğin anlamına gelir, bilmediğin anlamına değil. Ne yazık ki her şeyin tüketildiği bir dünyada sonuçlar süreçleri değiştirsin isteniyor ve biz de sevmeyi bile bize öğretildiği gibi sunmayı öğreniyoruz. *Sevilmeme, çoğu kez sevenle ilgili değildir.* Anlam merdivenine koyduğunda sevgi için yaptıkların olsa olsa sevmeyi becerebildiğini gösterir. Bu anlam merdiveninde kendinle ilgili göremediğin taraftır. Onun ilgisinin azalması hatta seni terk etmesi acı da gelse seninle ilgili olumlu ve güzel bir yönün varlığını gösterir. Her şeye rağmen sevebilme gücün olduğunu...

Sen ve ben hayatımızda anlamlı bir şeyi kaybettiğimiz zaman acı çekeriz. ***Acı, artık orada olmayanın, senin yaşamındaki önemini ortaya koyar.*** **Ancak unutma ki bir ilişkiyi kaybetmekten daha kötü olanı anlamı kaybetmektir.** ***Eğer yalnızca ilişkiyi kaybedersen bu, insan olduğunu gösterir. Ama ilişki kurmanın anlamlı olduğu inancını kaybedersen bu, en insani özelliğini kaybetmek olur.*** Aslında bu ilişkinin kaybı sayesinde belki de daha kalıcı, daha anlamlı ve daha üst düzeyde deneyimler edinebilirsin. Sevgilinden ayrıldığın zaman çevrendekilerin, "Artık onu unut" sözlerine ne kadar öfkelendiğini hatırla. Tepkin ne olmuştu? "Unutamıyorum işte." "Unut onu" lafı yaşadığın acı deneyimin başkaları tarafından anlaşılamadığı anlamına geliyordu, öyle değil mi? Sanki yaşadıklarını değersizleştiriyorlarmış gibi. Diğer yandan sana hiçbir şey söylememeleri ise çaresizliğini onaylamak ve bu çaresizliğe seyirci kalmak anlamına geliyordu. Peki, bu çıkmazı nasıl aşacaksın? Tabii ki önce onu iyi anlayarak ve daha önemlisi bu çıkmazdan öğrenilmesi gerekenleri öğrenerek... ***"Artık unut onu ve geleceğe bak"*** sözü insanın deneyimlerinden öğrenmesini engelleyen bir öneridir. Aslında yapman gereken bu acı kaybın senin yaşamında seninle ilgili neleri yansıttığını daha iyi anlamaktır.

Şimdi sana aramızda geçen şu diyaloğu hatırlatmak isterim:

Sen: Bu ilişkinin bitmiş olması gerçekten canımı yakıyor.

Ben: Anlıyorum, tabii ki canın yanıyordur. Canın yanıyor çünkü onu sevdin ama ilişkiniz yürümedi. Bu, senin birine önem verebilme ve sevebilme gücünü gösterir. Ancak sevebilme kapasitesine sahip olmak, canının yanabilmesi riskini de göze alabilmek demektir. Yani aynı sevme kapasitesi canını da yakabilir.

Sen: Tam olarak ne demek istiyorsun?

Ben: Senin sevme yeteneğine sahip olduğunu söylüyorum. Acı sana, senin önemli bir özelliğin ve ihtiyacın hakkında bilgi verir. Özelliğin; sevebilme yeteneğin, ihtiyacının ne olduğunu ise sen bana söyle. Bu ilişkide ayrıldığın kişide olmayan ancak senin ihtiyaç duyduğun neyi öğrendiğini bana söyleyebilir misin?

Sen: Sanırım evli bir adamla yakınlaşmamam gerektiğini öğrendim.

Ben: Bu ilişkinin başında, evli bir adamla ilişkiye girmenin zorlukları ile başa çıkabileceğini düşündürten şey neydi?

Sen: Sanırım evliliğim bittikten sonra kimseyle çok yakın bağ kurmak istemedim. Evli olan biriyle kurulan ilişkinin beni incinmekten koruyacağını düşünmüştüm.

Ben: Belki de bu, risk almadan sevebilme ihtiyacın olduğunu gösteriyor. Unutma ki, severek yaşamak risk almayı gerektirir. Risk almazsan belki daha güvenli yaşayabilirsin ancak bu, yaşamın kıyısında oturup yaşayanları seyretmeye benzer. Yeni ve anlamlı ilişkiler ancak yeni deneyimlere açık olmakla sağlanır. Diğer yandan risk almak her zaman tehlikeli olanı yapmak değildir.

Sen: Anlıyorum, incinmekten korunmak için risk almamaya çalışırken, belki de en tehlikeli seçimi yapmışım.

Sana, acıdan anlam çıkararak anlam merdiveninde mesafe alabilmen için bir danışanımla aramızda geçen bir diyaloğu da aktarmak istiyorum. Bu danışanım karısından ayrılmak amacıyla evden ayrıldığından bu yana "çocuklarını kaybettiği" duygusuyla bana başvurmuştu. Aslında çocuklarını görmeye devam ediyordu ancak yeteri kadar göremediğini söylüyordu. Bir yandan da, "Aslında bu üzüntümün mantıksız ve anlamsız olduğunun farkındayım" diyordu. Ben de ona, "Pek anlayamadım. Niye anlamsız olsun? Çocuklarını özlemeyen bir baba mı olmayı tercih ederdin? Bu üzüntün, çocuklarına olan sevginin ne kadar güçlü ve önemli olduğunu da göstermiyor mu?" demiştim. Bu cümle ona, acısından anlam çıkarmayı öğretmişti: Kendisinin çocuklarını seven bir baba olduğu gerçeğini daha iyi görmesini... ***Bir şeyi kaybetmenin acısı yalnızca bir süre***

devam eder ancak kaybın anlamını kaybetmek yaşam boyu devam edecektir. Bu baba belki çocukları ile geçirebileceği sürenin bir kısmını kaybetmişti ancak aramızdaki diyalog sonrasında her zaman çocuklarının babası olarak kalacağı gerçeğini yakalamıştı. Kayıp bazen daha anlamlı boyutların yakalanmasını sağlar ve bu da bizi anlam merdiveninde daha yukarılara tırmandırabilir.

Sevginin ancak çift kişilik olabileceğine inanılan bir dünyada sevmek, yalnızca sevilene ulaşıldığı zaman anlam bulur. Böylesi bir algılama içinde amaca ulaşmak için yapılan her şey taktik içerir ve zamanla taktikler sevginin yerini alır. Artık sevgi yok, yalnızca amaca yönelik girişimler vardır. *Anlam merdiveni kaybolduğunda saflığını da kaybetmiştir sevgi.* Günümüzün popüler lafları olan, "Kaçan kovalanır - Çok istiyor olsan bile hemen evet deme - Ona kolay ulaşılır bir izlenim verme - Eşinin ilgisini çekmek istiyorsan seksi iç çamaşırları giy - Onu biraz kıskandır - Vücut dilini doğru kullan - Kıyafete para harca - Biraz gizemli ol - Onu biraz merak ettir" gibi öneriler ya da "Erkekleri ve kadınları elde etme sanatının incelikleri - İstediğiniz kadını elde etmenin 99 yolu - Burçlara göre sevdiğinizi nasıl elde edersiniz? - Sevgilini avucunda tutmanın 88 yolu" gibi anlaşılmaz biçimde artan yayınlar, taktikler dünyasının anlam merdivenine karşı zafer kazanmasına yönelik çabaların en somut kanıtları değil mi?

24. SEVGİDEN BAĞLANMAYA

Senin aşkın sakinleşip, dinginleşti mi hiç? Yalnızca ateşli, yorucu, tutkulu duygularla mı yetindin yoksa sen? Düşünmekten, bakışmaktan, sevişmekten yorulmadığın ve güneş doğana kadar dans ettiğin aşklar mı yaşadın yalnızca? *Unutma, aşk sadece bir bakışla da doğabilir, ancak yalnızca şefkat ve sevgiyle olgunlaşır.* İki kişi birbirine âşık olduğunda tutku en üst düzeyde, kalpler ise ateş üstündedir. Ama eninde sonunda küllenir ateş. Dur, endişelenme! Küllenen ateş yakıcı ateşten daha cömerttir çoğu kez. Bizi yakmadan da ısıtabildiği için belki de... Ve senin sevgin küllenen ateşte bile devam ediyorsa eğer dinginleşen her şey gibi derinleşecektir de elbette.

Sen hiç beraberliklerinin ellinci yılını kutlayan bir çiftin kutlamasına katıldın mı? Ben katıldım. Sana anlatayım: İnanmayacaksın ama birlikte inanılmaz eğleniyorlardı. Çift, çok sevdiğim bir dostumun arkadaşlarıydı. Belki de dostum benim evliliklerle ilgili karamsarlığımı azaltmak ve mutlu çiftler de olduğunu göstermek için getirmişti beni bu kutlamaya. Gecenin ilerleyen saatlerinde kendimi ellinci yılını kutlayan o muhteşem kadının yanında buldum. Benim psikiyatr olduğumu biliyordu. Ona uzun bir ilişkiyi böylesine coşku ile sürdürebilen çiftlere olan hayranlığımı belirttikten sonra bir çift terapisti olarak bunu nasıl becerebildiklerini merak ettiğimi söyledim. Öyle ya, beraberliklerinin ellinci yıldönümünü kutlayan çiftlerin ayakta alkışlanması gereken bir zaman diliminde yaşıyoruz. Bana beş erkekle evlendiğini söyledi. Şaşırdım ve "Yani bu eşinizden önce dört kocanız olduğunu mu söylüyorsunuz?" diye sordum. Bir kahkaha attı ve "Hayır" dedi. "Evlendiğim erkekler hep aynı soyadını taşıyorlardı. Ben onun beş ayrı halini sevdim" diye devam etti. "İlk âşık olduğum adam genç, yakışıklı, hırslı ve eğlenceli idi. Bu adamı inanılmaz bir coşkuyla sevdim. Daha sonra ikinci adam ortaya çıktı. Bu ikinci adam işkolik idi. Bu işkolik adamı sevmekte başlangıçta zorlandım ancak biraz gayretle onu da sevdim. Daha sonra günümüzde *orta yaş krizi* denilen bir dönemden geçti. Doğrusu zor bir dönemdi. Ancak bu süreçten geçen adamı da sevebildim. Sonra emekli oldu. Başlangıçta sarsıldı ama sonunda kendini buldu. O kocayı da sevmeyi öğrendim. Şimdi bu tarafa doğru gelen adama bak! O artık cildi sarkmış, yaşlı bir adam. Bir zamanlar coşkuyla, deliler gibi âşık olduğum o yakışıklı adam asla değil. Ama ben bu beş adamı da çok seviyorum. Belki eskisi gibi coşkuyla, deliler gibi değil ama çok daha derin ve dingin bir sevgiyle."

İşte sır bu... Beş kocayı da sevmeyi öğrenebilmek... Şimdi sırrı sen de öğrendin.

Ateşi de, közü de, külü de sevebilmeyi öğrenmek.
Derin ve dingin... Değişim kaçınılmazdır.
Önemli olan değişim süreçleri içinden geçen
o yeni insanı keşfetmek, kabul etmek ve
farkındalıkla sevebilmektir.

25. BAĞLANMANIN KİMYASALLARI

Gelişimsel yönden bakıldığında şehvetin, cinsel doyum sağlamaya yönelik herhangi bir partnerle yaşanabilecek bir aşerme hali olduğunu söylemiştim. Romantik aşk zaman ve enerji tasarrufu amacıyla şehvetin belirli bir zaman diliminde idealize edilen bir partnere odaklanması olarak düşünülebilir. Sevgi ise gelişimsel açıdan türün devamını sağlayacak, yani yeni nesiller oluşturacak ve onların güvenli bir biçimde büyüme ve gelişmelerini sağlayabilecek bir süre için partnerlerin birbirlerine güven, şefkat ve sevecenlik ile bağlanabilmesi olarak tanımlanabilir.

Şehvet, romantik aşk ve bağlanma içeren sevgiyi, tabii ki yalnızca gelişimsel anlamda tanımlamak doğru olmaz. Şehvet yeni arkadaşlar edinmeyi, zevk ve macera yaşamayı, hem beden hem de zihnimizi gevşetmeyi sağlarken, romantik duygular bize âşık olmayı, hatta âşık olduğumuz için başka birinden ayrılmayı öğretir. Sevgiyle bağlanma ise sevdiklerimize ilgi ve şefkat gösterebilmeyi ve bakım verebilmeyi öğretir. Şehvetin testosteron, aşkın dopamin, norepinefrin ve serotoninle ilgisini aktarmıştım. Bağlanma içeren sevginin hormonları ise *oksitosin* ve vazopressin adlı hormonlardır. Kadında oksitosin salgısı doğum sırasında artar. Oksitosin bir yandan doğum sonrasında rahim kaslarının kasılmasına neden olurken bir yandan da göğüslerden süt gelmesini sağlar. Ancak en önemli işlevi anne ile bebek arasındaki güçlü bağı sağlamasıdır. Aynı oksitosin erişkinde, sevgi ile bağlanma işlevinden de sorumlu tutulmaktadır. Vazopressin ve oksitosin adlı doyum hormonları, uyarılma ve orgazm sırasında da artar. Orgazm sırasında erkeklerde vazopressin, kadınlarda ise oksitosin artar. Sevenlerde orgazmı izleyerek hissedilen yakınlık ve bağlanma bu hormonlarla ilgili olabilir. İlginç bir biçimde vazopressin ve oksitosinin çok artması testosteronun azalmasına, testosteronun çok artması ise bu iki hormonun azalmasına neden olabilmektedir. Testosteronu yüksek olan erkeklerin daha az evlendiği, daha sık aldattığı, daha sık boşandığı ve daha çok şiddet gösterdiği bilinmektedir. Erkeklerin evlilikleri sallantıya girdiğinde testosteron düzeyleri artmakta ve boşanma ile birlikte testosteron düzeyleri en üst düzeye gelebilmektedir. Bekâr erkeklerin testosteron seviyeleri evlilerden daha yüksektir. Bütün bunları tersinden düşündüğümüzde bir erkek ailesine daha güçlü bağlarla bağlandığında testosteron düzeyleri azalmakta, bebek doğduğunda ve babalar bebeği kucaklarına aldıklarında ise testosteron en düşük düzeye inmektedir.

26. EVLİLİK İÇİN HAZIR MISIN? MASUMİYETTEN KİRLENMEYE VE KİRLENMİŞLİKTEN TEKRAR MASUMİYETE

Abartısız ve görünene işaret eden tanımlar sade olmakla birlikte, en güçlü ve en etkileyici tanımlardır. Çünkü onlar satır aralarını değil satırlara yazılanı okurlar. Anlaşılmazlığın gizemi arkasına saklanmak yerine anlaşılırlığın sadeliği ile yetinirler. Sadelik zordur çünkü ancak farkındalıkla sağlanır. Sade bir tanımla ***evlilik, birlikteliğin tek başınalığa zaferidir***. Dikkat edersen, birlikteliğin "tek başınalığa" zaferidir dedim, birlikteliğin "yalnızlığa" zaferi değil! Yalnızlık terimi, birilerini aradığının ifadesidir. Tek başınalık ise bir arayış içinde olduğunun değil, özgür olduğunun ifadesidir ve ancak özgür olduğunda olgunlaşırsın. Çünkü ancak zihnin başkaları tarafından meşgul edilmediğinde kendinle ilgili farkındalığın artar. Özgürleşmek ve farkındalık artışı ise insan yaşamındaki en önemli keşiflerdir.

Birinin karısı veya kocası olmadan önce kendin olmayı becerebilmelisin ve bunun için de önce tek başınalığı öğrenmelisin. Bir düşün. Sen çoğu kez kendinle yaşamıyorsun. Belki kendi düşüncelerine bile katlanamıyorsun. Ansızın gelen, istemsiz düşüncelerine bile tepki veriyorsun. Onların yalnızca bir düşünce olduğunu unutuyor, düşüncelerinden korkuyorsun. Ya düşünmemeye çalışıyorsun ya da düşüncelerinde oluşturduğun hayali tehdit ve tehlikeler için önlem alıyorsun. Ne zaman yalnız kalsan huzursuzlaşıyorsun, rahatsızlık ve endişe duyuyorsun. Sevgilin olmadığı zamanlar, "Herkesin bir sevgilisi var, ben ise yapayalnızım" diye üzülüyorsun. "Ne yapmalıyım?" diyor ve bazen bir terapiste gidiyorsun. Çünkü kimse seni dinlemiyor diye düşünüyorsun. Terapist seni dinlediğinde mutlu oluyorsun çünkü o sana en azından, "Sen dinlenmeye değer birisin" mesajını veriyor. Özetle, önemsenmeye ihtiyaç duyuyorsun ve sevilebilmek için seviyorsun. Temel ihtiyacın sevmek değil sevilmek oluyor.

İşte bu nedenle sevgiline, "Beni yeterince sevmiyorsun!" diye kızabiliyorsun. Bu kadardan daha fazla sevilmeyi hak ettiğini düşünüyorsun. Kibir ve bencillik... Unutma sevilmeyi bencilce arzuladığında, hiçbir sevgi sana yeterli olmayacaktır. Çünkü ihtiyaç sonsuzdur. İşte bu nedenle sevilmeye tutsak olmak da sonsuzdur. Pek çok âşık, "Ben seviyorum ama o yeterince karşılık vermiyor" diye yakınır. Ama aslında çoğu kez karşısındaki de aynı şeyden yakınmaktadır çünkü her ikisi de henüz sevmiyorlardır. Osho "Ancak ihtiyaç duyulma ihtiyacını yok edebilirsen tek başınalığı ve sevmeyi becerebilirsin" der. İşte, yalnızlık ile tek başınalık arasındaki fark budur. **Tek başınalık ihtiyaç duyulma ihtiyacından özgürleşebilme halidir.** Yalnızlık sonucu yaşadığımız birliktelik ise sevgiden çok, benliğimizin bir gereksinmesi sonucu yaşanır. Her gün biri tarafından istenmek, ihtiyaç duyulmak değil midir bir Kazanova'yı bir dizi partnerle birlikte olmaya iten? Bu fethetme arzusunun yalnızca seks ile ilgili olduğunu mu düşündün yoksa sen? Seks yalnızca bir kadın ya da bir erkekle de derin ve anlamlı yaşanabilir. Tabii ki aşk da değildir Kazanovalık; çünkü aşk, ilgi alanının en azından belirli bir süre için belirli bir kişiye odaklanmasıdır. Bu, ne aşktır ne de seks, bu yalnızca bencilce bir ihtiyaçtır. Yalnız olmadığını, önemsendiğini, fethetme ve fethedilme gücünün varlığını görme ihtiyacı... Oysa tek başınalıkla özgürleşmiş bir insan, bu ihtiyaçlarını geride bırakmış olandır. İhtiyaç duyulma ihtiyacını hissetse bile bunu sevgiden ayırır.

Sevgi ihtiyaç duyduğun dış dünyada değil senin içindedir. Bunu fark edebilmek ise yalnızlıktan tek başınalığa geçerek olur. Peki, tek başınalığı öğrenmek için kimlere bakmalı, kimi örnek almalısın? Belki tek başınayken bile her şey yolundaymış gibi rahat davranan bebekleri. Bebekler kendilerini oyalama, eğlendirme ve mutlu etmenin yollarını en iyi bilenlerdir. Kendi bedenleriyle oynar, parmaklarını emerler. Kendilerine güvenleri olağanüstüdür. Bir bebeğin emeklemekten yürümeye geçişi sırasında kaç kez düştüğünü bilir misin? Çalışmalar bu rakamın 200'ler civarında olduğunu göstermiş. Bu ne demek anlıyor musun? Çocuk defalarca düşüyor ve tekrar ayağa kalkıp, yürümeye çalışıyor. Düşmek tekrar ayağa kalkmak için bir engel değil, bir neden oluşturuyor. Peki ya erişkinler? İki üç kez yabancı dil kursuna katılıp, bu işi yapamayacağım diyerek dil kursundan vazgeçenler? İki kez istediği karşılığı bulamayıp, hayal kırıklığına uğradığı için sevmekten vazgeçenler? Çocuklar kendilerine yetişkinlerden daha çok güveniyorlar çünkü onlardan daha çok özgürler. İşte bu yüzden bütün çocuklar güzel... Peki, çocuklar düştüğü zaman sen ve ben ne diyoruz, "Görmüyor musun? Yürümeyi beceremiyorsun işte. Bu aptalca denemelerden vazgeç!" mi diyoruz? Hayır, bravo diyor ve onu aldığı sonuçlar için değil, gösterdiği çaba için alkışlıyoruz. Çocuğun kendisine güvenini sarsmıyoruz. Sarsmaya çalışsak bile o yılmıyor. Tekrar deniyor çünkü kendi tek başınalığı içinde yalnızca sürece odaklanıyor. Senin ne söylediğinden çok onun ne yapmak istediği önem kazanıyor tek başınalıkta.

Peki, bu kendine güvenli çocuklara daha sonra neler oluyor? Biraz büyüdüklerinde anneleri bir bardak su istiyor. Çocuk su getirirken halıya döküyor ve annesi, "Bir bardak suyu bile getirmeyi beceremiyorsun!" diyor. Arkadaşlarıyla yaptığı bir sporda onlar kadar başarılı olmadığında kendisine, *beceriksiz*, biraz kiloluysa *şişko*, boyu kısa ise *cüce*, gözlüklü ise *dört göz* gibi adlar takılıyor. Başkaları tarafından aşağılanma, kendine olan güvenini yok etmeye başlıyor. Çünkü büyüdükçe başkalarının söylemlerinden daha çok etkilenmeye başlıyor. Tek başınalığın özgürlüğü gidiyor, yalnızlığın çaresizliği geliyor. Değerli ve sevilen olabilmek için başkalarından takdir alma gereği sürekli karşılaştığı bir durum haline geliyor. Bir başka deyişle bir zamanlar kendilerine güvenleri olan bu çocuklar ihtiyaçları giderek artan ve ihtiyaçlarını karşılayamadığında yalnızlaşan-küsen bireylere dönüşüyorlar. İşte başka insanlar tarafından beğenildiğini görme, yani kendisine ihtiyaç duyulduğunu görmeye duyulan ihtiyaç böyle gelişiyor. Yani bebeklik çağımızın o güzel, güvenli, içten, masum yaşantıları, eleştiren, acımasız ve aldırış etmeyen bir dış dünyada yerlerini kaygılı, güvensiz, küskün, yalnız kimliklere bırakıyor.

Çocukların on yaşındaki kendilik imajlarının, gelecekteki yaşamlarında elde edecekleri başarıyı, aynı yaşlardaki zekâ düzeyinden daha iyi belirlediğine ilişkin araştırmalar var. Örneğin okula yeni başlayan çocuklar kendilerine aktarılanı anlamadıklarında, hepsinde benzer düzeyde soru sorma isteği saptanıyor. Ancak yaş ilerledikçe kendilik imajı olumsuzlaşan çocuklar anlamadıkları ya da bilmedikleri fark edilmesin diye soru sormaktan vazgeçiyorlar ya da vazgeçiriliyorlar. İşte olgunlaşmak, kaybettiğimiz o çocuksu masumiyet ve özgüveni yeniden kazanabilmek belki de. Kirlendiğimiz ve kirletildiğimiz bir dünyada, pek çok kötülüğün, haksızlığın var olduğunu bilmemize rağmen yeniden masumlaşabilmek olgunluk. Tek başınalıktan ve yargılanmaktan korkmadan ayakta durabilmek. Kim olduğumuzu belirlemek, elimizde olmasa da ne olduğumuzu belirlemenin elimizde olduğunu fark etmek, büyümek ve olgunlaşmak. Yaşantılara kendimizi bırakabilmek belki de. Sonuçlarından korkmadan.

Farkında olmak ama yargılamamaktır olgunlaşmak. Kendini o ana bırakabilme yeteneğidir yeniden masumlaşabilmek. İyi ya da kötü, çirkin ya da güzel şeklinde yargılarda bulunup, oynayabileceğimiz tek oyundan vazgeçmek yerine, gelen ve giden yaşantılara farkındalık bilinci içinde izin verebilmektir güzel olan. Çünkü kendini yaşantıya bırakmak yerine sürekli kontrol etme çabasındaysan oyundan vazgeçersin. Belki de çocuklar bunun farkında. O yüzden de oyunu bırakanlara, "Oyunda ağlayanın (oyunu bırakanın) başı kel olur" diyorlar.

Çoğu kez masumiyetin getirdiği güvenle başlayan yaşam, acımasızca üstüne gelen hayat olayları sonucu yerini kurnazlıkla giden bir güvensizliğe bırakır. Bu, insanı korkutur ve bencilleştirir. Bencilleşen insanın ihtiyaçları artar ve ihtiyaçlarının tutsağı olur. Oysa tek başınalığın özgürlüğünü ve seçkinliğini anlayabilirsen ihtiyaç duymadan sevmeye başlayabilirsin yeniden. "Beni istediğim gibi sevecek mi? Beni seviyor mu?" soruları yerini, "Ben istediğim gibi seviyor muyum? Ben sevebilecek miyim?" sorularına bırakır.

Olgunlaştıkça içinde kalan kullanılmamış duygularından dolayı üzülmeye ve hep elinde tutmaya çalıştığın denetleme gücünün aslında güçsüzlük ve korkularından kaynaklandığını anlamaya başlarsın. Ancak böylelikle özgürce sevmek gerçekleşebilir. Tabii ki herkes gibi sen de seveceksin. Çünkü sen de, diğer insanlardan biri olarak dünyaya geldin. Yakın bağlar kurma ihtiyacı, senin yalnızca insan olmandan kaynaklanan bir özelliktir. Ancak, bu yakın bağlar içinde bağımlı olmadan sevebilmektir esas olan. "Seni seviyorum çünkü sana ihtiyacım var" ile "Sana ihtiyacım var çünkü seni seviyorum" arasındaki fark da budur işte. Birlikteliğin tek başınalığa zaferi ile birlikteliğin yalnızlığa zaferi arasındaki fark gibi. Kabul edilebilir hatta övünülebilir bir zaferdir ikinci bir kişi ile birlikteliğin. Çünkü yalnızca egoist bir ihtiyaç için sevmiyorsun. Sevecen olman gerektiği için de sevmiyorsun.

Tek başınalığın sağladığı farkındalık sonucunda gelen sevgi, sevecen olma gereği duymadan sevecenliğin ta kendisi olabilmektir zaten. Unutma, tutku bir mutluluk arayışıdır. Sevecenlik içeren sevgi ise mutluluğun kendisi. İhtiyaç duyulmaya ihtiyaç duymadan verilen sevgi, aşk gibi ateşli değildir ama yeterince sıcaktır. Bu sıcaklık koşulsuz kucak açmayı, kabulü ve paylaşabilmeyi getirir.

Birlikteliğinde öyle sev ki birliktelik uzun süren bir şölene dönüşsün. Hatta sevilen de senden sevmeyi öğrenebilsin. Tek başınalığın keyfine varabildiysen, birlikteliğin de tadına varırsın. Birlikteliğin tek başınalığa zaferi asla seni üzmesin. Bu, insan olmayı becerebilmenden kaynaklanır. Dağ olabilmen için çevrende vadiler olmalıdır. Çünkü vadiler olmadan da dağ olamazsın.

Sıradan, ancak onurlu bir ölümlü olmak, yaşamı tüm boyutlarıyla kabullenmek ve benimsemekle gerçekleşir. Jean-Paul Sartre* "Cehennem başkalarıdır" der. Senden isteneni reddeder. **Unutma, yaşam yalnızca sana verilen bir şey değil aynı zamanda senden istenen bir şeydir de.** Tek başınalığı öğrenebilirsen, bir başkası cehennemin olamaz. Sevgi sana bir yandan sınırsız bir bireysellik sunarken, diğer yandan gerektiğinde iki bedende tek ruh olabilmeyi de öğretir. İşte bu nedenle evliliği, ***"Ben"i koruyarak "biz" olmayı becerebilmek*** diye tanımlamışımdır hep.

* Jean-Paul Sartre (1905-1980): Ünlü Fransız filozof, en önemli varoluşçu yazar.

Halil Cibran şöyle der:

> Bırakın da bunca beraberliğin arasında biraz boşluklar olsun ve Tanrısal âlemin rüzgârları esip dolanabilsin aranızda. Birbirinizi sevin ama sevginin üzerine bağlayıcı anlaşmalar koymayın. Bırakın yüreklerinizin sahilleri arasında gelgit çalkalanan bir deniz olsun sevgi. Şarkı söyleyin, dans edin, eğlenin birlikte ama ikinizin de tek başına olduğunuzu unutmayın. Çünkü kulağa gelen müzik aynı da olsa onu oluşturan notalar ayrıdır. Hep yan yana olun ama birbirinize fazla sokulmayın çünkü tapınağı taşıyan sütunlar da ayrıdır ve bir servi ile bir meşe birbirinin gölgesinde yetişmez.

İkinci Bölüm

İlişkinin Değişik Aşamalarında Erkekler ve Kadınlar: Farklar ve Benzerlikler

Erkekler Mars'tan Kadınlar Venüs'ten mi?

1. FARKLILIKTAN SÖZ ETMEKTEN KORKMAYALIM ÇÜNKÜ FARKLILIK EŞİTLİĞE AYKIRI BİR KAVRAM DEĞİLDİR

Kendisi ile filler arasındaki ortak özelliklerin, eşiyle kendi arasındaki benzerliklerden daha fazla olduğunu söyleyen birçok öfkeli ve umutsuz eş gördüm meslek hayatımda!... Bu farklılıklar iki ayrı cinsiyetten olmakla mı ilgili yoksa iki ayrı birey olmakla mı? Öyle küçümsenir bir soru değil bu! Özellikle kadın ve erkeğin farklı gezegenlerden geldiğine ilişkin söylemlerin yapıldığı bir dünyada... Peki, bilim insanları, antropologlar niçin bu konuda suskun kalıyor? Bu farklılık söylemleri birer hikâyeden mi ibaret? Yoksa onlar bu farklılıkların farkında değiller mi?

Yalnızca *politik doğruların* konuşulduğu ve alkışlandığı bir dünyada, kimse cinsiyetler arasındaki farklılıklar gibi oldukça hassas bir konudan söz etmek istemiyor. Hatta cinsiyetler arasındaki farkları incelemeye ve tartışmaya açan zihniyetin kendisi bile cinsiyet ayrımcılığıyla suçlanabiliyor. Çünkü cinsiyetlerin eşitliği, günümüz dünyasında, cinsiyetlerin benzerliği ile eşdeğer tutulmuş durumda. Böylelikle farklılıklar ya görmezden geliniyor, ya konuşulmuyor, ya da inkâr ediliyor. Ne var ki eşit olabilmek için benzer olmamız gerekmiyor. Farklılık eşitliğe aykırı bir kavram değil. Bugün hâlâ pek çok toplumda erkek ve kadınların aynı becerilere sahip olduğu düşüncesi hâkim. Bilimin ve araştırmaların her geçen gün tersine kanıtlar sunmasına karşın.

Erkekler ve kadınların birbirleriyle aynı oldukları, yaşamlarında aynı önceliklere yer verdikleri, aynı dürtü, arzu ve becerilere sahip oldukları söylemiyle büyüyüp, evlendikten sonra tamamen ayrı olduklarını görerek, hayal kırıklığıyla uyanmanı istemiyorum. Daha da önemlisi, "Niye bunları anlatmadın bana?" diyerek kızmanı istemediğim için yazıyorum bu bölümü. "Nasıl oluyor da beni bir türlü duymuyor, anlamıyor?" ya da "Nasıl bu kadar duyarsız olabiliyor?" veya "Niçin biraz olsun benim gibi düşünemiyor, benim açımdan göremiyor?" şeklinde sızlanmayasın diye. Herkese aynı beden uymuyor... Daha da önemlisi ayrı cinsiyetlere aynı beden hiç uymuyor! Bu nedenle sana kendi inandığım farklılıklardan ve tabii ki benzerliklerden de söz edeceğim. Anlatacaklarımı, ilişkinin değişik evrelerinde kadın ve erkekler arasındaki farklılıklarla sınırlı tutacağım. Diğer farklılıklar ve benzerliklerin bu bölümün kapsama alanı içinde olmadığını hatırlatmak isterim sana. Eğer anlatmaya çalışacağım farklılıklardan yalnızca küçük bir bölümü bile gerçekleri yansıtıyorsa, bunların bilinmesi ve kabulünün, ilişkilerini daha anlaşılır kılacağına inanıyorum. Anlaşılmak değil midir yüreklerin susadığı ilişkinin bir parçası?

Kadınların hemen hemen her toplumda yüzyıllar boyunca baskılandığı ve bir kadın olarak kendilerini geliştirmelerine ve gerçekleştirmelerine izin verilmediği çoğumuzun tartışmasız olarak kabul ettiği bir gerçek. Feminist hareketin başladığı ilk yıllarda "kadınların erkekler kadar iyi ya da başarılı olarak yapamayacağı hiçbir şey olmadığı" söylemi de çok anlaşılır bir söylem... Çünkü hareketin başladığı yıllarda, erkeklere sağlanan tüm olanakların kadınlara da verilebilmesinin kapısını biraz olsun aralayabilmek ve sunulan olanaklar arasındaki uçurumları biraz olsun daraltmak ancak böyle bir söylemle mümkün olabilirdi. Ancak günümüz kadınları, feminist olsun ya da olmasın, daha da önemli bir gerçeğin farkındalar bugün: Kadınların erkeklerden daha iyi yapabileceği ya da daha başarılı olabileceği birçok iş olduğu gerçeğinin.

Örneğin pek çok kadın, bir arkadaşının özel sorunları olduğunda ona anlaşıldığı, desteklendiği ve sonuna kadar yanında olunacağı duygusunu hissettirme konusunda erkeklerden çok daha başarılı oluyor. İnsanların giderek yalnızlaştığı ve zaman zaman yalnızca dinlenilsin, önem verildiğini hissetsin diye terapistlere gittiği bir dünyada sıradan bir beceri midir bu? Kadınların empati (kendini karşısındakinin yerine koyarak, onun düşüncelerini anlayıp, duygularını hissedebilmesi) konusundaki bu özel becerisi yalnızca onlardan empati beklenmesinden mi kaynaklanmaktadır? Yani bu özel yeti, beklenen ve istenen bir şey olduğu için öğrenilen bir yetenek mi, yoksa kadına özgü biyolojik ve evrimsel bir özellik mi? Bu konuya ilerleyen bölümlerde tekrar döneceğim.

Feminizm ile gelen *"ailede eşitlik"* kavramı, ne yazık ki her iki cinsiyetin "benzerlikleri" ile eşdeğer tutulmuş ve neredeyse bir "farklılık fobisi" gelişmiştir. Oysa farklılık, eşitliğe aykırı bir kavram değildir. **Erkek ve kadınların birbirlerinden farklı olduğunu söylemek bir cinsiyetin ötekinden daha iyi, daha başarılı, daha güçlü olduğunu söylemek değildir asla.** Farklı olduklarını söylemektir yalnızca. Eşitlik benzerlikle eşdeğer tutulmadığında farklılıklar daha iyi anlaşılacak ve farklılıklar içinde gelişmek ve uzlaşmak daha gerçekçi bir hedef olacaktır.

Bugün cinsiyetler arasındaki farkları incelemenin, feminizmin kısmen sağladığı eşitlik kavramına aykırı bir girişim olmayacağını kabul edecek birçok feminist var. Bu tür sorulara yönelmek ve yanıt aramak cinsiyetlerin fırsat eşitliğine engel değil, belki de olanak sağlayacaktır. Çünkü bilginin sorumluluk içeren bir biçimde kullanılması fırsatları azaltmaz, tersine artırır. Günümüzde farklılıkları hâlâ "üstünlükle" özdeşleştiren ve farklılığını üstünlük gibi algılayan pek çok erkeğe karşın, farklılıkların gündeme getirilmesi nedeniyle, güçlükle elde ettikleri bazı hakları kaybetme korkusuyla *"farklılık fobisi"* geliştiren pek çok da kadın var ne yazık ki...

Daha basit bir biçimde ifade etmem gerekirse ***eşitlik farklı cinsiyetlerin yapmak istediği şeyleri seçebilme özgürlüğü, farklılık ise erkek ve kadınların aynı şeyleri yapmamayı seçebilme özgürlüğüdür.*** Bu, sana sunulan mönüden yemek seçmek gibidir. Mönü aynıdır ancak ağız tadı aynı olmadığı için seçimler farklıdır. Bir kitapçıya gittiğinizde kadınların daha çok moda, romantik kitaplar, yakın ilişkiler, duygusal sorunlar, danışmanlık, güzellik gibi alanlarla ilgili raflara yöneldiklerini; erkeklerin çoğu kez bilgisayarlar, arabalar, tekneler, spor, bilimkurgu, ileri teknoloji gibi alanlarla ilgili kitaplara ve dergilere yöneldiklerini görmek gibi.

Cinsiyetler arasındaki farklılıkları yalnızca toplumsal öğretiler, baskılar ve mevcut rol modelleriyle açıklayabilmek güzel olurdu. O zaman, dünyanın yüzyıllar boyunca tanık olduğu ve hâlâ kısmen de olsa tanık olmaya devam ettiği cinsiyetler arası adaletsizlik ve eşitsizlik, iyi bir eğitim, uygun rol modelleri ve cinsiyet ayrımı yapılmayan bir büyütülme biçimiyle tamamen ortadan kalkabilirdi. Doğru ya, madem yanlış öğrenildi, o halde doğru olan tekrar öğrenilebilir. İsrail'in Kibbutz sisteminde yıllar boyunca tipik erkek ve kadın klişelerinden arınmaya yönelik çalışmalar yapılmıştır. Kibbuzt'larda erkek çocukları ile kız çocuklarına cinsiyetlerinden bağımsız olarak aynı elbiseler, aynı ayakkabılar giydirilmiş, saçları aynı şekilde kesilmiş ve taranmıştır. Erkek çocuklar oyuncak bebeklerle oynatılmaya, dikiş dikmeye, temizlik ve yemek yapmaya yönlendirilmişlerdir.

Kız çocukları ise top oynamaya, ağaçlara tırmanmaya ve daha birçok "erkek oyunu" oynamaya teşvik edilmişlerdir. Bütün bunlar Kibbutz'da cinsiyet ayrımı yapılmayan nötr bir topluluk oluşturmak amacıyla yapılmıştır. Ortamdaki tüm bireylerin ortamla ilgili fırsatlardan eşit yararlanması ve sorumlulukları da eşit şekilde paylaşmalarını sağlamak Kibbutz'da temel hedef olarak belirlenmiştir. "Erkekler ağlamaz", "Kızlar ağırbaşlı olur" gibi sözlerin Kibbutz lisanında yeri yoktur. Böylelikle benzer biçimde büyütülmenin, yeni öğrenmeler sağlayarak, klişeleşmiş rol modellerini ortadan kaldırabileceği umulmuştur. Ancak yüz yıla yaklaşan Kibbutz deneyimi, kalıplaşmış cinsiyet rollerini değiştirmeye yetmemiştir. Çalışmalar Kibbutz'da erkek çocukların hâlâ saldırganlık içeren oyunlar oynadıklarını, iktidar grupları oluşturduklarını, kendi aralarında sık sık kavga ettiklerini ve rekabet edip, yazılı olmayan hiyerarşi oluşturduklarını göstermiştir. Buna karşılık kız çocuklarının ise birbirleriyle daha çok işbirliği oluşturdukları, birbirleriyle daha çok vakit geçirdikleri, birbirlerine daha duygusal davrandıkları ve daha çok paylaşabildikleri gözlenmiştir. Hangi alanlarda çalışmak istedikleri kendi özgür iradelerine bırakıldığında, erkeklerin daha çok fizik, mühendislik, spor gibi alanlara yönelirken, kızların daha çok öğretmenlik, danışmanlık ve insan kaynakları gibi karşılıklı iletişim gerektiren alanlara yöneldiği saptanmıştır. Bu gerçek, farklılıkların en azından bir kısmının daha önce de sorgulandığı gibi yalnızca öğrenme sonucunda olmadığını, biyolojik ve evrimsel etkenlerin de en az öğrenme kadar etkili olduğunu göstermektedir.

Farklılıklarla birlikte yaşamayı, hatta farklılıklarla birlikte büyümeyi ve olgunlaşmayı öğrenmemiz gereken bir dünyada farklılıkları alkışlamayı ve kutlayabilmeyi de öğrenmemiz gerekiyor. *Her zincir, en çürük halkası kadar güçlü ve dayanıklıdır. Eşler farklılıkları bilir ve gerektiğinde farklılıkla ilgili bir kabul geliştirebilirlerse, kendi zincirlerini onarabilir ve daha sağlam birliktelikler oluşturabilirler.*

Kitapta böyle bir bölüme yer vermemin en önemli nedeni senin ve benim hem kendimiz hem de birbirimiz hakkında daha çok şey öğrenmemizi sağlamak içindir. Sen ve ben, cinsiyetlerimizden kaynaklanan farklı gereksinmelerimiz olduğunu bilir ve bu farklılıklar için birbirimizi eleştirmek ya da değersizleştirmek yerine destekler, kabullenebilir ve hatta farklılığın getirdiği zenginliği alkışlayabilirsek ilişkimiz güçlü, anlamlı ve doyurucu olur. Çünkü ilişkide esas olan, "ben'i kaybetmeden "biz" olabilmeyi başarmaktır.

Erkek ve kadın arasındaki farklar konusu, çok ciddi yazmayı engelleyebilecek kadar ciddi bir konu!... Bu nedenle sana çok uzun ve ciddi bilgiler vermek yerine eğlenceli olacağını umduğum birçok resim koyarak anlatmaya çalışacağım düşündüklerimi. Belki bir resim, bin sözcükten daha etkili olur diyerek...

2. İLİŞKİDE YAŞANAN BAZI HAYAL KIRIKLIKLARI FARKLILIKLARI GÖRMEMEKLE İLGİLİ OLABİLİR Mİ?

Garip öyle değil mi? Daha çok şey paylaşmak için evleniyorlar, daha az birlikte oluyorlar. Yaşamlarına yıllar katıyorlar ancak yıllara yaşam katamıyorlar. Yaşamın tüm olumsuzluklarına panzehir olarak gördükleri kahramanları ile evleniyorlar. Ancak aynı panzehrin zamanla zehre dönüştüğünü söylüyorlar. Romantik bir rüya görmek üzere birlikte aynı yatağa giriyor ve yataklarındaki düşmandan söz ederek uyanıyorlar. Bu dramatik değişikliklerin en azından bir kısmı, cinsiyetler arasındaki farklardan kaynaklanıyor olabilir mi?

İlişkiler üzerine yazılan bir kitapta, cinsiyetlerin farklılığından kaynaklanan savaşlardan söz etmemek eksiklik olurdu. Ancak unutmaman gerekir ki cinsiyetlerin savaşından kazanılacak pek az şey var. Bunu, uzlaşmaya alerjik çiftlerde sık görürsün.

Güllerin Savaşı (War of Roses) filmini hatırlarsan, her iki eşin de ölümün eşiğinde olduğu son karelerde Bay Rose'nin uzattığı eli, Bayan Rose'nin nasıl ittiğini de hatırlayacaksın. "Neden hâlâ bu kadar ısrarcı davrandığını anlayamıyorum?" diyerek bana sormuştun. Belki eşleri tarafından duyulmadıkları ve değersizleştirildikleri için ölesiye öfkelendiklerinden belki de farklı öncelikleri ve istekleriyle birlikte yaşam sürdürmeyi beceremediklerinden. Böylesi bir savaş, savaşı sevgilerinin önüne koyan Rose çiftinin sonları oluyor. Peki farklılıklardan kaynaklanan bu savaş, ilişkinin her aşamasında aynı şekilde mevcut mu? Sanmıyorum... İlişkinin farklı aşamalarında farklı cinsiyetlerin benzer tutum ve davranış örüntüleri sergilediği de bir başka gerçek. Örneğin, ilişkinin en heyecanlı dönemi olan "âşık olma" döneminde, cinsiyetler arasındaki farklar pek de çarpıcı olarak ortaya çıkmıyor.

İşte bu nedenle bu bölümün adını "İlişkinin Değişik Aşamalarında Erkekler ve Kadınlar: Farklar ve Benzerlikler" koydum. Sen ve ben, hep farklı olduğumuzu düşünerek tamamen de yabancılaşmayalım diye.

"Cinsiyetler arasındaki farka gönderme yapan her söylemin ayırımcılıkla damgalanma riskinin olduğu bir ortamda, kadın-erkek farkları üzerine yazmak cesaret ister. Nasıl yazacaksın?" diye soruyorsun. Unutma, ilk ve en büyük cesareti kadın ile erkeği farklı yaratarak Tanrı gösterdi. Yaratıcının yansıması olan sana ve bana ise bu farklılıkları anlamaya, kabullenmeye ve farklılıklarla birlikte uyumlu ve doyurucu biçimde yaşamaya çalışmak kaldı. Acaba Tanrı dünyayı yarattığından bu yana ne yapıyor? Niye

mi merak ediyorum? Söyleyeyim: Dünyayı yedi gün gibi kısa bir sürede yaratan bir güç, dünyayı oluşturduğundan bu yana geçen uzun zaman diliminde neyle meşgul, merak ediyorum da ondan. Ve ölümlü yanıtladı: "Unuttun galiba, Tanrı dünyayı yaratırken erkek ve kadını da yarattı. Yaratılıştan sonraki tüm zamanını da erkekle kadının birbirleriyle barış ve uyum içinde yaşamasını sağlamak için harcıyor. Bu hiç kolay bir iş değil!"

3. DEĞERSİZLEŞTİRME VE AŞAĞILAMA AMACIYLA KULLANILAN FARKLILIKLAR, KUTUPLAŞMALAR OLUŞTURUR

Önce, kadının karmaşıklığına karşın erkeğin yalınlığı ile başlayayım anlatmaya.

İlginç: ***Bir kadının tüm erkekleri anlaması için bir erkeği iyi tanıması yeterli olurken, bir erkeğin tüm kadınları tanıması bir kadını anlamasına yetmiyor!...***

Belki bu yüzden erkekler poligam oluyorlar. Amaçları kadınları tanıyarak onlara daha iyi hizmet verebilmek!...

1960'lı yıllarda başlayan feminist hareketler sonucu kadınlarda intihar oranları yüzde 34 azalırken, erkeklerde bu oran yüzde 16 artmış. Artış en çok geleneksel rollerin egemen olduğu Japon toplumunun erkeklerinde olmuş. Özetle, değişen ihtiyaçlara bağlı olarak değişmeden kalabilmek oldukça güç.

Cinsiyetler arasındaki adı konmayan bu anlamsız savaş, ne yazık ki erkeklerle kadınları giderek artan bir kutuplaşma içine sokuyor. Hatta kadınlar, neredeyse tüm sorunlarının İngilizcede erkek anlamına gelen "men", yine erkek demek olan "guy" ve erkekler için "onun" anlamında "his" ile başladığını belirtiyor. Ne mi bu sorunlar, hemen söyleyeyim:

Menopoz
Menstrüel gerginlik
Mental hastalıklar (akıl hastalıkları)
Guynaecologists (kadın doğum hekimi)
Histerektomi (uterusun alınması)

Kutuplaşmanın cinsiyetler aleyhine doruk yaptığı yer ise çeşitli bilmece ve şakalar. Sana bunlardan en kötüsü olmasa bile, kötü olanlarından birini örnek vereyim. İki kadın, ilişkileri konuşurken biri diğerine şöyle bir soru soruyor:

– Erkek nedir?

Diğeri yanıtlıyor:

– Penise verilen bir yaşam destek sistemi. (Ve gülüşüyorlar...)

Daha ileriye gidiyorlar ve Tanrı'yı da işin içine katıyorlar:

– Biliyor musun, belki de insanlığın başından itibaren Tanrı da bu gerçeğin farkında.

Ve farklılıklar ilk insana kadar gidiyor.
Âdem ile Havva da birbirlerini anlayamıyor:

VE TANRI ERKEĞİ YARATTI:

– Âdem, aşağıdaki vadiye in.

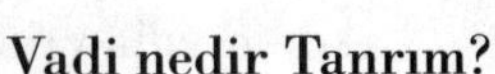

Vadi nedir Tanrım?

Ve Tanrı O'na anlattı:

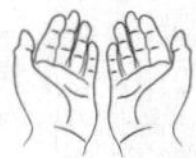

– Âdem bu nehri geçmelisin.

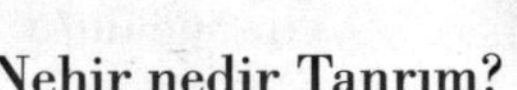

Nehir nedir Tanrım?

Ve Tanrı O'na anlattı:

– Âdem bu dağı aşmalısın.

Dağ nedir Tanrım?

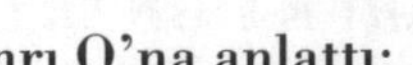

Ve Tanrı O'na anlattı:

– Bu dağın arkasında bir mağara bulacaksın.

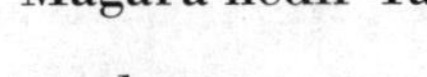

Mağara nedir Tanrım?

Ve Tanrı O'na anlattı:

– Mağarada bir kadın bulacaksın.

Kadın nedir Tanrım?

Ve Tanrı O'na anlattı:

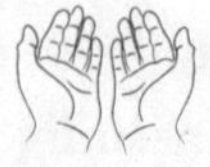

– Sizin üremenizi istiyorum.

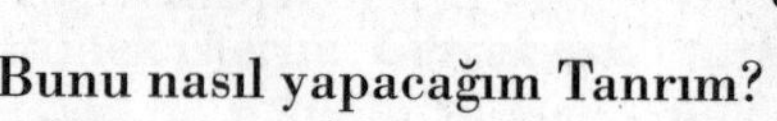

Bunu nasıl yapacağım Tanrım?

Ve Tanrı O'na anlattı:

Âdem yola çıktı. Vadiye indi, nehri geçti, dağı aştı, mağaraya girdi ve kadını buldu ve kırk beş dakika sonra yine Tanrı'nın yanına geldi... Tanrı biraz da sinirlenerek sordu:

– Yine ne oldu Âdem?

Ve Âdem yanıtladı:

Migren nedir Tanrım?

4. AŞK PERİLERİ KADIN OLUNCA YANLIŞ ANLAŞILMAK MÜMKÜNDÜR

Bilirsin, aşk perileri çoğu zaman kadındır. Bu durum erkeklerin dikkatli olmasını gerektirir. Çünkü aşk perisi kadın olduğunda, erkeğin aşk perisini yanlış anlama ya da aşk perisi tarafından yanlış anlaşılma riski artar. Şimdi sana, 25'inci evlilik yıldönümünü kutlayan yoksul bir çiftin, aşk perisi ile karşılaşmalarını anlatacağım. Biliyorsun günümüzde evliliklerinin 25'inci yılını kutlayabilen çiftler giderek azalıyor. Böyle evlilikleri hele hele mutlularsa, mutlaka alkışlamak gerekiyor. Aşk perisi de bu çifti alkışlamak için geliyor. Bak neler oluyor?

Karı-Koca 25. evlilik yıldönümlerini kutluyorlardı...

Bir anda AŞK PERİSİ ortaya çıktı ve şöyle dedi:
"Sizler 25 yıl evli kaldığınız için ödülü hak ettiniz.
Her ikinizin de birer dileğini yerine getireceğim."

Önce kadın söyledi dileğini:
"Bizler evliliğimiz boyunca hep fakir yaşadık ve çok sıkıntı çektik. Bizi zengin yap."

AŞK PERİSİ elindeki sihirli sopasını salladı ve her taraf parayla doldu. Sonra erkeğe sordu:
"Ya senin dileğin?"

Adam önce uzun uzun karısına baktı, sonra dileğini söyledi:
"Kendimden 30 yaş küçük bir kadınla
evli olmak istiyorum."

AŞK PERİSİ elindeki sihirli sopasını salladı ve
"PUUUFFF"

Adam artık 70 yaşındaydı.

5. ÂŞIK OLMA DÖNEMİNDE ERKEKLER VE KADINLAR: BENZERLİKLER DÖNEMİ OLARAK AŞK

Şimdi sana ilişkinin değişik dönemlerinde kadınlar ve erkeklerden söz edeceğim.

Daha önce de söylediğim gibi bazı dönemlerde kadın ve erkek farkları pek çarpıcı değildir. Hatta o dönemlerde erkek ve kadınlar birbirlerine benzer ve farklardan çok benzerlikler ön plana çıkar. Âşık olma dönemi bu dönemlerden biridir.

Çoğu ilişki bir âşık olma dönemi ile başlar. Biri diğerine âşık olduğunda sevilen kişinin algılanması değişir. Çünkü onu olduğu gibi değil, olmasını istediğin gibi görmeye başlarsın.

Daha doğrusu, onda hangi özellikleri görme ihtiyacı hissediyorsan ona o özellikleri yüklersin. Bu nedenle âşık olma dönemi bir görme kusuru dönemi olarak da tanımlanabilir. Görme kusuru her iki cinsiyet için de geçerli olduğundan, bu dönemde kadın ve erkeğin cinsiyetlerinden kaynaklanan farklılıkları fark edebilmeleri olasılığı oldukça düşüktür. Partnerler birbirlerinden çok, birbirleriyle ilgili olarak yaşadıkları olağandışı duygu ile meşguldürler. Nasıl olmasınlar? Aşk, yaşamın sıradanlığına bir başkaldırı değil midir? Günlük yaşamın monotonluğu gitmiş, karamsarlık yerini gerçekçilik sınırını aşabilen bir iyimserliğe bırakmış, durağanlık hali coşkuya dönüşmüş ve yaşamın sıradan olayları yeni anlamlar kazanmıştır. Artık bir terapiste bile gitmenize gerek yoktur. Terapistin yapamadığını aşk becermiştir! Kim böyle bir görme kusurundan vazgeçmek ister ki?

Belki de erkeklerin en çok konuştuğu zaman dilimi olarak da tanımlanabilir âşık olma dönemi. Çünkü aslında konuşan erkek değil, aşktır. Aşk konuştuğunda, hem erkek hem de kadına benzer şeyler söyletir. Ne de olsa *aşkın dili ortaktır*. İlginç bir biçimde âşıklar, aşkın ortak dilini pek de çaba sarf etmeden keşfetmişlerdir. "Harikasın", "Ruh ikizimsin", "Birbirimiz için yaratılmışız" gibi sözler fazla iletişim becerisi gerektirmemektedir. Farklılıklar, partnerlerin birbirini algılanmalarındaki bu olumlu yanlılık içinde erir gider. Aşkın ortak dili sözel olan kadar sözel olmayanı da içerir. Bir bakış, bir dokunuş, bir hediye, bir jest, âşıklara kelimelerden çok daha fazlasını söylemektedir. **Bu biçimi ile aşk, aslında bir iletişim yoksulluğunu da sembolize eder.** Âşıkların öylesine uyumlu ve güzel bir beraberlikleri vardır ki, beraberlikteki bu mutlak uyumu bozmamak adına sevgililer bazı dilek ve isteklerini dile getirmez ya da en azından ertelerler. Âşıkların bu hayali kaynaşmasını tehdit edebilecek her türlü konuşma iletişimden çıkarılır. Ancak tehlike aslında burada başlar. Çünkü bu tutum ilişkiyi, sözcük öncesi veya sözcük ötesi bir aşamaya getirir.

Luciano Pavarotti,* sözcüklerin aşk için tehlikeli olabileceğini "*Silen cio Cantotore*" (Şarkı Söyleyen Sessizlik) adlı Napoliten bir aşk şarkısında, son derece güzel bir biçimde dile getirmektedir. "Şarkı Söyleyen Sessizlik" özetle, "ilişki"nin sağlığı yönünden konuşmanın tehlikesini şu şekilde vurgulamaktadır!...

ŞARKI SÖYLEYEN SESSİZLİK

Sus, bu gece hiçbir şey söyleme
Kollarıma gel ama konuşma
Görüyorsun her şey
Sessizliğin parlaklığında uykuda

Maria bu sessizlikte
bu şarkı söyleyen sessizlikte
Aşka dair hiçbir şey söylemeyeceğim
Onları sana deniz söylesin

Söyle bana: Tamamen benim misin?
Güzel gözlerin evet diyor
Hayır bu ay ışığında yalana yer yok
Ağız yalancıdır!
Konuşma ki yalan gelmesin

* Luciano Pavarotti (1935–2007): İtalyan tenor. Modern opera dönemindeki en önemli ses sanatçılarındandı.

Maria bu sessizlikte
bu şarkı söyleyen sessizlikte
Aşk sözcükleri etmeyeceğim
Onları sana **gökyüzü** söylesin
Ey **gökyüzü** cevap ver
Ey **deniz** cevap ver
Ey **yıldızlar** sizler niye susarsınız?
Napoli, gel, söyle bana:
Süzülen gözyaşlarım acı mı? Tatlı mı?

Maria bu sessizlikte
Bu şarkı söyleyen sessizlikte
Aşk sözcükleri etmeyeceğim
Onları sana **sessizlik** söylesin sus Maria!...

Anlam açık; gökyüzü, deniz, yıldızlar hepsi araç. Peki amaç? "Âşık olunca konuşmayın, çünkü konuşunca aşkınızın sağlığı bozulur" mesajını vermektir. Başka bir deyişle benzerlikleriniz konuşmadığınız müddetçe kalıcı olacaktır.

Basit bir söylemle, âşıklar birbirleriyle öylesine hayali bir uyum içinde kenetlenmişlerdir ki bu düşsel birliktelikte, kelimeler tehlikeli olabilir. Çünkü kelimeler görülmesi istenmeyen farklılıkları açığa çıkarıp, uzlaşmazlıklara neden olabileceğinden riskli olabilmektedir. Freud aşkın, bireyin kendisi ile öteki arasındaki sınırları tehdit eden bir yaşantı olduğunu belirtmiştir. *Sınırların yok olması, farklılıkların da yok olması demektir. Bu da aslında bireylerin bireyselliklerinin yok olmasıdır. Belki de bu nedenle her aşkın bir ömrü vardır. Kim bireyselliğinin yok olmasına sonsuza kadar razı olabilir ki?*

Ne var ki bazı düşsel birliktelikler evliliğe kadar gider. Biliyorum, şimdi sen bana bütün evliliklerin aşk ile başlamadığını, bütün aşkların da evlilikle sonlanmadığını söyleyeceksin. Haklısın, bütün aşklar evlilikle sonlanmıyor. Partnerlerden biri ya da her ikisi birbirlerini tanıdıkça, hayal ettikleriyle bulduklarının aynı olmadıklarını görüyorlar. "Yanıldım" demek yerine, "Beni yanılttı" demeyi tercih ediyor ve yanıltmayacağını düşündüğü yeni partnerlerine koşarak yeniden yanılabiliyorlar. *Bazen hayal ettiklerini, bulduklarından daha çok benimsedikleri için hayallerini yeni sanal kahramanlarda gerçekleştirmeye çalışıyorlar. Bu ise, kendi içlerindeki kahramanı (sevgiyi) ortaya çıkartmayı geciktiriyor.* Bazıları için ise yakın ilişkiler çok tehlikeli gelebiliyor. Bir taraftan sıcaklığa ve yakınlığa ihtiyaç duyarken diğer taraftan bu yakınlık içinde yok olmaktan korkuyorlar. Bu yutulup kaybolma korkusu ise kendilerini ilişkiye bırakmalarına engel oluyor. Bazıları ise tüketiciliğin egemen olduğu bir dünyada daha iyisini, güzelini ya da mükemmelini hak ettiklerini düşündüklerinden yeni aşklara yelken açıyorlar. Bu yeni sevgilinin, eskisinin veremediklerini verebileceğini umarak. Bir kısmı ise tek başınalığı öğrenemediği için ihtiyaçları süresince âşık oluyor. Bazıları ise henüz özerkliklerini kazanamadıklarından, aşkları yeterince onay alamadığı için ayrılıyorlar sevgililerinden. Bir kısmı ise evliliğin aşkı öldürdüğüne inandırılmış. Sanki aşkı öldüren yalnızca evlilikmiş gibi. **Aşkın ölmesi için öldürülmesi gerekmiyor ki!...** Ölen aşkın üzerinde doğabilecek sevginin gücünün öleni aratmayacağını anlamayanlar da var tabii ki. Kimi ise mükemmel partneri bekliyor ve sonunda elde ettiği yalnızca daha ileri yaşta bir partner oluyor. Bazılarının nedenleri ise çok daha basit. Onlara göre evlilik, 21'inci yüzyılın gerçeklerine yakışmayan, iflas etmiş bir kurum.

Sana daha fazla uzatmadan özetleyeyim: *Aşk da yaşam gibi. Yaşamı hep alacaklı gibi yaşarsan bütün alacaklılar gibi mutsuz ölürsün. Aşkı da alacaklı gibi yaşayınca sevgi oluşmuyor. Unutma, yaşam da, "aşk" da yalnızca sana verilmiyor, aynı zamanda senden de isteniyor.*

Haklısın bütün evlilikler de aşkla başlamıyor. Aşk ile başlamayan evliliklerin ömürlerinin daha kısa olduğu düşüncesi ise her zaman gerçekleri yansıtmıyor. Aşk ile başlayan evlilikler 0-100'lük bir ölçekte en üstten, yani 100'den başlıyor. Her duygu gibi aşkın da bir ömrü olduğundan, bir süre sonra aşk grafiğinde eğrinin 100'den aşağıya doğru inmesi kaçınılmaz oluyor. Çünkü 100'ün üstü yok ve hiçbir duygu sonsuza kadar 100'de kalmıyor. Aşk ile başlamayan, hatta görücü usulüyle yapılan evliliklerin ise en kötü olasılıkla 0'dan başladığını varsayalım. Eğer eşler birbirlerine biraz özen ve sevgi gösterebilirlerse eğri 0'dan yukarı doğru yükseliyor. En azından kiminle evlenildiğine dair merak ve onu tanımaya yönelik ilgi, eğriyi yukarı doğru yükseltebiliyor.

Kim bilir belki de *aşk evliliği* grafikte inerken, *görücü evliliği* aynı grafikte yükseliyor ve sonunda aşk evliliği yapanlarla görücü usulüyle evlenenler aynı noktada kesişiyor. Şüphesiz bunu görücü usulüyle evlenmeyi önermek anlamında algılamamalısın. Yalnızca evlilikte mutluluğun düzeyini ve yaşam kalitesini her zaman aşkın belirlemediğini vurgulamak istedim. Yani evlilikte doyum ve mutluluğu belirleyenin, aşktan çok ilişkinin niteliği ve sevmeyi becerebilmek olduğunu vurguladım.

Konumuza geri dönecek olursak, düşsel birlikteliklerin getirdiği romantizmin bazı çiftleri evliliğe kadar götürebildiğini söylemiştim sana. Evliliğin istatistiklerle desteklenen, hatta kanıtlanan tanımına karşın!...

6. EVLİLİK DÖNEMİNDE ERKEKLER VE KADINLAR: FARKLILIKLAR DÖNEMİ OLARAK EVLİLİK

A. İstatistiklerin doğurduğu yeni bir evlilik tanımı: Bu tanım bağlamında evlenmek mantıkla bağdaşır mı?

– Bana bu isteğin için mantıklı bir neden göster.
– Nasıl bu kadar mantıksız olabilirsin?
– Bu, aptalca bir düşünce.

Bu gibi sözler evlilik ilişkisinde eşlerin birbirlerini mantıklı olmaya çağırmak için söyledikleri sözlerden yalnızca bazıları. Sanki evlilikler mantık üzerine kuruluyormuşçasına. Ya da mantık üzerine kurulduğu varsayıldığı için beklentilerin de mantıklı olması gerekiyormuşçasına. Sen de evliliğinde benzeri bir **mantıksız mantıklılık** yapmayasın diye evlilik istatistiklerinden ve buna dayalı olarak yaptığım bir evlilik tanımından söz etmek istiyorum sana.

Bugün ABD'de evliliklerin yaklaşık yüzde 50'si boşanma ile sonuçlanıyor. Yani iki evlilikten bir tanesi sınıfta kalıyor.

İngiltere'de ise boşanma oranı yüzde 45-50'lerde. Bu oranların Batı'ya özgü olduğunu düşünebilirsin. Ne var ki dağılmadan önceki adıyla Sovyetler Birliği'nde boşanma oranları, Batı'daki rakamlara oldukça yakın. Ülkemizde Türkiye İstatistik Kurumu'nun verileri incelendiğinde, boşanma oranları Batı'daki gibi yüksek olmasa da çok hızlı bir artış göstermekte. Hatta 2000'li yıllardan sonra boşanma oranlarında sıçrama sayılabilecek düzeyde belirgin bir ivme artışı gözleniyor.

Boşananlara ne oluyor diye baktığımızda ise ayrılan ya da boşanan erkeklerde ölüm yaşının genel nüfustan daha düşük olduğunu görüyor, ölüm oranlarının da iki üç kat daha fazla arttığına tanık oluyoruz. Boşandıktan sonra kendilerine daha az özen gösteriyorlar belli ki. Mutsuz evliliklerde depresyon oranları kadınlarda 25 kat artıyor ve depresyon tanısı koyulan evli kadınların yarısı, evliliklerinde ciddi sorunlar tanımlıyorlar. Şiddetin egemen olduğu evlilikler, kadınlar için yeryüzünün en tehlikeli yerlerinden biri oluyor. Mutsuz evliliğin ürünleri olan çocuklardan ise söz etmek bile istemiyorum. Bütün bu istatistiksel gerçekler çerçevesinde, evlilik için şöyle bir tanım yaparsam seni çok korkutmuş olur muyum? ***"Evlilik, yol açabileceği tüm felaketlere rağmen halen dünyanın en büyük gönüllü kurumudur."*** Çünkü sözünü ettiğim istatistiksel gerçeklere rağmen insanların yüzde 90'ından fazlası eninde sonunda yalnızca yüzde 50 yürüme şansı olan bu kuruma yatırım yapıyor. Evlilik oranları eskisine göre biraz azalmış olsa da insanlar evliliğe benzer bağlar kuruyor ve birlikte yaşıyorlar.

Şimdi bu bilgileri göz önünde bulundurarak sana soracağım şu soruya yanıt vermeni istiyorum: Bir an için bir işadamı/işkadını olduğunu varsayalım. Bir iş ortaklığına girmek üzeresin ve görüşlerine çok güvendiğin bir arkadaşın sana, bu ortaklığın yürüyebilme şansının yalnızca yüzde 50 olduğunu söylüyor. Bu koşullarda tüm mal varlığını yüzde 50 yürüme şansı olan bu işe yatırmayı hâlâ ister miydin? Bu ortaklık sırasında yaşayabileceğin sıkıntılar ve ortaklık yürüyemezse ortaya çıkabilecek istenmeyen sonuçlar da işin cabası. Yanıtının hayır olduğunu duyar gibiyim. Ancak aynı istatistiksel verilerin evlenme oranlarını azaltmadığını görüyoruz!... Neden?

B. Erkekler ve kadınlar neden yüzde 50 yürüme şansı olan bir kuruma yatırım yapar?

"Ben boşanmayan yüzde 50'de olacağım" varsayımı

Kimse boşanmak için evlenmez. Her çift evlenirken kendilerinin boşanmayan yüzde 50'nin içerisinde olacağını varsayar. Bilirsin, başımıza gelinceye kadar felaketlerin hep başkalarının başına geleceğini düşünürüz. Hep söylediğim kibirden dolayı. Ne var ki en azından pek çok Batı ülkesinde iki evlilikten biri boşanan grubun içinde olacak. Diğer taraftan boşanmayan yüzde 50'nin içinde olmak da her zaman mutlu bir evlilik yaşandığı anlamına gelmiyor.

Kontrol yanılsaması

Eşler ilişki aracının kontrolünün tamamen kendi ellerinde olduğunu sanıyorlar. Tıpkı trafikte seyreden aracın sürücüsünün, kontrolün tamamen kendi elinde olduğunu sanması gibi; "Yavaş mı gidiyorum, gaza basarım. Fazla hızlı mı gidiyorum, frene basarım" şeklinde. Oysa her iki araç da kontrolümüz dışındaki etkenlerin etkisine çok açık. Üstelik ilişki aracının iki sürücüsü var ya da en azından sürücü olmak isteyen iki adayı. Ayrıca çoğu kez trafikte seyreden aracını otomatikleşmiş bir şekilde pek de çaba harcamadan kullanabilirken, ilişkinin aracı, otomatik kontrole bırakmak için fazla karmaşıktır. Bu gerçek, ilişki aracının trafikte seyreden araçtan çok daha fazla özen ve dikkat gerektirdiğini ortaya koyuyor. Kontrolün tamamen elinde olduğu varsayımı ise yalnızca bir yanılsama. Yalnızca çok gençken tüm kontrolün kendi elinde olduğunu düşünürsün. *Sen de yıllar geçtikçe aslında çok az şeyin tamamen kendi kontrolünde olduğunu göreceksin. Ama bu seni korkutmasın. Kontrol çabası, aslında korku ve kaygılarından kaynaklanır. Yalnızca yaşama yıllar katmayı değil, yıllara yaşam katmayı da öğrenebilirsen eğer, elindeki bu sınırlı kontrolün yaşamı anlamlı kılabilmek için yeterli olabildiğini de görürsün çoğu kez.*

Aşkın oluşturduğu görme kusurunun düzelmeyeceği ve evliliğin hiçbir şeyi değiştirmeyeceği varsayımı

– Evlenmek üzere olduğun bu kişiyle ilgili hoşlanmadığın bir şey var mı?
– Kesinlikle yok.
– Aranızda en sık tartıştığınız konular neler oluyor?
– Pek tartıştığımızı söyleyemem.
– Geleceğe baktığında evliliğinizde ne tür sorunlar olabileceğini düşünüyorsun?
– Herhangi bir sorun olacağını hayal bile edemiyorum.
– Bugüne kadar önemli bir sorununuz oldu mu?
– Hayır, hiç olmadı. Bundan sonra da olmayacak.

Romantik aşk döneminde ilişki, yukarıdaki gibi hep olumlulara açıktır. Âşıklar birbirlerinin temel ilgi odakları olduğundan, her dakikalarını bir arada geçirmek ister. İlişkilerinde hep olumlulara yer verdiklerinden, olumsuzluklarla ilgili olasılıkları düşünmek bile istemezler. İnsanlar yaşadıkları olumlu duygu ve düşüncelere bir anlam atfetmek istediklerinden, bu hoş, heyecan verici ve coşkulu sürece "gerçek aşk" adını verirler. Gerçekçi olmayan bu "gerçek aşk" içinde mutsuzluk ve hayal kırıklıklarına yer verilmez. Başka bir deyişle çatışma, fikir ayrılıkları ve uzlaşmazlıklar gerçek aşkın tanımı içinde yer almadığından bu tür durumlar ilişkilerinde ortaya çıkması beklenen şeyler değildir.

Özetle, evlilikten önceki ilişkinin daha çok olumlulara açık olması, partnerlerde çeşitli sorunlardan arınmış bu yaşam biçiminin evlilikte de devam edeceği düşüncesini oluşturur. Partnerler, evlilik sürecinde de evlilik öncesinde olduğu gibi birbirlerine odaklı yaşayacakları, birbirlerinden sürekli ödül alacakları ve ağırlıklı olarak zevk ve doyum üzerine kurulu bir birliktelikleri olacağını varsayarlar. Basit bir biçimde söylenecek olursa ödüllerle bedeller arasındaki denge, âşık olma döneminde ödüller lehine (aşk sözcükleri, birlikte geçirilen zaman, duygusallık ve cinsellik gibi) bir fazlalık göstermektedir. Evlilik sürecinde ise bedeller (ev işleri, ikili yaşamın getirdiği güçlükler, ekonomik koşullar, çocuk bakımı, dış dünyadaki sorunların eve gelmesi gibi) artmaya, ödüller ise azalmaya başlar. Çünkü artık yalnızca ödüller değil gerçek birlikteliğin sorumlulukları da devreye girmiştir. İlginç olan ise her iki partnerin ödüllerin azalmasından birbirlerini sorumlu tutmalarıdır. Bedel-ödül dengesi bedeller lehine arttığında, romantik rüyanın oluşturduğu doyum ve zevk üzerine kurulu beklentilerin gerçekçi olmadığı anlaşılır. ***Bu bağlamda aşk bir görme kusuru, evlilik ise görme kusurunun istem dışı tedavisidir.*** Belki de evliliğin sağlıklı bir biçimde devam edebilmesi, öncelikle partnerlerin evliliği yalnızca romantik bir rüyanın devamı olarak algılamalarını değiştirmeleri (tamamen ortadan kaldırmaları değil) ile mümkündür. Daha da önemlisi, ***birbirlerinden farklı geçmişleri, beklentileri, ihtiyaçları, tepkileri ve duyarlılıkları olan iki ayrı bireyin, rutin seyreden bir ilişki içinde uyumla yaşayabilmeleri sanatıdır evlilik.*** Belki de o yüzden boşanmalar ve mutsuz evlilikler artıyor günümüzde. Herkes sanatçı olmayı öğrenemiyor. "Ama rutin sıkıcı olabilir" dediğini duyar gibiyim. Peki, öyleyse boşanan eşlerin çoğu niye tekrar evlenirler? Bu konuya kitabın ilerleyen bölümlerinde yer vereceğim. Rutinin sıkıcı olmasına karşın insan yaşamının en önemli ihtiyaçlarından biri olan güven duygusunu sağlamakta en önemli etkenlerden biri olduğunu söylemekle yetineceğim şimdilik.

Tehlikeli varsayım: "Aşk her zorluğun üstesinden gelir."

Aşkı bir görme kusuru, evliliği de onun tedavisi olarak tanımlamama karşın herkesin aynı oranda görme kusuru yaşadığını varsaymak doğru olmaz. İlişkinin süresi uzadıkça partnerler birbirleriyle ilgili olumsuzlukları bazen evlenmeden önce de görmeye başlar. Bazen gerçekler o kadar nettir ve o kadar yaşantımıza girer ki inkâr etmemiz neredeyse mümkün değildir. Partnerinin gösterdiği şiddet, alkol-madde alışkanlığı, kumar veya sadakatsizlik canını defalarca yakmıştır. Ama yine de onunla evlenmeye karar verirsin. Çünkü, **"Aşk her şeyin üstesinden gelir, partnerin nasıl olsa değişecektir"** efsanesine inanmak istiyorsundur. Aşk asla yetmez... Olumsuzlukların daha yakın bir ilişki çerçevesinde kendiliğinden düzeleceği düşüncesi tehlikeli bir varsayımdır. Değişimin evlenerek sağlanabileceğine inanmak senden evvel başkaları tarafından da hayal edilmiş ancak çoğu kez hayal kırıklığı ile sonuçlanmıştır. Bazen inanmak istediklerimize değil gözümüzün önündeki gerçeklere daha fazla şans vermek gerekir.

Değişen sosyal yapı ve değerler

Değişen sosyal yapı ve değerler içinde, geçmişin *"sorumluluklar"* kavramı yerini günümüzün *"haklar"* kavramına, her geçen gün daha fazla bırakmaktadır. Hatta sorumluluk kavramı, günümüzde giderek komikleşen ve anlamını yitiren bir kavram olarak karşına çıkar. Evlenmek bir hak, dolayısıyla boşanmak da aynı şekilde bir hak gibi görülür. Diğer yandan boşanmaların büyük bir ivmeyle artması giderek normalleştirilmesine ve boşanmayla ilgili olumsuz etiketlemenin raflara kaldırılması anlamına gelir. "Olmazsa boşanırım" şeklinde, *"kendine izin veren"* bir düşüncenin evliliğe geçiş aşamasında belirmesi evlilik kararı konusunda daha cesur olmanı sağlayabilir. Beni sakın yanlış anlama. Boşanmalara karşı değilim. Boşanmaları kolaylaştıran yasalara da karşı değilim. **Yalnızca haklar kavramını yüceltmek pahasına, sorumluluklar kavramının yok edilmesine karşıyım. Yalnızca hakların konuşulduğu bir ortamda, sosyal sorunların nedenlerini anlamak zorlaşır.** Toplum da bu tür sorunlara daha köklü çözümler üretmek yerine, geçici önlemler alır. "Bir ülkede daha mı çok suç işleniyor, daha büyük hapishaneler yapalım. Bir toplumda daha mı çok alkol, madde bağımlısı var, daha çok sayıda bağımlılık tedavi merkezleri açalım. Daha mı çok boşanma oluyor, boşanmayı kolaylaştıran yasalar yapalım" anlayışının yetersizliğine karşıyım. Toplumda kurumlar arası denge olmalı. Bir yandan, boşanmaktan başka çözüm görünmeyen evliliklerin sonlandırılmasını kolaylaştıracak olanaklar sağlanırken, bir yandan da birlikteliklerin sonlandırılması yerine iyileştirilebileceği konusunda umut veren kurumların sayısında artış sağlanabilmeli. Başka bir deyişle, sorunlarına rağmen birlikte kalmayı isteyen ancak sorunlarını nasıl çözeceğini bilemeyen çiftlere yardım edebilecek nitelikte bilgi ve beceriler sunan kurumlara ve profesyonellere duyulan ihtiyaçtan söz ediyorum. İnsan türü, doğası gereği kaygı ve acıdan kaçma eğilimindedir ve gerginlikten hızlıca kurtulmak ister. Boşanmaların yaygınlaşması ve böylelikle giderek sıradanlaştırılması, yaşanan acı veren deneyimlerden hızlıca kurtulmak adına, üzerinde yeterince düşünülmeden alınan kararlara yol açabilir. Bu da eşlerin birlikte sorun çözme becerilerini geliştirmeleri yerine kolay yolu yani boşanmayı seçmeleri anlamına gelir. ***Oysa her sorun, çiftlerin birbirleri ile olan bağlarını güçlendirmek için sunulmuş bir fırsat da olabilir.*** Sorunlu evliliklerde eşler birlikte sorun çözmek amacına yönelik bir ekip oluşturmayı öğrenmek yerine sorundan kaçmayı öğreniyorlar. Daha da kötüsü, boşanan eşler bir sonraki beraberliklerinde de sorunlara katlanamıyorlar. Çünkü yeni ilişkilerinde de çatışmalar ve sorunlardan arınmış birliktelikler umuyorlar. Bazı boşanmış kişilerin daha sonradan geçmişteki evliliklerinde ilişkilerini daha iyiye götürme konusunda yeterince çaba harcamadıklarını itiraf etmeleri oldukça ilginç bir bulgu.

Şiddetin her türlüsü ve kötüye kullanım gibi davranışların var olduğu ve bu nedenle boşanmaktan başka çözüm görünmeyen evlilikleri tamamen ayrı tuttuğumu bilmeni isterim. Şiddet öğrenilen bir davranış ve tersi de öğrenilebilir. Ancak şiddetten vazgeçmeyi öğrenme sürecinde eşlerin bir arada kalıp kalmamaları, üzerinde iyi düşünülmesi gereken bir konudur.

7. UNUTULAN PAVAROTTI: AŞKIN OLUŞTURDUĞU GÖRME KUSURUNUN EVLİLİK ARACILIĞIYLA DÜZELMESİ

Evlilikte partnerler, "Âşık olduğunuzda konuşmayın; çünkü sözcükler bu idealize edilmiş birlikteliği olumsuz etkileyip bozabilir" biçiminde aktarılan Pavarotti kuralını unutarak daha çok *"konuşmaya"* başlar. Sözcükler tehlikeli olmaya, aşkla başlayan görme kusuru evlilik aracılığı ile düzelmeye ve birliktelik tehdit altına girmeye başlar. Burada sözcükler ya da konuşma tabii ki sembolik anlamda kullanılmaktadır. Partnerler âşık olduklarında da konuşurlar. Ancak konuşmalar, olabildiğince karşı tarafı memnun etmeye yönelik yapılır. Aslında âşık olma sadece sevilenin algılanmasını değil sevenin kendisi ile ilgili algılamasını da değiştirmiştir. Sevilene herhangi bir insanda bulunması güç bazı özellikler atfedilirken seven de böyle bir insana layık olabilmek için daha iyi bir kişi olduğuna inanmak ister ya da bunun için gayret eder. Böylelikle her iki partner de birbirine en hoş yanlarını sunarken kendileri de dahil olmak üzere başkalarının görmek istemediği olumsuz özelliklerini bilerek ya da bilmeyerek saklarlar.

Diğer taraftan partnerler evlilik öncesi dönemde ileriye yönelik beklentileri ile ilgili nadiren konuşurlar. Çoğu kez beklentilerinin ne olduğunu da bilmiyorlardır. Bu sana saçma gelebilir ama çoğumuzun yaşamla ilgili temel görüşleri, çocukluk döneminden bu yana üzerinde pek de düşünülmeden gelişmiştir. Bu görüşler senin bir parçandır ve sana göre öylesine doğrudurlar ki bu doğruları başkalarının da doğruları sanır ve onlar hakkında konuşmazsın. Bazen ancak evlendiğinde kendi doğrularının üzerine kurulu beklentilerinin eşininkinden çok farklı olduğunu görebilirsin.

Beraberlik süresi uzadıkça eş konumuna giren partnerin hayal edilen imajı giderek değişmeye başlar. Yıllar geçtikçe sana en büyük mutluluğu tattıran eş, mutsuzluğun kendisi bile olabilir. *Hatta eşin, "dışarıda yağan yağmur"un "nedeni" bile olabilir.* Daha somutlaştırmak gerekirse, trende seyahat eden bir çift düşün. Aynı trende, aynı vagonda birlikteler. Ancak birbirleriyle karşılıklı oturuyorlar. Ne görüyorlar dersin? Aynı şeyleri mi?

– Biri geleni, diğeri gideni görüyor.

– Biri geleceği, diğeri geçmişi görüyor.

– Biri yakın gelecekte ne olacağını, diğeri yakın geçmişte ne olduğunu görüyor.

Evliliğin mutlak mutluluktan mutlak mutsuzluğa gidişindeki yolculuğun nedenleri, yalnızca eşler arasındaki farklılıklar değildir. Sana, evlilik sürecini mutsuzluğa götüren çeşitli nedenlerden, kitabın "Evlilik" bölümünde daha ayrıntılı olarak söz edeceğim. Bu bölümde yalnızca farklılıklarla birlikte yaşamayı öğrenememekten kaynaklanan güçlükleri aktarmak amacım.

Farklılıklarla birlikte yaşamayı öğrenememekten kaynaklanan çatışmalar çoğu kez sözü edilen romantik ve sessiz aşkın ölümüne neden olabilir.

Daha çok birlikte olmak için evlendiler

Ve bir daha eskisi gibi beraber olamadıklarını gördüler

Şu sabah çayı, akşam gazetesi, çocuklar ve faturalarla bölünen beraberlikler

Kadın gece uyandığında, eşinin düzenli nefes almasından güven duyarken bir yandan

Birlikte yaşamanın anlamı var mı diye düşündü öte taraftan

Nehir çok uzaklara akmıştı

Ya beyaz çiçekler nerelere gitmişti?

Bu öykü sana tanıdık geliyor mu? Eğer tanıdık ise bu, eşlerin her birinin farklı geçmişleri olan ayrı bireyler olmasından mı, yoksa erkek ve kadın olmalarından mı kaynaklanıyor? Belki de heteroseksüel çiftlerle eşcinsel çiftler arasında yapılacak karşılaştırmalı bir çalışma bu sorunun yanıtını daha iyi verebilir. Örneğin, paranın eşler arasında kullanımı yönünden bakıldığında eşcinsel çiftlerin, heteroseksüel çiftlerden daha uyumlu olduğu gösterilmiştir.

8. BOŞANMA SÜRECİNDE ERKEKLER VE KADINLAR: BENZERLİKLER DÖNEMİ OLARAK BOŞANMA

Eşlerin boşandıktan sonra da benzer düşünüyor olması ilginç bir bulgu. Evlilikte bu kadar yabancılaşabilen çiftler nasıl oluyor da boşandıktan sonra benzer düşünebiliyorlar? Belki de benzerlik birbirlerini suçlamalarında. Her iki eş de boşandıktan sonra boşanmanın nedenini *yanlış eş seçimi* ile açıkladıklarından doğru partneri bulmaya yönelik bir çaba içine girebiliyor ve tekrar evlenebiliyorlar. Kırk yaşına giren ve üçüncü evliliğini yapan bir erkek danışanım, niye üçüncü kez evlendiğini sorduğumda, "Bu sefer doğru kadını buldum" diye yanıt vermişti. Üçüncü evliliğini yapan otuz beş yaşındaki bir kadın danışanım ise aynı soruyu yanıtlarken, "Bu defa sorunsuz birini buldum galiba" demişti.

"Bazen ne kadar olumlu olursak olalım, elimizdeki malzeme bir yere kadarsa, biz ne yapabiliriz ki?..." biçiminde yanıtlar bunlar.

Belki de art arda yapılan evlilikler *tekrarlama zorlantısı* olarak adlandırılan bir olgu sonucu ortaya çıkıyor. Tekrarlama zorlantısında insanlar, yaşadıkları bir deneyime anlam veremediklerinde benzeri deneyimleri tekrar tekrar yaşayarak anlaşılamayana anlaşılırlık kazandırmaya çalışırlar. Sobada elini yakarak şaşıran ve daha önce yanma duygusunun ne olduğunu bilmeyen bir çocuğun sobaya elini yaklaştırıp çekmesi aracılığıyla yakıcı bir cismin varlığını anlama çabası gibi. Belki de boşanan eşler çoğu kez neden olduğunu tam anlayamadıkları boşanma deneyimlerine yeniden evlenerek anlam kazandırmaya çalışıyorlar. Kim bilir belki de böylelikle başarısızlık gibi algıladıkları boşanma deneyimlerinin kendilerinden kaynaklanmadığını görebilmek istiyorlar. Belki de ilkinde sağlayamadıkları başarıyı daha sonraki evliliklerinde yakalamaya çalışıyorlar. Yaşamımızı başkalarıyla paylaşma ve bağ kurma ihtiyacı öylesine güçlü ve çekici ki boşananların çoğu, ister erkek ister kadın olsun, ilk evliliğin oluşturduğu travmaya rağmen tekrar evlenebiliyorlar. Belki de boşanan eşler, geçmişteki mutsuz evliliklerine rağmen uygun kişiyle yapıldığı takdirde evliliğin mutluluk verici olabileceğine dair inanışlarını korumak istiyorlar.

9. ERKEKLERİN KADINLARDAN, KADINLARIN ERKEKLERDEN YAKINDIKLARI KONULAR

Kadınlar Venüs'ten Erkekler ise Yalnızca Aptal YAKINDIKLARI KONULAR

Bir kural olmasa da günümüzde pek çok erkek, kadınların kendilerine benzemediklerinden yakınmaktadır. *My Fair Lady* müzikalinde Prof. Higgins* şu soruyu sorar:

* Prof. Higgins: Senaryosunu Alan Jay Lerner'ın yazdığı, yönetmenliğini George Cukor'un üstlendiği, 1964 yapımı *My Fair Lady* filminde Rex Harrison'ın oynadığı filmin başkarakteri. (Ed. n.)

"Niçin kadınlar biraz olsun erkeklere benzemez?"

Prof. Higgins kadınları, "mantıklı olmayan, çileden çıkaran, öfke oluşturan" kişiler olarak, buna karşılık erkekleri, "adil, keyifli, kolay memnun edilen, iyi huylu, kolay ilişki kurulabilen" kişiler olarak tanımlamaktadır. Bunun kanıtı olarak da şunu söylemektedir: "Erkeklerin ancak çok küçük bir kısmı başkaları yemeğe gecikince öfkelenir, doğum günleri unutulunca küser."

Diğer taraftan, erkeklerin kendilerine benzememesi nedeniyle hayal kırıklığına uğrayan kadınların sayısı da en az erkekler kadardır. Judith Viorst* birçok şiir ve anekdotunda, kadınların erkeklere yönelik rahatsızlıklarını işlemiştir:

Psikolojide PhD derecem olsa
Çekiciliğin kraliçesi olsam
Hatta mafya bağlantılarım olsa
Yolda kaybolduğumuzda
Kocamı arabayı durdurup da
Adres sormaya ikna edemezdim
Açlıktan ve susuzluktan bayılıyor olsam
Öfke nöbetleri geçirsem
Geçmişteki tüm kırgınlık ve pişmanlıklarımı
Unutacağıma söz versem
Kocamı şu Allah'ın belası arabayı durdurup da
Adres sormaya ikna edemezdim.

Viorst, umutsuzlukla bir dizi taktik deneyen kadının amacına ulaşamamasını araba metaforu ile anlatırken aslında ciddi bir mesaj vermektedir: *Aynı ortamda erkekler ve kadınlar*

* Judith Viorst (d. 1931): ABD'li şair, yazar, gazeteci ve psikanaliz araştırmacısı. (Ed. n.)

değişik tepkiler vermekte, erkek kontrol etmeye yönelik çabalarını tüm koşullar altında sürdürebilmektedir. Erkek, karısının arabayı durdurup yön sorma isteğini çarpıtmakta ve karısının söylediğini, *"Beceriksizsin, yolu bile bulamıyorsun"* şeklinde algılamaktadır. Bu algı ise belki de erkekte derinde saklı yetersizlik şemalarını harekete geçirmektedir. Düşünsene temelde, "Yetersizim, başarısızım, beceriksizim, saygı duyulmayan biriyim" şeklinde düşünceleri olmayan birisi adres sorma talebini başka türlü nasıl beceriksizlik olarak algılayabilir ki? Oysa kadın arabayla giderken kaybolduğunu düşünürse, arabayı durdurur ve aradığı yönü sorar. Arabayı aniden durdururken arkasında bir başka arabanın olup olmadığı onun ilgi alanının dışında kalmaktadır. Buna karşılık erkek bazen saatlerce arabasıyla aynı alanda dönerek çeşitli çemberler çizer, ancak asla yön sormaz. Çünkü erkekler kaybolmaz, yalnızca alternatif yollar arıyorlardır. Hz. Musa, niye çölde kırk yıl dolaştı sanıyorsun? Ya da bir kadın yumurtasını bulup dölleyebilmek için neden dört milyon erkek spermine ihtiyaç var sanıyorsun?

Kadınların erkeklerde en çok yakındıkları konu, *onların kendilerini dinlemedikleri* şeklinde dile getirilir. Erkekler ya dinlemezler ya da bir süre dinledikten sonra kadının niye rahatsız olduğunu saptayarak, kendinden emin bir şekilde *"Bay Tamirci"* şapkasını giyerek soruna bir çözüm bulma yoluna giderler. Oysa kadın çözüm değil, yalnızca *dinlenilmek* ya da *empati* istiyor olabilir. Ne yazık ki erkekler yalnızca "Hı hı..." deyip, dinlemeyi bilmiyor ya da beceremiyorlar. İnanmazsan bir sorununu erkek arkadaşına anlat. Hemen sana güzel bir çözüm önerisinde bulunacaktır. Erkek eve geliyor, karısı iş yaşantısı ile ilgili bir konuya ilişkin endişelerini dile getiriyor. Erkek hemen bir çözüm yolu öneriyor. Kadın hayal kırıklığına uğruyor; çünkü ana mesaj duyulmadı. Erkek hayal kırıklığına uğruyor; çünkü harika önerisi ciddiye alınmadı.

Allan ve Barbara Pease'e* göre kadınlar erkekleri *dinleme özürlü* olmalarının yanı sıra:

- *Duyarsızlıkla*
- *İlgisizlikle*
- *Önemli günleri unutmakla*
- *Sevgilerini yeterince gösterememekle*
- *Aşk yapmak yerine seks yapmayı tercih etmekle*
- *Odanın ısısını azaltmakla*
- *Klozet kapağını kaldırmakla* suçlarken, erkekler kadınları:

- *Arabayı yeterince iyi kullanamamakla*
- *Yön kavramı olmamakla*
- *Yol haritası okuyamamakla*
- *Düzgün park edememekle*
- *Haritayı ters tutmakla*
- *Bol konuşmaya rağmen bir türlü ana konuya gelememekle*
- *Cinselliği başlatmamakla*
- *Oda ısısını yükseltmekle*
- *Klozet kapağını indirmekle* suçlamaktadırlar.

Niçin yeni model otomobillere sürücü ile yanındaki yolcu için farklı ısı ayarlama sistemi konulduğunu düşünüyorsun?

Seninle son yurtdışı seyahatimizi hatırlıyor musun? Bir araba kiralamıştık ve ben arabayı kullanırken rotayı elindeki haritaya bakarak sen belirleyecektin. Aniden haritayı ters çevirdin. Şaşırıp kalmıştım. Eleştiri olmasın diye sesimi çıkarmadım. Aradığımız yeri bulabilmek için ben yol boyunca geçtiğimiz sokakların adlarını söylerken sen haritada adları

---

* Allan Pease: Avustralyalı yazar ve konuşmacı. Pek çok kuruluşun iletişim becerileri konusunda personel eğitiminde kullandıkları kitap, film ve kasetlerin yapımcısı. Barbara Pease: Avustralyalı yazar.

okuyamadığını söylüyordun. Ben de dayanamayıp sana, "*Haritayı ters tutarsan tabii okuyamazsın*" demiştim. Sen de kızıp, "*Tüm yaptığım, haritayı gidiş istikametimize göre çevirmek, daha iyisini istersen sen yap*" demiştin.

Klozet kapağının ne anlama geldiğini sorduğunu duyar gibiyim. Anlatayım. Erkekler Homo sapiens olduklarında kadınlar aynı klozeti kullandıkları için erkeklerden idrar ihtiyaçlarını giderirken klozetin kapağını yukarıya kaldırmalarını istediler. Tabii işleri bitince ardından da kapağı indirmelerini... Ne var ki önemli bir ayrıntıyı unuttular: *Erkeklerden aynı anda iki işi birden yapmalarını istememeleri gerektiğini.* Erkek klozet kapağını kaldırıp idrar ihtiyacını gideriyor ancak tekrar kapağı indirmeyi unutuyor. Gecenin karanlığında idrar ihtiyacını gidermek üzere uyanan kadın, klozet kapağının indirilmiş olduğunu varsayarak ıslak ve soğuk taş zemine oturuyor ve bir çığlık atıyor. Daha da kötüsü sabah ereksiyonları şeklindeki özrü nedeniyle erkeğin idrarının amacını aşarak kadının sırtını yasladığı bölümü de ıslatması ve artık kadını sürpriz bir banyonun bekliyor olması... Tabii ki harika duygular hissederek yapılan bir banyo değil bu.

Erkeklerin en büyük yakınması *kadınların kendilerini değiştirmeye çalışıyor* olmaları. Kadın sevince partnerine yardım etme yönünde bir sorumluluk hissediyor. Cinsiyetine özgü içgüdüsel bir davranışla çeşitli öneriler aracılığıyla erkeği "*beslediğini*" zannederken, erkek "*kontrol edildiği*" duygusuna kapılıyor. Aynı kelimeyi kullandıklarında bile aynı anlamda kullanmıyorlar. İfadede kadınlar bazı metaforlar kullanıp genellemeler yaptığında erkekler küsüyor, eleştirildiğini düşünüyor ve "mağaralarına" çekiliyor. Ne var ki kadınlar söylediklerinin yeterince duyulduğunu düşünmediklerinden söylemlerini tekrarlayarak erkeklerin mağaralarına da girmek istiyorlar. Bu da zaman zaman mağaradan atılmaları ile sonuçlanıyor. Erkekler eleştiri ya da eleştiri gibi algıladıkları sözlere aşırı hassaslar. Çünkü her eleştiri "yetersizsin" şeklinde algılanıyor. Yetersizlikse, erkeklerin en hassas oldukları konulardan biri. *Niye erkeklerin bakirelerden bu kadar çok etkilendiklerini düşünüyorsun?* Belki de kıyas ve eleştiriden hoşlanmadıkları için.

Bazı kadın ve erkek farklılıkları diğerlerinden daha da belirgindir. Erkekler tuvalete çoğu kez yalnız gider. Sen bir erkeğin tuvalete giderken erkek arkadaşına "Ben tuvalete gidiyorum, sen de benimle gelmek ister misin?" dediğini duydun mu hiç? *Erkekler tuvalete yalnız gittikleri gibi genellikle tek bir neden için giderler. Tuvalet ihtiyacını gidermek için. Oysa kadınlar için tuvaletler bir terapi odası ya da sosyalleşme ortamı olabilir. Hatta bazen birbirini tanımayan iki kadın tuvalete ayrı ayrı gidip, tuvaletten yaşam boyu sürecek bir arkadaşlığın zeminini oluşturmuş şekilde çıkabilir.* Gittiğimiz kulübün tuvaletinin erkekler ve kadınlar bölümlerinin bir kâğıt inceliğinde olan separatörü sayesinde duyduğum seninle orada tanıştığın kadın arasındaki diyaloğu hatırlıyor musun? Kadın sana öncelikle ne kadar güzel olduğunu söylemiş ve ardından masamızı paylaşan erkeklerin hangisinin güvenilir, hangisinin de sahtekâr olduğunu, onlara nasıl davranman gerektiğini ve hangi tür bir saç biçiminin sana daha çok yakışacağını yaklaşık yarım saat boyunca anlatmış, ben de tüm söylenenleri not ederek hayli eğlenmiştim.

Kadınlar, erkeklerin haritadaki en küçük yerleşim birimlerini bulmalarına, *arabalarını daracık yerlere park edişlerine hayranlık duyarken, kocaman G-noktasını bulamamalarını hayretle izlerler. Erkekler ise kadınların geri manevra yaparak arabalarını park etme konusundaki eksikliklerini hayretle izlerken, kendilerini sıkan bir başkasına ait öyküyü eşlerinin kesintisiz bir ilgiyle dinleyebilmelerine hem şaşkınlık hem de gizli bir hayranlık* duyarlar.

10. ERKEKLER MARS'TAN KADINLAR VENÜS'TEN Mİ?

Gray, erkekleri Marslılar, kadınları Venüslüler olarak tanımlar. *Erkekler Mars'tan, Kadınlar Venüs'ten* adlı kitabında,* her iki cinsiyetin ayrı gezegenlerden geldiklerinden ve bu nedenle aynı dili konuşmadıklarından ve birbirlerini anlamakta zorluk çektiklerinden söz eder. Marslılar güce, rekabete ve başarıya önem verirken, Venüslüler sevgiye, iletişime ve ilişkiye önem verir. Marslılar iletişimi bilgi verme amacına yönelik kullanırken, Venüslüler etkileşim ve empati amacıyla iletişim kurarlar. Erkekler insanlar yerine olayları (iş hayatı, spor, yemek, bilgisayar, araba gibi) konuşurlarken, kadınlar bilgi almak ve ilişki kurabilmek gibi amaçlarla insanları konuşmayı tercih ederler. Belki de bu yüzden adları haksız yere *dedikoducuya* çıkabilmektedir. Farklı duygusal gereksinmelerinin olduğunu fark etmeyen kadın ve erkek ilişkiye ancak kendi bildiklerini katabildiklerinden bazen ilişkilerinde tatmin olamazlar. Böylelikle her iki cinsiyet de gereksinim duyduğu destek ve anlayışı eninde sonunda kendi hemcinslerinde bulabilmektedir.

Diğer Farklılıklar

a. Konuşma becerileri yönünden farklılıklar

Stresli dönemlerde kadın, partnerinin kendisi ile konuşmasını bir ödül gibi algılarken, erkek partneri ile konuşmayı zaman kaybı olarak görebiliyor. Diğer taraftan kadınların konuşurken aynı anda başka işleri rahatlıkla yapabilmeleri yalnızca sağ beyin yarımküresinin gelişmişliğiyle ilgili değil aynı zamanda

* John Gray, *Erkekler Mars'tan Kadınlar Venüs'ten*, çev. Gülden Şen, Altın Kitaplar, İstanbul 2000.

konuşmayı kontrol eden özgül merkezlerin varlığıyla da ilgilidir. Konuşma sırasında bu merkezler devreye girerken diğer bölgeler farklı işlevlerini aynı anda yürütebilmektedir. Belki bu nedenle kadınlar konuşmanın yanı sıra başka bir işi de birlikte yapabiliyorlar. Örneğin, hem konuşup hem de dinleyebiliyorlar. Oysa Marslılarda konuşmayla ilgili merkez hem daha küçük hem de kadınlardaki kadar özgül değildir. Belki de bu nedenle erkekler partnerlerine üstü yazılı kartlar hediye etmeyi tercih ediyorlar.

Kart kendi yerlerine konuşsun diye!...

b. Sevilmeme korkuları ile ilgili farklılıklar

Erkeklerin kendileri ile ilgili beceriksizlik algılarından daha önce söz etmiştim. Ne yazık ki erkeklerin sevilmeme, takdir edilmeme ile ilgili endişeleri de olsa gerek. Erkekler hatalarını kabul etmek istemiyorlar çünkü partnerlerinin, hatalarına rağmen kendilerini sevebileceklerine inanmıyorlar. Oysa erkekler yanlışlıklarını kabul ettiğinde, kadınlar onları daha çok sevebiliyor. Bazı erkekler partnerlerinin ihtiyaçlarını yeterince karşılayamadıkları için onların kendilerini terk etmelerinden korkuyorlar. "Ne yapsam onu mutlu edemiyorum" şeklinde söylenen sözler böyle bir korkunun ürünü. Ne var ki kadınlar erkekleri çoğu kez veremedikleri şeyler için değil göremedikleri ve gösteremedikleri şeyler için terk ediyorlar.

c. Cinsellik yönünden farklılıklar

Cinsellik yönünden bakıldığında erkeğin uyarılması daha hızlı ve romantik duygularla daha az bağlantılı. Erkekler kadınlarla seks yaparken, onlara bu yolla sevgi sunduklarını düşünürlerken;

kadınlar, yaşadıkları sevginin sonucu seksi sunmayı tercih ediyorlar. Bu nedenle seksin sıklığı azaldığında kadınlar eskisi gibi sevilmediklerini düşünüyorlar. Oysa erkekler için sorun gayet açık: *Seks artık eskisi gibi seksi değil...* Unutma çoğu kez kadınların seks için bir nedene, erkeklerin ise yalnızca bir mekâna ihtiyaçları vardır. Ancak sevgi bağı gelişmeden oluşan seks, kadınlara yakın olmamakla birlikte bazı tutarsızlık ve belirsizliklerin yaşandığı da bir gerçektir. Akşam ilk kez yemeğe çıktığı erkeği kahve içmeye evine davet eden kadının öyküsü buna somut bir örnektir: *"Onu eve çağırdığımda gerçekten de yalnızca kahve içmeye çağırmıştım. Onunla yatmaya yönelik hiçbir niyetim yoktu. Ancak düşündüğümde; akşam yemeğe çıkmadan önce yatak çarşaflarını değiştirdiğimi, üzerine bir miktar parfüm sıktığımı, buzdolabına bir şişe şarap koyduğumu fark ettim. Tekrar ediyorum onunla yatmaya hiç niyetim yoktu ama buna rağmen dışarı çıkmadan çantama bir adet prezervatif de koymuştum."*

Pek çok alanda olduğu gibi cinsellik alanında da erkekler lastik gibidir. *"Gidip-gelmeyi"* yani yakınlaşıp, uzaklaşmayı tercih ederler. Kadınlar ise dalga gibidir. Kendilerini iyi hissettiklerinde en tepe noktaya ulaşırlar, daha sonra dalga yavaş yavaş çekilir ve bir sonraki rüzgârı bekler.

ç. Sadakatsizliğe tepkileri yönünden farklılıklar

Sadakatsizliğe uğradıklarında erkekler ve kadınların gösterdikleri tepkiler genellikle farklı olmaktadır. Kadınlar acılarına rağmen ilişkiyi korumaya çalışırlarken, erkekler sırtlarını dönüp gitme eğiliminde olurlar çoğu kez. Sadakatsizliği izleyerek kadın, "Belki hâlâ bir arada kalabiliriz" şeklinde düşünürken, erkek, "Bir daha asla bu eve gelme!" şeklinde tepki verebilmektedirler. Kadınlar sadakatsizlikle karşı karşıya kalınca *depresyon* yaşarken, erkekler öfke yaşarlar çoğu kez. Sadakatsizlik yapan kadın, "Hayatımın en önemli ilişkisini mahvettim!" diye düşünürken, sadakatsizliğe uğrayan erkek, "O adamı da seni de öldüreceğim!" şeklinde tepki verebilmektedir. Kadınlar sadakatsizliğe uğradığında kendilerini bir eş olarak yetersiz bulurken, erkekler kendilerini cinsel olarak yetersiz hissedebilmektedir. Başka bir deyişle kadın, "Bir eş olarak eşimi yeterince mutlu edemedim herhalde" diye düşünürken, erkekler, "O adam eşimi cinsel olarak benden daha çok tatmin ediyor olmalı" şeklinde düşünebilmektedir. Kadın sadakatsizlik konusunu sürekli olarak düşünürken, erkek bu konuyu olabildiğince düşünmemeye çalışmaktadır. Kadın, "Birlikte olduğu kadını düşünmeden yapamıyorum. Onu görmek ve tanımak istiyorum" diye düşünürken erkek, "Onların ilişkisini düşünmemeye çalışıyorum. Adamı da tanımak ve bilmek istemiyorum çünkü öfkemi kontrol edemeyebilirim" şeklinde düşünmektedir çoğu kez.

d. Çocukluk ve gençlik dönemindeki farklılıklar bağlamında erkek ve kadın

Freud, "Bir insanla karşılaştığınızda ilk fark ettiğiniz, onun erkek veya kadın olduğudur" demiştir. Freud'un erkek olduğunu ve bu yüzden saçmaladığını düşünüyorsan, bir bebek doğduktan sonra sorulan ilk iki soruya dikkatini çekmek isterim!

1. **Soru:** Bebek sağlıklı mı?
2. **Soru:** Erkek mi kız mı?

Peki, şimdilerde moda olan ultrasonografi aracılığı ile henüz gebelikte bebeğin cinsiyetinin saptanmasına ne demeli? Ya araştırmalarla ilgili sosyo-demografik bilgiler bölümünde hiç atlanmayan "cinsiyeti" sorusu nasıl açıklanabilir?

Aslında cinsiyet farklılıklarının sergilenmesi için yetişkin olmayı beklemeye pek de gerek yoktur. Küçük kız ve erkek çocuklarına bir bak:

Kızlar konuşmayı ve para harcamayı sever...

Oysa erkekler kanallar arasında gezmeyi ve "gelecekteki beyni" ile oynamayı sever.

Küçük erkek çocuk, bedeninin organlarını tanımaya çalışmaktadır. Kolları ve bacaklarından sonra pipisini tutarak annesine sorar:

"Anne bu benim beynim mi?"
Annesi yanıtlar:
"Henüz değil oğlum ama ne yazık ki bir süre sonra olacak!..."

e. Alışveriş bağlamında farklılıklar

Kadınlar için alışveriş tıpkı iletişim gibi bazen belirli bir amaca yönelik olmaksızın saatlerce sürebilir. Oysa erkekler için alışverişin hedefi ya da hedefleri vardır. Çünkü erkekler enerjik olabilmek için amaç bulmak zorundadırlar. Bir hedefleri olmalı ve bu hedefe belirli bir zaman aralığında ulaşabilmelidirler. Tıpkı atalarının yeme ihtiyacını gidermek amacıyla avlarını hızlıca öldürüp evlerine dönmeleri gibi. Avcı olarak yaşayan atalarının yaşantıları erkeklere bir tünel vizyonu kazandırmıştır. Bu tünel vizyonunda A noktasından B noktasına geçiş yalnızca doğrusaldır. Zikzakları hiç sevmezler. Oysa kadınlar başarılı alışveriş için zikzakların şart olduğunu bilirler. İşte bu nedenle *erkeklerin alışverişleri hedefli iken, kadınlar alışverişin hedefi olurlar.* Erkekler ataları gibi hedefe (mavi gömlek, siyah kemer vs.) yönelik biçimde tehlike alanına (alışveriş merkezine) girer, izler, yaklaşır, öldürür (mavi gömlekle siyah kemeri alır) ve hemen ortamı terk ederler. Kadınlarda odaklı bir alışveriş yalnızca acil durumlarda yapılır. Dar zamanlarda bile kadın vitrinlere bakarak hafta sonu yapacağı alışverişle ilgili hayaller kurabilir. Ayrıca kadınlar alışverişe birlikte çıkabilirler. Bir yandan alışveriş yaparken bir yandan da çok farklı konularda sohbet edip eğlenebilirler. Dolayısıyla bir şey satın almasalar bile evlerine hoş anılar getireceklerdir. Erkek için bu mümkün değildir. Zaman sınırı olmadan alışverişe çıkmak ve eli boş dönmek onu sınıfta bırakır. Başka erkeklerle beraber alışverişe çıkmak ise asla mümkün değildir. Çünkü kadınlar alışveriş merkezindeki seyahati, arkadaşlığı derinleştirmek ve pekiştirmek için kullanırlar. Diğer taraftan erkeklerden birinin ötekine, "Benimle alışverişe çıkar mısın?" şeklinde bir soru sorması kabul görse bile arkadaşlık ilişkisini önemli oranda zorlayabilir. Kadınlar alışveriş sırasında, "O ayakkabıyı mutlaka al, sonsuza kadar giyebilirsin" gibi sözler söyleyerek birbirlerini alışveriş konusunda cesaretlendirirler. Oysa satın aldıktan sonraki üç yıl süresinde bu ayakkabı yalnızca bir kez giyilecektir. Bu, kadınlar için hiç de önemli değildir çünkü *alışverişte kadınlar kendi tiyatrolarının sahnesinde iki oyuncu gibidirler*. Küçük sahnedeki büyük starlar gibi. Özetle *alışveriş erkek için stres, kadın için ise stresle başa çıkma yöntemi* gibi düşünülebilir.

f. Hediye alma ve verme bağlamında farklılıklar

Alışverişten söz açılmışken sana biraz da hediye alıp vermekten söz edeyim. Erkeklere hediye vermek kolaydır. Ne alırsan al memnun olacaklardır. Hangi parfümü kullandığını biliyorsan kadınlara hediye almak da zor olmayabilir. Ancak eğer hediye olarak bir giyim eşyası seçmişsen dikkatli olman gerekir. Yanlış ebat önemli sorunlar oluşturabilir. Hatta ister küçük, ister büyük ebat al yaşayacağın sorun kaçınılmazdır. Her iki ebat da ona, "Bana bir şey mi ima etmeye çalışıyor?" çağrışımı yaptırabilir.

g. Bağlanma biçimleri yönünden farklılıklar

Bağlanma örüntüleri açısından bakıldığında, erkek çocuklar gelişimlerinin belli bir döneminde anneye yapışmaktan koparak babayla özdeşim yapar. Çünkü kendi cinsiyet rolünü benimsemek ve cinsel kimliklerini kazanmak durumundadırlar. Oysa kızlar için böyle bir kopma süreci söz konusu değildir. Erkek çocuklardaki bu kopma (anneden ayrılık), çocuğun karmaşık duygusal yaşantısını (anneye bağlı kalmakla, babayla özdeşim yapmak arasındaki sıkışıklığını) sözelleştirme kapasitesi henüz gelişmeden gerçekleştiğinden, erkeklerin duygularını dile getirmekte güçlük çektiği söylenebilir. Yani duygular onu duyarlı yapmakta, duygularla ilgili her türlü yaşantı ona geçmişindeki ayrılığı hatırlatmakta ve tehlikeli gelmektedir. Bu nedenle erkek, bir yandan kadınla daha yakın ve sıcak bir ilişkiye gereksinme duyarken bir yandan da geçmişte annesinden ayrılığını hatırlatabilecek bu tür ilişkilerden korkarak bir ikilem yaşamaktadır.

Duygular onun için tehlike, nedensellik ve mantık geliştirme ise bu tehlikeden korunma yoludur. Kız çocuklar anne ile kurdukları ilişkiden kopmak durumunda kalmadıkları için ilişkilere daha sıcak bakarlar. Onlar için ilişki güvenlik, yalnızlık ise tehlikedir. Belki de bu nedenle erkekler ilişkide kadınlara göre daha çok boşluklar olsun isterler. Fazla yakın olmak onlara boğuluyormuş hissi verebilir. *Kendini ilişkiye tamamen bırakabilmek ise boğulmayı göze almak anlamına gelebilir.*

h. Sosyal ve aile içi roller yönünden farklılıklar

Sosyal ve aile içi roller yönünden bakıldığında değişen sosyal yapı ve değerlere rağmen kadınlar halen, *besleyen-bakım veren* rollerinde olduklarından, aile üyeleri arasında ve çevreyle (kayınvalide dahil) düzenli-anlamlı bağların oluşturulmasında önemli roller üstlenirler. Bu, kadınların ailenin iyilik hali ve bütünlüğü için daha çok özveride bulunmaları anlamına gelir. Erkek ise temelde güç ve başarı kazanmaya yönelik olarak işlev görürken, güç ve başarıyı, elde ettikleri ile orantılı algılamaktadır. Belki de bu nedenle kadın, "Bana zaman ayırmıyorsun" diye yakındığında erkek, "Bu kadar çalışmak bana zevk mi veriyor zannediyorsun? Daha iyi yaşayabilmenizi sağlamak için, senin için, çocuklarımızın geleceği için çalışıyorum" diye yanıt vermektedir. Oysa kadının isteği daha çok şeyin sahibi olmak değil, yalnızca daha çok zamanı birlikte geçirmek olabilmektedir.

i. Terapilere uygunluk yönünden farklılıklar

Farklılıkların eş terapileri ve aile danışmanlığı yönünden de önemi büyüktür. Erkek, iletişimin *nesnel* biçimini kullanıp vurguyu, *sorun çözme* üzerine yaparken; kadın, iletişimin öznel biçimini kullanıp vurguyu, *duygular aracılığı ile sağlanan empati* üzerine yapar. Bu bağlamda psikoterapötik yaklaşımlar kadınların iletişim biçimleri ile daha uyumlu olmaktadır. Belki de bu nedenle erkekler danışma almaya gitmemeyi tercih etmektedir. Erkek, sorun çözme üzerine vurgu yaptığından sorunu en iyi kendisinin çözeceğini düşünmektedir. Sorunun nasıl çözüleceğini bildiğine göre gittiği terapist ona nasıl yardım edecektir? *Bildiğinden emin olan birine yeni bir şey öğretebilmek güçtür.*

Danışma ya da terapi sürecinde kadın kendisinin ve eşinin duygu ve düşüncelerini daha iyi anlamaya çalışırken, erkek evliliği nasıl ayakta tutacağına ilişkin pragmatik veriler peşindedir. Yani erkekler kendilerini daha iyi anlamak ve değiştirmekten çok eşlerini değiştirmeye yönelik bir çaba içinde olmaktadırlar. Bu yaklaşım psikoterapi süreci ile uyumlu olmadığından erkekler danışma/tedavi sürecini çoğu kez yarım bırakmaktadırlar. Kadınlar ise partnerleri tedaviye gelmediklerinden ya da tedaviyi yarım bıraktıklarından dolayı daha fazla görüşme yapmanın anlamı kalmadığı düşüncesiyle danışma/tedaviden vazgeçebilmektedirler. Tüm bu gerçekler belki de danışmanlığın her iki cinsiyet için ama özellikle erkekler için daha çekici ve motive edici hale getirilmesi gerektiğini göstermektedir. Özetle, farklı cinsiyetler, danışma/tedavi süreci ile ilgili olarak farklı beklentiler içindedir. Beklentilerin farklı olması zaman zaman terapistlerin işlerini çok güçleştirmekte ve terapistler her iki eşi benzer biçimde tatmin edebilecek bir yaklaşımı bulmakta güçlük çekebilmektedir.

11. HER ŞEY BEYİNDE Mİ BİTER?

Şimdi sana şu ana kadar sözünü ettiğim farklılıkların beyindeki hayali görüntüsünü göstermek istiyorum.

12. GENELLEMELER HERKES İÇİN GEÇERLİ OLABİLİR Mİ? BAZI ERKEKLER VENÜS'TEN, BAZI KADINLAR DA MARS'TAN OLAMAZ MI?

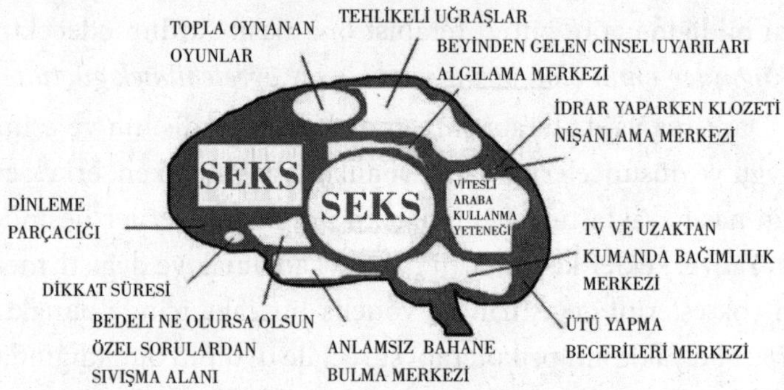

NOT: "Gecenin yarısında çocukların ağlamasını duyma" merkezi, bu haritada yansıtabilecek büyüklükte olmadığından gösterilememiştir. Bunu merkezi mikroskop altında görebilirsiniz.

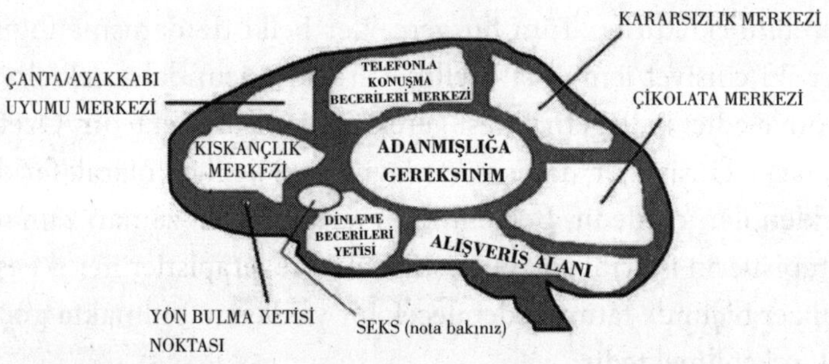

NOT: Beyinde oldukça sınırlı yer alan seks merkezinin dinleme merkezi ile ne kadar yakından bağlantılı olduğuna dikkatini çekerim.

Sokrates sorgulanmamış bir yaşamın yaşanmaya değer olmadığını söyler. Bilgelik merakla başlar. İyi olan bilgidir, kötü olan ise cahillik.*

* Sokrates (MÖ 470-MÖ 399): Antikçağ Yunan filozofudur. Yunan felsefesinin kurucularındandır.

Sana şu ana kadar, evlenirken, iyi günde-kötü günde, hastalıkta-sağlıkta, yoksullukta-zenginlikte ve ölüm onları ayırıncaya kadar birlikte olacaklarına söz veren erkekle kadın arasındaki farklardan söz ettim. Bu farklılıkları göz önünde bulundurunca verilen bu sözlerin ne kadar iddialı olduğunu herhalde sen de fark etmişsindir. Böylelikle sorgulanan bir kadın-erkek farkının, farkındalığımızı artırabildiğini sen de görmüşsündür umarım.

Buna rağmen hâlâ, "Benim için bu söylenenlerin hepsi geçerli değil. Bende her iki cinsiyete ait özelliklerden de parçalar var" şeklinde düşünüyor olabilirsin. Haklısın. Genellemelerin hepsi (bu dahil) yanlışlar içerir. Diğer taraftan ben de konuyu kolay anlaşılır hale getirmek için kullandığım mizahın dozunu kaçırmış olabilirim. Kadın ve erkeklerde bazı özelliklerin daha sık görülmesi, erkek ve kadınlara yönelik kalıplar oluşturma ve genellemeler yaparak konuyu aşırı basitleştirme suçunu hafifletmeyebilir. Aslında, insanların kendilerine özgü davranış örüntüleri mevcuttur. Bu örüntüler onu yaşadığı dünyada, "özel" ya da *"biricik"* yapar. Bu örüntülerin bazılarının kadın ve erkeklerde daha sık görülmesi kabul edilebilir olsa da tüm erkek ve kadınların aynı olduğunu kabul etmek sorun oluşturan bir bakış açısıdır. Peki, şuna ne dersin? Erkeklerin bazıları Mars'tan, kadınların bazıları Venüs'ten. Bazı erkekler Batı Venüs'ten, bazıları Doğu Mars'tan. Bazı kadınlar Doğu Mars'tan, bazıları ise Batı Venüs'ten. Bazı erkekler ise Venüs'ten tıpkı bazı kadınların Mars'tan olduğu gibi. Bence önemli olan nerede doğdukları ve nereden geldikleri değil. Çünkü sonuçta hepsi aynı dünyada yaşıyorlar. Senin ve benim dünyamızda.

Partnerini cinsiyet klişeleri ile kirlenmiş gözlüklerle görme. Unutma ki klişeleri değil sevdiğin ve birlikte yaşamak istediğin kişiyi arıyorsun!... Bir an için düşün: *Eğer karşı cinsiyet hep aynı ise sen ve ben neden değişik zamanlarda farklı kişilere ilgi duyduk?* Onu bir birey olarak değil de erkek ya da kadın olarak görmek kendine özgü özelliklerini görmemizi engellemez mi? Onu cinsiyetine göre sınıflandırmak daha iyi tanımamıza ve anlamamıza engel olmaz mı? Eğer bu tür genellemeler doğru ise sevdiğimiz ya da beraber olduğumuz kişiyi tanıma çabası gereksiz bir zahmet olmaz mı? Şimdi kendi kendine şu soruyu sor: Şu anda beraber olduğun o özel insan daha öncekilerden ya da tanıdığın diğer insanlardan hiçbir şekilde farklı değil mi?

Ama unutma ki futbol sezonunda her şey değişir! O dönemde erkekler Mars'tan, kadınlar ise Venüs'tendir.

13. FARKLILIKLAR VE BENZERLİKLER ÜZERİNE SON SÖZ

Her zaman olmasa da bazen erkekler ve kadınlar arasındaki farklar, muzlar ve şeftaliler arasındaki farklar gibidir. Her ikisi de meyve olduğuna göre tabii ki benzerlikleri de olacaktır, farklılıkları da. Her iki meyvenin dokuları, tatları, renkleri ve ısı gibi çeşitli fiziksel etkenlere dayanıklılıkları farklıdır. Bu aslında takdir edilmesi gereken bir farklılık ve emsalsizliktir. Unutma ki şeftalinin pembe renkli olması muzu incitmez.

Farklı cinsiyetler arasındaki yakın ilişkilerin genellikle paradoksal özellikler taşıdığı da unutulmamalıdır. Benzerlik her zaman arzu edilen bir durum değildir. Kadın ya da erkek insanların benzerlik yanı sıra farklı olma ihtiyacı, birlikte olma gereksinimi yanı sıra ayrı kalma arzusu, güvenli-tahmin edilebilir bir ilişki ihtiyacı yanı sıra sürprizlerle karşılaşma arzusu da olacaktır.

Halil Cibran *Ermiş* (The Prophet) adlı kitabında ilişkilerle bağlantılı olarak şöyle der:

Gelin farklılıklarımızdan ötürü kamçılanıp, cesaretlenelim
Gelin benzerliklerimizden ötürü güvenli olalım
Ancak yine de çok benzemeyelim, sıkılabiliriz
Çok da farklı olmayalım, ayrı düşebiliriz

Son olarak da etkileyici, birleştirici hatta bütünleştirici olduğunu düşündüğüm ve olağanüstü bilgelikle yazılmış şu sözlerle bitirmek istiyorum sana söyleyeceklerimi:

Zayıfmış gibi davranmaktan yorulmuş her güçlü kadına karşı, güçlüymüş gibi davranmaktan yorulmuş zayıf bir erkek vardır.

Aptal gibi görünmekten sıkılmış her kadına karşı, aklın sesi gibi davranmak zorunda olmaktan sıkılmış bir erkek vardır.

Duygusal diye etiketlenmekten bıkmış her kadına karşı, ağlama ve hassas olma hakkı elinden alınmış bir erkek vardır.

Dişiliği sorgulanan her kadına karşı, erkekliğini kanıtlamak için rekabet etmek zorunda bırakılmış bir erkek vardır.

Bir seks nesnesi olarak görülmekten bunalmış her kadına karşı, cinsel performansından kaygı duymuş bir erkek vardır.

İnsanca bir gelire sahip olmayan her kadına karşı, başkalarının geçimini karşılama sorumluluğunu üstlenmiş bir erkek vardır.

Araba tamirinin incelikleri ve arabayı geri geri giderek küçücük yerlere sığdırma becerilerinden bihaber her kadına karşı, yumurta haşlamayı ve bulaşık yıkamayı bile bilmeyen bir erkek vardır.

Özgürlüğüne adım atan her kadına karşı, hürriyete giden yolu yeniden keşfeden bir erkek vardır.

İnsan ırkı iki kanatlı kuştur; bir kanadı kadınlar, diğeri erkeklerdir. Her iki kanat da eşit düzeyde gelişmedikçe insan ırkı uçamayacaktır. Kadının davası şimdi, her zamankinden daha da fazla, insanlığın davasıdır."

– B. Boutros Ghali

Üçüncü Bölüm

Evlilik

1. EVLİLİK DANSI

Nedense evliliği bir dansa benzetmişimdir hep!... Şimdi sana evliliği, bir dans analojisi aracılığıyla anlatmaya çalışacağım.

Evlilik çoğu kez bir dans teklifi ile başlar. Yani partnerlerden biri ötekini nazik bir biçimde dansa davet eder. Artık dans başlamıştır ve müzik var oldukça dans devam edecektir.

Çoğu kez eşlere yeterince bilindik gelmeyen bu yeni dansın başlangıcında, doğal bir uyum sorunu yaşanabilir. Eşler birbirlerinin ayaklarına basabilir ve birbirlerini istemeyerek incitebilirler. Hatta eşlerden biri diğerini ya da her ikisi de birbirlerini tamamen kontrol etmek gibi gereksiz bir çaba içine de girebilirler. Danstaki bu uyumsuzluk, farkındalık aracılığıyla amaçlı ve ortak bir çaba ile zaman içinde kendiliğinden uyuma dönüşebileceği gibi, bazen dönüşmeyebilir de!... İşte bu noktada çiftler birbirlerini incitmekte ısrarlı davranmaktan vazgeçip, birlikte daha uyumlu dans edebilmek amacıyla bir dans hocasına gitmelidirler. Dans hocası, her zaman çok mükemmel bir dansçı olmayabilir. Onu hoca yapan, bu dansla ilgili bireysel becerilerinden çok, genel bilgisi ve deneyimleridir!...

Dans hocası önce dansı izler, eşlerin dans sırasındaki uyumsuz ve ritmik olmayan hareketlerini saptar ve eşlere daha uyumlu bir dans için gerekli bilgi ve becerileri kazandırmaya çalışır. Eşlerin özenli ve özverili çabaları ile çoğu kez dans, daha uyumlu hale getirilir. Bazen de eşler ayrı ayrı iyi dans edebilmelerine karşın, bir araya geldiklerinde bu dansı beceremediklerini görürler.

İşte bu noktada müzik bitmiştir ve dansı aynen başlandığı gibi, yani olabildiğince zarif bir biçimde bitirmeyi de becerebilmek gerekebilir.

2. BATIK BEDEL NEDİR? BATIK BEDEL BAĞLAMINDA İLİŞKİLER

Sana *"batık bedel"* kavramından söz etmeden evlilikleri anlatmak pek doğru olmayacaktı. Geleceğe yönelik bir karar verirken, değişik seçeneklerin getireceği yarar ve zararların iyi hesaplandığı ve kişinin kendisine en çok yarar getiren seçeneğe yönelerek karar verdiği zannedilir. Yani kararı belirleyenin, kararın getireceği avantajlar olduğu düşünülür. Ben, çoğu zaman kararların böyle basit bir mantıkla alınmadığını gözlemledim. İnsanlar karar verirken, kararın gelecekte getireceği yararlardan çok, karar öncesi süreçte yaptıkları yatırımları gözetiyorlar.

Başarılı işadamlarına şöyle bir soru soruluyor: "Bir an için başkanı olduğunuz şirketin, radara yakalanmayan bir uçağın üretimi için 20 milyon dolarlık bir yatırım yaptığını düşünün. Projenin önemli bir kısmını tamamlayıp 18 milyon dolar harcadığınız bir aşamada, başka bir şirketin sizin üretmek istediğiniz uçağı üretip satmaya başladıklarını işitiyorsunuz. Üstelik bu uçak, siz üretimi tamamladığınızda masraflarınızı karşılayabilmeyi sağlamak için satmayı düşündüğünüz fiyatın çok daha altında satışa çıkarılmış. Şimdi geriye kalan 2 milyon doları hâlâ bu uçağın üretimini tamamlamak için mi harcarsınız yoksa başka bir yatırım için mi kullanmak istersiniz?"

Araştırmaya katılan bu başarılı, zeki olarak tanımlanan işadamlarının yüzde 85'i uçağın üretimini tamamlamak istediklerini belirtmişler. Ancak başka bir grup işadamına bu iş için yapılan yatırımın miktarı söylenmediğinde hemen hemen hepsi sözü edilen koşullarda daha fazla yatırım yapmaktan vazgeçeceklerini ve elde kalan 2 milyon doları başka bir yatırım için kullanacaklarını belirtmişler.

Yani önceki yatırım yanlışlığı, daha sonraki yatırım yanlışlıkları için kapı açabiliyor. İnsanlar, "O kadar çok yatırım yaptım ki artık geri dönüşü yok" diye düşünebiliyorlar. Şimdi geçmişte senin yapmış olduğun yatırımlardan birini ele alarak konuyu daha iyi anlayalım. Senin de birçok kadın gibi dolabında uzun zamandır hiç giymediğin bir elbise yok mu? Bu elbiseyi geçmişte belki alışılmadık rengi, belki alışılmadık biçimi, belki de alışılmadık görünümü için aldın. Çok da para ödedin. Dolabı açıp elbiseye baktığında beş yıl önce aldığın bu giysiyi en son üç yıl önce giydiğini ve aldığından bu yana da toplam iki kez giydiğini fark ettin. Ama, "Bu elbiseyi giymediğine göre niye Ayşe'ye vermiyorsun?" dediğimde bir şeyi daha fark edersin. Elbiseyi kimseye vermek istemediğini ve vermeyeceğini çünkü o elbise için zamanında çok para ödediğini... İşte *"batık bedel"* bu.

Bir kadın düşün; genç, güzel ve iyi bir işi olan... Beş yıldır beraber olduğu evli erkekle ilişkisini bitirmekte zorlanıyor... Bu süreçte birlikte olduğu erkeğin asla eşinden ayrılmayacağını anlamış ve ondan herhangi bir maddi beklentisi de yok. Nedir sence ilişkiyi bitirmesine engel olan? Engel, beş yıllık süreç içinde bu ilişki için yapılan yatırımlar. İlişkiyi bitiremiyor çünkü onun için ilişkiyi bitirmek, geçen beş yılı boşa harcamış olmak anlamına geliyor. Madem onunla ilişkisini bitirecekti, beş yıldan beri bu kadar sıkıntıya neden katlandı? Şimdi bitirebilecekse, neden bunu fırsatlarının daha fazla olduğu üç yıl önceki dönemde yapmadı? Belki de, beş yıl emek verdiği bir ilişkinin yürüyemeyeceğini görmek, geçmişte verdiği kararın ve yaptığı tüm fedakârlıkların boşa gittiği anlamına geliyor ve bu nedenle ayrılamıyor. Unutma o evli bir erkekle birlikte olduğu için, hiçbir zaman diğerleri gibi sevgisini özgürce sergileyemedi... İstediği zaman sevgilisine dokunamadı, istediği zaman onu arayamadı.

İlişkiyi bilen kişiler tarafından "yuva yıkan, moral değerleri olmayan" bir kadın gibi algılanmayı göze aldı. Bekârken evli gibi yaşadı. Yalnızca birlikte olduğu kişinin kendisine ayırabildiği zamanlarla yetindi. Bunca fedakârlıktan sonra ayrılmak kolay mı? Görüyorsun geçmişte alınan bir karar için ödenen bedeller, gelecek için verilecek farklı bir kararla sağlanabilecek yararlardan daha önemli olabiliyor. Bu kadın büyük olasılıkla bu ilişkiye bir kez daha şans verecek, tıpkı daha önce olduğu gibi. Yine aynı hayal kırıklığını yaşayacak. Ta ki batık bedeller nedeniyle ısrarcı davrandığı bu ilişkide, karar verirken geriye bakmak yerine ileriye bakmayı öğreninceye kadar.

Batık bedel yaşayan bir insana, "Bitir artık bu ilişkiyi" dediğinde çoğu kez senin onu anlayamadığını düşünür. Bu saptama çoğu zaman doğrudur çünkü sen onun kararı için ödediği bedellerin farkında değilsindir. Geçmişte aldığın bir kararı doğru çıkarmak için çaba harcaman da gerekmiyordur. Belki de batık bedeli olan insanlar almış oldukları kararın yanlışlığı ile henüz yüzleşmeye hazır değildirler. Unutma, akıllı insanlar da uygunsuz kararlar verebilir. İşe yaramayan bir karar almış olmak ne kişinin aptal olduğunu gösterir ne de karar verme yetisinin tamamen bozulmuş olduğunu. Karar verdiğimiz zaman diliminde karar aldığımız konuyla ilgili bilgilerimiz şimdiki kadar olmadığına göre, yeni bilgilerle yeni kararlar alabilmektir işlevsel olan.

Bazen de aldığımız bu kararın yanlışlığı bize başından söylenmiştir güvendiğimiz insanlar tarafından. Şimdi, haklı çıktıklarını görmeleri bizde daha da fazla eleştirileceğimiz korkusunu oluşturabilir. Bazen yalnızca bu nedenle bile yanlışı kabul etmek istemeyiz. Tıpkı politikacılar gibi. On yıl evvel söylediklerinin tersini söyledikleri hatırlatıldığında, hemen hepsi yanlış anlaşıldıklarını ve o zaman da bugün söylediklerine benzer şeyler söylediklerini belirtirler. Niçin bu kadar zordur, *"On yıl önce düşündüğüm gibi düşünmüyorum, çünkü aynı biçimde düşünüyor olsaydım bu olsa olsa aradan geçen on yıl içinde hiçbir şey öğrenmediğimi gösterirdi"* diyebilmek?

Herhalde bugünkü başarılarımız ve yerinde kararlarımızın geçmişteki başarısızlıklarımız ya da uygunsuz kararlarımız üzerine kurulduğunu fark edemiyoruz çoğu kez. Niye bana bunları anlattın dediğini duyar gibiyim. İlişkilerinde ve evliliğinde kararlarını değiştirmenin her zaman mümkün olduğunu hatırlatmak için. Umutsuzluğu körükleyen ve girişimciliği önleyen etkenlerin arasında batık bedellerin olduğunu asla unutmaman için.

Hepsinden önemlisi, mutsuzluk evliliğine bütünüyle hâkim olduğunda, geçmişte yaptığın batık yatırımlara sarılıp kalmaman için. Belki de kitabın bundan sonraki bölümlerinde evliliği daha iyiye götürebilmek için yapabileceklerinden söz ederken, tamamıyla anlamını yitirmiş bir evlilikte ısrarcı olmaman gerektiğini başından hatırlatmak için.

3. AŞK MASALLARININ ANLATMADIKLARI

"Onlar erdi muradına, biz çıkalım kerevetine" diye sonlanan aşk masallarından söz etmiştim sana. Gariptir, aşk öyküleri hep burada biter. Birbirlerine kavuşmak için çeşitli zorluklarla başa çıkmak zorunda bırakılan âşıkların tüm zorlukların üstesinden gelmeleri ve birbirlerine kavuşmaları sonucu evlilikle noktalanır aşk masalları. Ama kimse masallarda âşıkların evlendikten sonraki yaşantılarına yer vermez. Oysa gerçek öykü aslında bu noktada başlar. Ya da öykünün en kritik bölümü. Acaba Romeo ve Juliet'in büyük aşkı evliliklerine nasıl yansır ve nasıl bir katkı sağlardı?

Peki, öykülerde aşkı izleyen evlilik dönemine niçin yeterince yer verilmez? Herkesin geri kalan öyküyü iyi bildiği ve bu nedenle kimsenin merak etmeyeceği için mi, yoksa kimsenin geri kalanından iyi bir öykü çıkmayacağını düşündüğü için mi? Şimdi bu tür kaygılardan uzak, öykünün daha sonraki kısmından söz etmeye çalışacağım sana. Belki evlilik yolculuğunda gittiğin yönü gözden geçirme ihtiyacı duyduğunda harita olur umuduyla. Ancak unutma ki haritalar yolculuğa katkıda bulunsalar da, yolculuğun kendisi değildirler. Yolculuğu yapan yolculardır. Haritalar yön bulmana yardım eder ama ancak sen yolunu saptırmazsan. Yolculuğunda zaman zaman da olsa işe yarar bir harita oluşturabilmek için sana sık rastlanan evlilik sorunları ve bunlarla başa çıkma yollarından söz edeceğim.

4. İLİŞKİDE İŞLER YOLUNDA GİTMEDİĞİ ZAMAN

İlişkide işler yolunda gitmediğinde eşler buna anlam verebilmek için kendilerini veya partnerlerini incelemeye koyulurlar. Sorunun anlaşılmasına katkıda bulunmak amacıyla yazılmış bir dizi Batılı *kendine yardım kitapları* da, bu incelemeden sonuç almak için yararlanılan kaynaklar olur çoğu kez.

Eminim ilişkisi ile ilgili olarak yolunda gitmeyen birçok şeye anlam veremediğini söyleyen bir dizi kadınla sen de karşılaşmışsındır. Bir zamanlar taptığı adamı, şimdilerde "*yatağındaki düşman*" olarak tanımlayan ve eşindeki bu değişime bir türlü anlam veremediğini söyleyerek sürekli kaygılanan ve üzülen bir kadın arkadaşın olduğunu düşün. Bir gün karşına artık her şeyi anladığını söyleyerek çıkıverir. O, artık her şeyi anlamıştır. *Anladığı şey, eşinin kadınlardan nefret eden bir adam olduğudur.*

Sürekli yanlış evlilikler yaptığını belirten ve dördüncü evliliğinde de mutsuz olduğu için artık kendini yetersiz hisseden ve neyi yanlış yaptığını bilemeyen bir başka arkadaşın olduğunu düşün. Günün birinde, karmaşık bir bilmeceyi çözmüş olmanın kıvancı ile karşına çıkıverir. O artık her şeyi anlamıştır. *Anladığı; kendini sevmeyen ve kendini inciten bir kadın olduğudur.*

Yürekten sevmeyi becerebilen nadir arkadaşlarından biri olan ancak ilişkilerinde sürekli hayal kırıklıkları yaşayan ve buna anlam veremeyen bir başka arkadaşın olsun. O da bir gün aydınlanma çağının büyük keşfini yapmış gibi karşına çıkıverir. Artık her şeyi anlamıştır. *Anladığı; çok sevmenin yanlışlığıdır.*

Bu kadınların sırasıyla *"Kadınlardan nefret eden erkekler"* (Men who hate women), *"Kendini inciten kadınlar"* (Women who hurt themselves) ve *"Çok seven kadınlar"* (Women who love too much) adlı popüler kitapları okuduklarını hemen anlarsın. Okudukları her kitapta kendilerini bulmuşlardır. Bu gibi durumlarla sıklıkla karşılaşılan bir psikiyatr olarak içimde bu tür kadınlara yönelik olarak özgün bir kitap yazma dürtüsü oluşmuştur hep. Adı *"Çok okuyan kadınlar"* (Women who read too much!...) olan bir kitap!...

Düşünsene hepsi birer etiket: "Kadınlardan nefret eden", "kendini inciten", "çok seven" gibi. Bu etiketler ve açıklamalar çözüm oluşturuyormuş gibi sunulan ancak çoğu kez sorun oluşturan tanımlama ve yorumlardır. İlişkilerin niçin yolunda gitmediğini yalnızca tek bir nedene indirgeyen ve söylemlerini destekleyen kanıtları toparlarken, desteklemeyen kanıtları görmezden gelerek yazılan bu kitaplar genelde çok işe yaramazlar. Niye mi? Önce hipotezini kurar sonra bu hipotezini destekleyen kanıtlar ararsan, bütün hipotezler doğru çıkar da ondan. Bir an için *"bencil"* olduğun hipotezini kur. Yaşamın boyunca bencilce yaptığın tüm davranışları gözden geçir. Eminim bencil olduğuna dair birçok kanıt bulabilirsin. Buna dayanarak bencil olduğun sonucuna varırsan, bilgiyi yalnızca tek yönlü işlemiş olursun. Sözünü ettiğim kitaplarda yapıldığı gibi. Şimdi bir de bencil olmadığını gösteren kanıtları incele. Eminim sevdiklerin için özveride bulunarak yaptığın bir dizi davranış olduğunu da göreceksin. Şimdi elinde hem bencil olduğuna hem de bencil olmadığına dair birçok kanıt var. Peki, bu bulgularla bencil misin, değil misin? Etiketler işte bu nedenle çoğu kez gerçekleri yansıtmaz. **Yaşamda ne ararsan onu bulursun.** Daha da önemlisi ilişkinde işlerin *niye* yolunda gitmediğine ilişkin açıklamalar çoğu kez yararlı olamamaktadır. Çünkü hiçbir şeyin tek açıklaması yoktur. Yalnızca iyi bir açıklama sahibi olmak hiçbir şeyi değiştirmeyecektir çünkü açıklamalar sağlıklı bile olsa, kişilere yalnızca bilgi sağlar.

Çözüm için bilgi gerekli ancak, asla yeterli değildir. Çift sorunlarının çözümü, eşlerin sorunu ortak biçimde tanımlayarak çözüm işlemini nasıl gerçekleştireceklerini bilmelerinden geçer.

Genel olarak terapilerde, sorun yaşayan birey ve çiftlerin eksiklikleri ve yanlışları derinlemesine araştırılır. Oysa çözüme yönelik bir yaklaşımda bu tür analizler ön planda değildir. Esas olan, sorun yaşayan eşlerin davranışlarını değiştirmek ve bakış açılarını genişletmektir. Çünkü davranışlar, sözlerden çok daha güçlü ve anlamlıdır!... Düşüncelerimizi değiştirmek ise bir bakıma yaşamımızı değiştirmek anlamına gelir. Çünkü düşünceler duygularımızı, duygularımız davranışlarımızı, davranışlarımız ise yaşamımızı belirler.

Belki hepsinden önemlisi neyi değiştirip, neyi kabul edeceğimizi iyi bilmektir. Yeri gelmişken sana şu güzel sözü hatırlatmak isterim: *"Değiştirebileceğim şeyleri değiştirmek için güç, değiştiremeyeceğim şeyleri kabul etmek için sabır, ama önce ikisini ayırt edebilmek için akıl ver Tanrım."*

Eşler birbirleriyle ilgili sorunları birer şikâyet gibi dile getirmek yerine, çözüm gerektiren hedefler olarak tanımlayabilir ve ardından bu hedeflere yönelik çözüm stratejileri geliştirebilirlerse pek çok sorun tahmin edilenden daha kolay çözümlenebilir. Örneğin, eşinin kendisine istediği kadar zaman ayırmamasını ailesine olan düşkünlüğü ve ailede öğrendikleri ile açıklamanın bu açıklamayı yapan eşe yarar getirdiğini hiç görmedim. Burada, kendine ayrılan zamanın azlığını vurgulamak için başkalarına ayrılan zamanı gündeme getirmek ya da eşinin ailesine gönderme yapmak, sorunların çözümüne değil büyümesine katkıda bulunacaktır. "Bana zaman ayırmana ihtiyacım var" diyebilmen için, "Bak, istersen başkalarına (ailene) bu zamanı veriyorsun. Annene istediği kadar vakit ayırıp, tüm ailenin işlerine de koşuşturabiliyorsun" ya da "Sorun ailende bunları görmemiş olman. Baban da annene hiç ilgi göstermiyor. Ailede öğrenememişsin, çok geç..." demeye gerek var mı?

5. DANSTA UYUMU BOZANIN HEP "O" OLDUĞU DÜŞÜNÜLÜR: Suçlamalardan ve güzel açıklamalardan vazgeçmeyi öğrenmek

Zaman zaman ilişkinde umutsuzluğa kapıldığın ve "Yürümüyor işte...", "Bu ilişki onun umurunda bile değil", "Hatalarını asla kabul etmiyor", "İlişki iki kişiyle yürür ama o her şeyi benden bekliyor" gibi düşündüğün zamanlar olabilir. Bu gibi zamanlarda ilişki için daha fazla çaba harcamanın anlamsız olduğunu düşünür ve partnerini suçlamaya başlarsın. Bu suçlamalar çoğu kez bazı güzel açıklamaları da beraberinde getirir. "Çok çocuklu bir aileden geliyor", "Tıpkı annesi/babası gibi", "Ailenin tek çocuğu olduğundan her istediği yerine getirilerek büyütülmüş", "Çevresi onu hep şımartmış", "Ana babası ayrılmış olduğundan birlikteliğin ne demek olduğunu bilmiyor", "Yakın ilişkilerde sorunu olmalı", "Kendine saygısı ve güveni yok" gibi.

Sana bir kez daha hatırlatmak isterim ki eşinin rahatsız olduğun davranışları ile ilgili kendince hipotezler kurup açıklamalar yapmak evlilikte nadiren sorun çözer ya da mutluluk getirir. İlişkiler sorunlu hale geldiğinde kimin, hangi oranda "suçlu" olduğu ve suçun altındaki nedenlerin araştırılması yalnızca soruna katkıda bulunur, çözüme değil...

Önemli olan güzel açıklamalar yapmak değil, sorunun çözümünde etkili olabilecek yöntemler geliştirebilmektir. Çünkü aslında hiç kimse (psikiyatrlar dahil) neyi, niçin yaptığımızı kesin olarak bildiğini söyleyemez ve ilişkilerde mantıklı açıklamalar yapmak sorunu çözmekte asla yeterli değildir.

6. GERÇEKLER VE ÖYKÜLER

Hiç şöyle düşündün mü: **Gerçekler "Ne?" sorusunun, öyküler ise "Neden?" sorusunun yanıtını verir.** İlişkinizde sorunlar oluştuğunda her ikinizin de, oluşan sorunların kökenleri ile ilgili farklı açıklamaları vardır. Ancak öyküler "gerçekler"i değiştirmez. "Bana haksızlık yaptı, o yüzden onu öldürdüm" açıklamasının, katil olduğun gerçeğini değiştiremeyeceği gibi. Ya da "Beni aşırı derecede tahrik edip, baştan çıkardığı için onunla zoraki bir ilişkiye girdim" açıklamasının tecavüz ettiğin gerçeğini değiştiremeyeceği gibi. **Evlilikte sorun oluştuğunda, sorunun adını yorumsuz ve yargısız koyabilmek,**

"gerçek'lerden söz etmektir. Sorunun neden oluştuğuna dair açıklamalar yapmak ise "öykü'lerden. "Biz konuşamıyoruz, konuşunca kavga ediyoruz" şeklinde bir tanım sorunun "ne" olduğunu ortaya koyar. Kolaylıkla anlaşılabileceği gibi sorun bir "iletişim" sorunudur. "Konuşamıyoruz, çünkü o artık beni önemsemiyor" şeklindeki bir açıklama ise "Neden?" sorusunun yanıtını verir yani öykülerimizi...

Sana sık tekrarladığım şu cümleyi hatırla: **"Bu dünyada herkesin bir öyküsü vardır."** Gerçekleri hepimiz benzer tanımlarız. Oysa öyküler; ayrı düşünce, algı ve yorumlar içerdiğinden birbirlerinden farklılaşırlar. Peki, hangi öykü doğru, hangisi yanlıştır?

Öyküler bazen, doğruluğu ya da yanlışlığı kolaylıkla gösterilemeyecek açıklamalar içerir. Her ikisi de doğru olabilir, tıpkı her ikisinin de yanlış olabileceği gibi... Görüş ayrılığı ortaya çıktığında arenada olan yalnızca "savaşan öyküler"dir. **Savaşı hangi öykü kazanırsa kazansın, kaybeden ilişkinin kendisidir.** Yarışmalarda öyküler kazanabilir çünkü öyküleri değerlendiren bir hakem grubu ya da bir jüri vardır. Oysa evlilik ilişkisinin hakemi yoktur çünkü evlilik, eşler arası bir yarışma değildir.

7. ÖYKÜ TÜRLERİ

Olumsuzluklar yaşadığında, olan biteni anlamak için oluşturduğun öyküler, ilişkinizin sağlığını tahmin ettiğinden çok daha fazla bozabilir. Partnerine öfkelendiğinde, öykün doğal olarak suçlayıcı özellikler taşıyacaktır.

a. Suçlayıcı öykülerde partnerinin hoşlanmadığın davranışlarının arkasında kötü niyet olduğunu düşünür, ona olumsuz özellikler yükler ve suçlarsın. "Senin amacın beni üzmek ve küçük düşürmek", "Bencilin tekisin", "İlişkimizde tüm sorunlar senden kaynaklanıyor" gibi suçlayıcı ifadelerle karşılaşan eşin ise ya kendini savunacak ya da saldırıya geçecektir. Bu bağlamda eşinin söylediği, "Saçmalıyorsun, seni küçük düşürmeye çalışmanın bana ne yararı olabilir ki?", "Bencil olan aslında sensin", "Sen olmasan benim sorunum da olmazdı" gibi sözler aslında onun incindiğini ve karşılığında seni incitmeye çalıştığını gösterir. Sanki eşinle sevme yarışı yerine bir çeşit incitme yarışı yapıyorsundur. Kim daha çok incitecek? Bu incitme yarışı içinde söylenen bazı sözler ve yapılan bazı davranışlar ilişkinde daha sonradan telafisi mümkün olamayabilecek derinlikte yaralar açabilir.

b. Değersizleştiren öyküler, insanı en çok çileden çıkaran öykü türlerinden biridir. Burada eşin senin söylediklerini duymamakta ısrar etmekte, hissettiklerini değersizleştirmekte ve hatta seni üzen şeyin ne olduğuna kendisi karar vermektedir. "Çok üzüldüm" diyen eşine, "Saçmalama, bunda üzülecek ne var?" diye yanıt veren kişi hem eşinin üzüldüğünü duymamakta ısrar etmekte hem de duygularının mantıksız olduğunu söylemektedir. Görüyorsun duyguların bile mantıklı olmasını isteyen eşler var!... Tıpkı "Aslında sen bana değil işyerindeki patronuna kızıyorsun ama kızgınlığını ona ifade edemediğin için acısını benden çıkarıyorsun" ifadesinin kısmen doğrulara işaret edebilmesine rağmen eşinin duygularını geçersiz kıldığı için uygunsuz olması gibi.

c. İlişkinin önünü kapayan öyküler ise en tehlikeli olanlardır. Bu tür öyküler değişimle ilgili umutları yok ettiği için çok tehlikelidir. Eşinin asla değişmeyeceğini ya da değişmek istemeyeceğini düşünmek, bu tür öykülerden biridir. Eşinin seni mutsuz ettiğini düşünüyor ve bunun da asla değişmeyeceğine inanıyorsan ya depresyona girer ya da bu ilişkiden vazgeçersin. Belki de hem depresyona girer hem de ilişkiyi bitirirsin. Sana, "İyileşmez bir iyimser ol" demiyorum. Yalnızca kötümser olmamanı ve ilişkinin önünü keserek seni çaba harcamaktan vazgeçiren öykülerine hemen inanmamanı öneriyorum. Şimdi, "Denedim ama değişmiyor" dediğini duyar gibiyim. Bu değişimi nasıl tanımladığına bağlı. Değişimi, hiç değişmemekle tam bir değişim arasındaki yelpaze olarak düşün. Hiç değişmemek yelpazenin bir ucu (0) ise tam bir değişim yelpazenin diğer ucudur (100). Ama unutma ki 0 ile 100 arasında tam 99 rakam vardır. Küçük değişiklikleri görür ve alkışlarsan zamanla daha önemli değişiklikler de oluşabilir. "Küçük güzeldir" derler. Belki de küçük değişimlerin, yaşamına etkisi tahmininden büyük olduğu için...

Belirli bir öyküye gerçekmiş gibi inanırsan yalnızca öykünü destekleyen kanıtları arar ve her yeni kanıtla birlikte öyküne daha da çok inanırsın demiştim. Böyle bir tutum, öykünü desteklemeyen kanıtları görmeni zorlaştırır ve öykün değişmez. Bir süre sonra öykün, gerçeklerin yerini de alır. Karşındaki kişiyi bir birey olarak değil, kendi öykünün bir parçası olarak görmeye başlarsın.

İlişkinin önünü kapayan ve değişim yolculuğunda, seyahati engelleyen bir başka yanlış, partnerinin davranışlarını **etiketlemektir**. Eşin senin gözünde "ana babasına aşırı bağımlı", "işkolik", "duyarsız", "yetersiz", "agresif" gibi adlar alır. Genel tıpta bazen etiketler işe yarayabilir çünkü sorunun çözümünde yol gösterici olarak rol oynayabilir. Kan basıncın sürekli yüksek ise sana "hipertansiyon" tanısı konulur ve artık "hipertansif" olarak etiketlenirsin. Bu etiket, sorunun çözümü için gerekli tedaviyi sağladığı için yararlıdır. Oysa **ilişkilerde etiketleme, sorunları çözmek yerine sorunun kendisi olur**. Eşin "tembel" olduğunu söylerse bu senin daha çalışkan olman için iyi bir neden oluşturmayacaktır. Günlük yaşamın sıradan güçlüklerinin bile neredeyse hastalıkla eşdeğer tutulduğu bir zaman diliminde yaşadığımızı da unutma. Sokaktaki insanlar hatta hekimlerin bile isim takmayı (etiketlemeyi) çok sevdikleri bir dönemde yaşıyoruz. Önce bir hastalık etiketi yakıştırılıyor, ardından da etiket takılan kişinin kendisi ile değil yakıştırılan etiketle uğraşılmaya başlanıyor. Tedavi gerektiğinde de tedavi edilen "hasta" değil "hastalık" oluyor çoğu kez. "Hastalık yok, hasta vardır" şeklinde dile getirilen bireyin ihtiyaçlarına ve bireysel özelliklerine göre uyarlanan tedavi yaklaşımları da yerlerini, standart/paket tedavi programlarına bırakıyor.

Eskinin aranan ve olumlu olarak nitelendirilen bazı özellikleri, yeni etiketlemelerle itici ve istenmeyen nitelikler kazanabiliyor. Eşine yakın olmak isteyen kadın "bağımlı", annesi ile eşi arasında olup bitenlerden uzak durmaya çalışan koca, anne tarafından "kılıbık", eşi tarafından "annesinin kuzusu" olarak etiketlenebiliyor. İniş-çıkışlı bir yaşamı tercih etmeyen, rutin yaşayan ve tahmin edilebilir bir yaşantı sürdüren erkek "sıkıcı" yaşamında ayrıntılara yer veren kişi "obsesif" (takıntılı) olarak etiketlenebiliyor. Etiketler, insan davranışlarının karmaşıklığını görmezden geliyor ve onları çeşitli damgalamalarla aşırı basitleştiriyor. Sonuçta o, her zaman "bağımlı", "sıkıcı" ya da "takıntılı" değil. En azından tek özelliği bu değil.

Bu bölümün başında, uygun biçimde yapılmayan bir ilişki analizinin sorun çözmekte nadiren yararlı olabileceğini söylemiştim. Umarım şimdi niye böyle söylediğimi daha iyi anlıyorsundur. İlişkinde incindiğinde ya da aranızda sürtüşmeler olduğunda eşinle ilgili oluşturduğun öyküler ya suçlayıcı, ya değersizleştirici, ya da ilişkinin önünü kapayarak umutsuzlaştırıcı özellikler taşıyabilir de ondan. Eşinle ilgili öyküler oluşturmak yerine önce ilişkinle ilgili sorunu iyi tanımlayabilmelisin. Bu tanım, "Ne?" sorusunun yanıtını vermeli "Neden?" sorusunun değil. Başka bir deyişle sorunun adını koymalı ancak sorunla ilgili öyküne gerçekmiş gibi inanmamalısın. Unutma, herkesin bir öyküsü var. Eşinin de. Daha önce söz ettiğim kendi kendine yardım kitapları (Kadınlardan nefret eden erkekler, Çok seven kadınlar vb.) işte bu üç tip öyküden alıntı yaptığı için seni, ilişkinle ilgili olarak uygun bir biçimde yönlendirmeyebilir. Sorunu tanımladıktan sonraki ikinci adım ise; kendin, eşin ya da ilişkinle ilgili rahatsız edici sonuçlar çıkarmak yerine sorunu eşinle paylaşmak ve bir ekip ruhu içinde birlikte sorun çözme doğrultusunda harekete geçebilmektir.

Tüm söylediklerimi bir cümleyle özetlememi istersen şöyle de ifade edebilirim: **Suçlamayı ve analiz yapmayı bırakıp, gerekli değişimi sağlamak için ne gerekiyorsa eşinle birlikte onu yapmalısın.**

8. SEVDİĞİN Mİ? ÖYKÜLERİN Mİ?

Sevdiğin Kişiyi Öykülerinden Daha Çok Sevmeyi Öğrenmek

Sana, "Seni seviyorum" demenin iyi bir ilişki için asla yeterli olmayacağını, esas olanın sevgiyi davranışlarla gösterebilmek olduğunu söylemiştim. Davranışlar sevginin görünür olmasını sağlar. Başka bir deyişle **davranışlar, sevginin iletişim aracıdır**. Ama sevgiyi yalnızca bildiğin davranış biçimlerinde arama.

Çünkü sevgi, değişik yüzlerle girer hayatına. Unutma ki sevgi adına görmeyi beklediğin davranışlar aslında senin öykünü yansıtır. Eşin de doğal olarak kendi sevgisini ancak kendi repertuvarları içinde olan davranışlar aracılığıyla sergiler. Şüphesiz ideal olan, bu repertuvarın amaçlı bir çaba ile geliştirilip, zenginleştirilebilmesidir. Ancak en azından başlangıçta, karşındaki kişinin sevgisini ifade ediş biçimini olduğu gibi kabul etmeyi öğrenmelisin. Şimdi sana bu noktayı çarpıcı biçimde yansıtan kişisel bir öykü anlatmak isterim:

Ben küçükken babam, annem etrafta olmadığı zamanlarda bana harçlığım dışında fazladan para verir ve "Annene söyleme" derdi. Tabii ki annem babamın bana para vermesinden rahatsızlık duyan biri değildi. Yalnızca para verme konusunda babamın biraz abartılı davrandığını düşünürdü. Yaşım ilerledikçe bu davranışın anlamını daha iyi kavradım. Babam bana her para verdiğinde aslında, "Seni seviyorum" demekteydi. Ben de herkes gibi sevildiğimi doğrudan sözcüklerle duymayı daha da önemlisi bu sevginin bir sarılma ile gösterilmesini tercih ederdim. Ancak zamanla, bu davranışın babamın sevgisini göstermesinin dolaylı bir yolu olduğunu da anlamıştım. Bu nedenle babam her para verip ardından, "Annen duymasın" dediğinde bu sözlerin, "Seni seviyorum oğlum" şeklinde tercüme edilebileceğini görmüş ve mutlu olmuştum.

Sana bu öyküyü karşındakinin sergilediği davranışın bazen sevginin ta kendisi olabileceğini hatırlatmak için anlattım. Sevginin henüz öğrenmediğimiz ifade biçimleri olabileceğini söylemek için. **Sevgi bazen alışılmışın dışındaki yüzleriyle girer yaşantımıza.**

Bazen evlilikle ilgili beklentilerimizi, yani kendi öykülerimizi eşimizden daha çok sevdiğimiz de olur. Sana bununla ilgili bir başka öykü daha anlatmak isterim:

Yardım almak amacıyla bana gelen çiftlerden birinin en önemli sorunu kayınvalide ile ilgiliydi. Erkek, eşinden kayınvalidesine koşulsuz saygı göstermesini istemekteydi. Zaten geleneksel değerlerle büyütülmüş kadın ise, kendisine göre, saygıda kusur etmeyen biriydi. Yalnızca, kayınvalidesinin "Ben istemezsem sizin evliliğiniz devam etmez", "Benim oğlum el âlemin kızına annesini tercih etmez" gibi tehdit içeren sözlerinden rahatsızlık duyuyordu. Bu rahatsızlığını eşine aktardığında kocası "Evet annem yaşamımda en önemli kişi. Sakın onu üzme. Senden vazgeçerim, ondan vazgeçmem" diyerek tepki vermişti. Depresyonda olan kadının nefes alabilmesini sağlayabilmek için kocasına en azından bir süre için annesini eşini yanına almadan ziyaret etmesi konusunda ne düşündüğünü sorduğumda, "Öyle şey olur mu hiç! Evlilikte eşin aileye saygısı esastır. Ben neredeysem eşim de orada olmalı. Evlilikte ve gerçek sevgide ayrı gayrı olmaz. Beni seven annemi de sever doktor bey" diyerek tepki vermişti. Birkaç ay sonra kadın evi terk edip, eşinden boşanmak üzere dava açtı. Bu aşamada koca bana tek başına gelerek, "Onu tekrar hayatıma sokabilmek ve bu ayrılıktan vazgeçirebilmek için her şeyi yapar, her şeyi kabul ederdim. Hatamı şimdi anlıyorum" demişti. Aslında öğrendiği şey kendi öyküsünü (beklentilerini), eşinden daha çok sevmiş olduğuydu.

Ne acı! Bazen zor ve pahalı yollardan öğreniyoruz, sevgiyle ilgili düşünce ve öykülerimizi sevgilimizden daha çok sevdiğimizi!...

9. TARTIŞILAN BİR KURUM OLARAK EVLİLİK

Dünyadaki genel eğilimlere bakıldığında istatistikler, üreme oranının düştüğünü, evlenme yaşının yükseldiğini, birlikte yaşama oranlarının arttığını, evlenme oranlarının azaldığını ve boşanma oranlarının da arttığını gösteriyor. 1970'li yıllarla 1990'lı yıllar karşılaştırıldığında hem gelişmiş hem de gelişmekte olan ülkelerde boşanma oranları iki kat artmış durumda. İlk evlilikten sonraki boşanma oranları 1995 ile 2000 arasında ABD'de yüzde 52, İngiltere'de yüzde 45, Avustralya'da yüzde 40, Almanya'da yüzde 40, Hong-Kong'da yüzde 32 bulunmuş. Tüm bu istatistikler bize ne söylüyor diye baktığımızda, evlilik kurumunun güvenilirliğinin giderek azaldığını görmek mümkün.

Diğer taraftan, günümüzde kurumların insan yaşamındaki rolleri de hem mikro hem de makro düzeyde değişikliğe uğramakta. 2001 yılına kadar evlilikler iki ayrı cinsiyet arasında geçekleşirken, aynı tarihten itibaren bazı ülkelerde aynı cinsiyetten kişilerin evlilikleri de yasallaşmış durumda. Hollanda, Belçika, İspanya, Kanada, Güney Afrika ve bazı başka ülkelerde eşcinseller artık evlenebiliyor. Bu değişiklik bize ne söylüyor diye bakıldığında ise evlilik tanımının değiştiğini görmek mümkün. En azından *"sınırlı"* olarak yapılmış evlilik tanımının giderek esnetildiğini ve genişletildiğini söyleyebiliriz.

10. EVLİLİK 21. YÜZYILA YAKIŞIR BİR KURUM MUDUR?

A. "EVLİLİK HER YÜZYILA YAKIŞIR" DİYENLER NİÇİN BÖYLE DİYORLAR?

Evliliğin Toplumsal ve Bireysel Yararları

Evlilik, iki kişinin birlikteliğinin kabulü ve saygınlığı anlamında, en güzel sunulan paket olarak düşünülmüştür hep. Önce böyle düşünenlerin temel nedenlerinden söz etmek isterim sana.

a. Her şeyden önce insanlar evlendiklerinde yeni nesiller üretme ve yaşadıkları cinselliğin toplumsal kabulü doğrultusunda hem yasal hem de sosyal bir onay almış olurlar.

b. Diğer yandan evlenme hakkı bir *yetişkin* olarak kabullenildiğimizin göstergesi olarak da düşünülebilir. Çünkü bu hak herkese tanınmaz. Örneğin, çocukların evlenme hakları yoktur çünkü evliliğin ve cinselliğin sorumluluğunu algılayabilecek bir olgunluğa henüz sahip olmadıkları düşünülür. Bu anlaşılır bir durumdur. Ama ya *siyahlar*, ya *köleler*, ya *eşcinseller*, ya *mahkûmlar*?... Bu tür kişilerin, kendi yaşamlarıyla ilgili önemli kararlar alma kapasitesinden yoksun oldukları ya da bu tür kararları almayı hak etmedikleri düşünülerek evlenmeleri yasaklanmıştır geçmişte. Hatta günümüzde bile halen yasaklanabilmektedir. O halde evlilik kurumu, zeminindeki kayganlığa rağmen hâlâ önemli bir statü olarak düşünülebilir...

Evlilik bir *statü* olmasa, yıllar boyunca siyahlar beyazlarla, eşcinseller birbirleriyle evlenebilmek için neden bu kadar uğraşsın, protesto yürüyüşleri yapsın, evliliği bir hak olarak talep etsin? Eşcinseller, transseksüeller, siyahlar, yerliler (Avustralya'dakiler gibi) ve onlar gibi ayrımcılığa uğrayan tüm gruplar doğal olarak ayrımcılıkla karşılaşmayan kitlelerin hak ve özgürlüklerine sahip olmak isterler. Bu bağlamda *evlenme hakkı* bu hakkın verilmediği azınlıklarda yetişkin ve *eşit olma hakkının tanınmaması* ile eşanlama gelir. Bu aynı zamanda toplumun saygı ve onayını alma ihtiyacının insan yaşamındaki önemini vurgulaması yönünden de anlamlıdır. Düşünüyorum da belki de *eşcinsel aktivistlerin yapmaya çalıştıkları, heteroseksüel insanların homofobilerini tek tek gidermeye yönelik uzun ve zaman alıcı uğraşılar yerine heteroseksüel insanların tüm haklarına sahip olarak (evlilik dahil) daha kestirme bir yoldan ayrımcılığı ortadan kaldırmaktır*. Evlenme hakkı bu bağlamda temel bir hak olarak düşünülebilir.

Çünkü toplumun onay ve kabulünü simgeler.

c. Evliliğin avantaj olarak görülmesinin bir başka nedeni de, evli çiftlerin ekonomik düzeylerinin daha iyi olduğu, daha sağlıklı ve daha uzun yaşadıkları gerçeğidir. Evli çiftlerin yetiştirdikleri çocukların hem sosyal, hem entelektüel, hem de cinsel uyum yönlerinden tek ebeveynle büyümüş ya da evlenmemiş ancak birlikte yaşayan çiftlerin yetiştirdikleri çocuklara oranla daha başarılı ve mutlu olduklarına ilişkin söylemler vardır.

ç. Yine, evlilik içinde gerçekleşen seksin daha güvenli ve doyumlu yaşandığına inanan kişiler de vardır. Evliliğin birçok kadın ve erkek için karşılıklı destek, zevk, onay ve güven veren bir zemin oluşturduğu düşünülür bu kişilerce.

d. Evlilik birlikteliğin tek başınalığa zaferidir. İnsanlar, evlenerek insan olmanın en tartışmasız özelliklerinden biri olan bağ kurma ihtiyacını, sosyal ve yasal olarak onay gören, emniyetli bir paket içinde gidermektedirler. Diğer yandan belirli bir kişiye bağlanabilme ve bağlanılanı sevebilme kapasiteleri olduklarını da göstermektedirler belki de. Ürettikleri yeni nesillerin güvenli biçimde büyümelerini sağlayacak bir zaman diliminde, sevgiyi ve aşkı korumak ve devam ettirebilmek anlamında yapılan bir anlaşmadır evlilik. Sevebilme ve âşık olabilme kapasitesinin varlığı, daha da önemlisi sevilen ve önem verilenin korunabilmesi adına yapılan zarif bir paketleme...

B. "EVLİLİK 21. YÜZYILA YAKIŞAN, ANLAMLI BİR KURUM DEĞİLDİR" DİYENLER NİÇİN BÖYLE DİYORLAR?

Evliliğin Getirdiği Sorunlar

a. Evet, bazı çalışmalar evli çiftlerin ekonomik koşullarının evli olmayanlardan daha iyi olduğunu gösteriyor. Ancak bu evlilikte en çok tartışılan konulardan birinin para olduğu gerçeğini değiştirmiyor. Evlilik para konusunda konuşabilme becerilerini pek artırmıyor olsa gerek. Oysa aynı evlilik parayı gizleme becerilerini artırabiliyor bazen!... Hâlâ, ne kadar parası olduğunu eşinden gizlemek için parasını saklayan, hatta pijamasına cep yaptıran kişiler var.

Evet, evli ama mutsuz ana baba ile büyüyen çocuklar da bazen daha başarılı olabiliyor ama ayrılan-boşanan çiftlerin çocukları genellikle, "Çok daha önce boşanmalıydılar" şeklinde yorum yapabiliyorlar. Birçok tek ebeveynle büyüyen çocuk, evli ancak mutsuz çiftlerin çocuklarından daha sağlıklı gelişebiliyor.

Evet, evli çiftlerin daha uzun ve sağlıklı yaşadıkları da doğru ama bu daha çok evli erkekler için geçerli oluyor. Çünkü daha düzenli yaşama ve daha sağlıklı yeme alışkanlıkları ediniyorlar. Ancak evli ama mutsuz kadınların daha sağlıklı yaşadıklarını söylemek pek de kolay değil. Aile içi şiddet (fiziksel, psişik, sosyal, ekonomik) ve namus cinayetleri halen çok yaygın. İşin daha kötü yanı bu tür tehdit ya da şiddet uygulamalarının, kadınların istemedikleri bir evlilik içinde daha uzun süre kalmalarına neden olabilmesi. Ne yazık ki insanların güvenliğini sağlamak için görev yapan kişi ve kurumlar bile aile ünitesinin (evliliğin) korunması adına, bu tür şiddet içeren davranışlara kayıtsız kalıp görmezden gelebiliyor. Aile içi ensest (kan bağı olan kişilere yönelik cinsellik) de başlı başına bir sorun olarak çıkabiliyor karşımıza.

b. Evet, evlilik cinselliğin daha güvenli yaşanmasını sağlayabiliyor. Tekeşlilik garantisi olmasa bile en azından cinselliğin paylaşıldığı partnerlerin sayısını azaltarak. Ancak talihsiz bir paradoks olarak uzamış ilişkiler, cinsel arzuyu köreltebiliyor da bir yandan. Evlendiğiniz zaman en iyi arkadaş olmaya çalışıyorsunuz. En iyi arkadaşlar da cinselliği en güzel yaşayan kişiler olamıyor çoğu kez.

c. Âşık olabilme, sevebilme ve sevgiyi devam ettirebilme kapasitesinin varlığını gösteren ve ilişkiyi sosyal ve yasal olarak kabul gören bir paket içine koyan evlilik tanımına gelince: *"İnsanların farklılıklarına rağmen özgür yaşadıkları ve farklılıkların özgürlüğü engellemediği bir dünyada (olması istenen-beklenen dünyada), iki insanın sevgilerini korumak ve sürdürebilmek adına sevgi ve aşkı evlilik bağı ile paketlemelerinin gerekliliği tartışmalıdır. Çünkü iki insanın beraberliğinin seçeneği olmayan bir paket ya da şişe (evlilik) içinde korunabileceğini düşünmek belki de sınırsızlığı olan bir içeriği, sınırlılığı olan kaplarda saklama çabasına benzer. Aşk ve sevginin şişelenerek belirli bir kalıpta tutulması gerekmez. Çünkü onlar kendilerine yol bulurlar.* Edebiyat, yasakların ve engellerin aşkları azaltmadığı tam tersine artırdığına ilişkin eserlerle doludur (*Romeo ve Juliet, Leyla ile Mecnun, Paris ile Helen* gibi).

11. "EVLENMEK Mİ, EVLENMEMEK Mİ? İŞTE SORU BU" MU?

İki evlilikten birinin boşanma ile sonuçlanabildiği bir dünyada yaşıyoruz. Yani insanlar yalnızca yüzde elli yürüme şansı olan bir kuruma yatırım yapıp, evlenebiliyorlar. "Boşanma oranlarının yalnızca Batı'da değil daha geleneksel toplumlarda da arttığı göz önünde tutulduğunda birçok insanın garip ve anlaşılmaz biçimde idealize ettiği bu eski ve yaşlı kurumdan vaz mı geçmeliyiz? Evlilik 21'inci yüzyılda ilişkilerin kabulü ve saygınlığının korunması yönünden en iyi format mıdır?" gibi soruların yanıtlarını net olarak bilmemekle birlikte daha çok düşünmek ve araştırmak durumunda olduğumuzu söyleyebilirim sana. Bir kuruma körü körüne, onu hiç sorgulamadan yapışmak bir ucu temsil eder. "Eskimiş çoraplarınızı atın, bu iflas eden eski ve yaşlı kurumdan vazgeçin" sloganı da diğer ucu. Oysa iki uç aradasın ki 99 sayıyı görebilmek gerektiğini yeniden hatırlatmak isterim sana.

İlişkiyi sosyal ve yasal olarak kabul gören bir paket ya da şişe içine koyup koymamayı tartışmaktan daha önemli bir konu var bence: *Evlenmek mi, evlenmemek mi* sorusu yerine, evlilik paketi içinde dışlanan, konuşulmayan gerçeği daha iyi görüp, tartışabilmek. İnsanların yaşadıkları zaman diliminden kaynaklanan gereksinimlerini karşılayacak biçimde reformlar yaparak da sürdürülebilir evlilik kurumu. Son zamanlarda orta yaş grubundan birçok kişinin gelip, "Eşimden ayrılmak istiyorum. Aramızda hiçbir önemli sorun yok ve onu gerçekten seviyorum. Ancak yaşamımın geri kalanını yalnız geçirmek istiyorum" dediklerine tanık olmaktayım. Çoğu böyle bir talebi eşlerini kırmadan nasıl dile getirebileceklerini danışmak için geliyorlar. Başka bir deyişle, *"Eşler tek başlarına yaşamayı tercih ederlerse, hiçbir neden göstermeden de boşanabilmelidirler"* şeklindeki görüşlerini dile getiriyorlar. Böyle bir talep, şüphesiz boşanmayı aklından bile geçirmemiş olan diğer eşi oldukça üzecektir. Diğer yandan planlanan boşanma girişiminin amacının karşı tarafı üzmek olmadığı da kesin. Öyle ya, hiçbir iyi neden göstermeden evlenen insanlar, neden boşanırken iyi nedenler göstermek zorunda olsunlar?

Yaşamın acı ama gerçek ikili bir çıkmazını simgeliyor bu tür talep ve beklentiler. Bir yanda yaşamın geri kalan kısmını kendi başına geçirmeyi isteme özgürlüğü elinden alınan bir eş, diğer yanda tüm yaşamını eşine ve ailesine adamış olmasına rağmen hiç beklemediği bir anda yalnızlığa mahkûm edilen diğer eş... Sen olsan nasıl yaklaşırdın böylesi bir talebe?

Günümüzde en sık rastlanan evlilik dışı model *birlikte yaşama* modeli. Ancak birlikte yaşama modeli özünü evlilik modelinden aldığından birlikte yaşayanlar istenmeyen durumlarla karşılaştıklarında, yasalar önünde evliymiş gibi işlem görmek istiyorlar.

12. BİRLİKTE YAŞAMA (KOHABİTASYON)

Evlilik için iyi bir ön hazırlık olabilir mi birlikte yaşamak? Evliliğin daha uzun sürmesini sağlayabilir mi sence? Günümüzde kimi Batı ülkelerinde 3 bebekten 1'i, evlilik dışı ilişki sonucu doğuyor. Birlikte yaşama, evlenmeden önce sık görülen hatta iki evlilik arasında ise neredeyse kural olarak yaşanan bir ilişki biçimi oluyor çoğu kez. Peki, birlikte yaşama ne amaçla yapılıyor? Birlikte yaşama yalnızca tek format içinde düşünülebilir mi? Birlikte yaşayan insanların tümünün yaşantıları birbirine benzer özellikler taşır mı?

Aslında birlikte yaşama ile evlilik arasındaki farklar, değişik birlikte yaşama biçimlerinin birbirleriyle olan farklılıklarından çok daha az. Yani birlikte yaşama biçimleri arasında belirgin farklılıklar var ve birlikte yaşama farklı çiftler için farklı anlamlar taşıyabiliyor.

Birlikte yaşamayı seçen çiftleri üç ayrı grupta tanımlamak mümkün: Bunlardan ilki; genç, hiç evlenmemiş ve çocuksuz çiftler. Daha çok, evliliğin kıyısındaki sularda yüzmenin nasıl bir şey olduğunu keşfetmeye çalışan çiftler bunlar. İkinci grup ise daha önceki evliliği boşanma ile sonuçlanmış erkek ve kadınlardan oluşuyor. Genellikle ikinci evlilik öncesinde birlikte yaşama oranları ilk evlilik öncesindeki orandan çok daha yüksek oluyor. Bu çiftler orta yaş civarında, çocukları olan partnerlerden oluşuyor çoğu kez. Yeniden evlenme konusunda karar vermekte zorlanan kişiler bunlar. Üçüncü grubu ise evliliğe karşı ya da evliliğe kayıtsız kalan ya hiç evlenmemiş ya da artık evlenmeme kararı almış, çocuğu olan kadın ve erkekler oluşturuyor.

İngiltere'de, 1960'lı yıllarda hiç evlenmemiş kadınların birlikte yaşama oranları yüzde 5 iken, 1990'larda bu oran yüzde 70'lere çıkmış. Daha önce evlenmiş kadınlarda ise aynı oran yüzde 30'lardan yüzde 90'a fırlamış. "Bütün bunlardan ne anlam çıkarmalıyım?" dediğini duyar gibiyim. Görüyorsun, insanların bir kısmı evlenmeden önce birlikte yaşamayı tercih ediyorlar. Bir kısım insan ise evlenmek yerine birlikte yaşamayı tercih edebiliyor. Yani evlilik kurumu ile ilgili endişeler artıyor günümüzde.

13. BİRLİKTE YAŞAMA, EVLİLİK İÇİN BİR ÖN HAZIRLIK OLABİLİR Mİ? EVLİLİĞİN KALICI OLMA ŞANSINI ARTIRIR MI?

Evlilik öncesi birlikte yaşama, özellikle kendi ailesinde boşanmalar yaşamış ya da evlenip boşanmış kişilerin tercih ettiği bir birliktelik biçimidir. Birlikte yaşamanın bir dizi başka nedeni olsa da birçok kişi gireceği nehri tanımak için nehrin sığ ve güvenli kıyılarında bir miktar yüzmek ister.

Evlenmeden önceki birlikte yaşama deneyimi bazı olası evliliklerin gerçekleşmemesine neden olabilmektedir. Yaş ve çocukların varlığı gibi değişkenler sabit tutulduğunda bile, genelde evliliklerin birlikte yaşamaktan daha uzun sürdüğü görülmektedir. Daha da enteresan olan, birlikte yaşam eğer evliliğe dönüşürse bu tür evliliklerin daha kalıcı olduğuna ilişkin yeterince verinin bulunmadığı gerçeğidir. Yani birlikte yaşama, ardından gelebilecek evliliğin ömrünü her zaman uzatmamaktadır. Hatta bazı çalışmalar (yeterince kanıt içermese de) birlikte yaşamayı izleyerek yapılan evliliklerin boşanma ile sonuçlanma olasılığını artırdığını bile göstermektedir.

Birlikte yaşamanın çeşitli nedenleri arasında partnerlerden birinin ya da her ikisinin evliliği istememesi, sorumluluklardan korkması, birinin diğerinin boşanma sürecinin bitmesini beklemesi, kadının yalnızca gebe kaldığı için evlilik istemeyecek kadar gururlu davranması ya da evliliğin nasıl bir şey olacağını merak etmek gibi durumlar sayılabilir. Beraber yaşarken evlenme kararı alan çiftlerin hangi nedenlerle evlendiğine bakıldığında ise kendi güvenliklerini sağlamak, doğmuş bebeklerinin güvenliğini sağlamak, aile ve çevrenin baskısı, dini nedenler, hamilelik, çocuk yapmak isteği, doğan çocukların anne ve babalarını evli görme istekleri, partnerlerden birinin yasal olarak evlenmeye engel durumunun kalkması gibi nedenlerin yanı sıra birlikte yaşanan kişinin giderek daha da çok sevilmesi gibi nedenler de bildirilmektedir. Yani uzun süre birlikte yaşama aşkı öldürse de bazen aşkın oluşturamadığı evliliği sağlayabilmektedir.

Öyleyse evlilik öncesi birlikte yaşamı evliliklerin lehine dönüştürmek mümkün mü? Yani birlikte yaşamın daha kalıcı evlilikler getirmesi beklenebilir mi? Yaşlı ve geleneksel evlilik kurumuna alternatif olarak seçilen *"birlikte yaşama"*, *"açık ilişkiler"*, *"komün yaşamı"* gibi düzenlemelerin ilişki sorunlarına çözüm getirdiğine ilişkin yeterince bir kanıt henüz yoktur. Hatta bazı çalışmalar bu tür düzenlemelerin çözüm getirmekten çok, yeni sorunlar eklediğini göstermektedir.

Gereksiz kontrol çabaları, anlamsız hırs, partner üzerinde güç ya da egemenlik sağlamaya yönelik bir çaba ne yazık ki her türlü ilişki biçiminde ortaya çıkabilmekte ve iki kişilik dans bazen yalnızca bir kişinin uygunsuz tutumları ile ritmini kaybedip sonlanabilmektedir.

14. NİÇİN İYİ İLETİŞİM VE SORUN ÇÖZME BECERİLERİ?

Evlilik biçiminde olsun ya da olmasın, her ilişkinin canlılığını sürdürebilmesi için beslenebilmesi gerekir. Bu, çiçeğinin büyümesi için verdiğin su ya da otomobille seyahat edebilmek için koyduğun benzin gibidir. Çiçek susuz büyümez, otomobil ise benzinsiz gitmez. İlişki de emek verilmeden gelişmez. İlişki iki kişi arasındaki bağdır. Bu bağ olumlu da olabilir, olumsuz da. İyi bir ilişkide sevgi-güven-adanmışlık, kendine yönelik bir saygı ve daha da önemlisi partnere yönelik bir saygı vardır.

İyi ilişki, **eşlerin birlikte gelişmelerinin yanı sıra birer birey olarak büyüme ve olgunlaşmalarına da izin veren ilişkidir**. Teorik olarak iyi bir ilişkiyi tanımlamak çok zor olmayabilir. Ancak gerçek yaşamda bilmen gereken en önemli şey, iyi bir ilişki için yalnızca sevmenin ya da sevdiğini söylemenin asla yeterli olamayacağıdır. Ayrıca her ikili ilişkide yalnızca iyi zamanlar değil zor zamanlar da vardır. Ve iyi bir ilişki, zor zamanlarda partnerinle birlikte bir ekip ruhu içinde sorun çözme doğrultusunda hareket edebilmeyi gerektirir. Bilirsin, bazı insanlar sorunları yönetmekte ve hatta sorunlarla başa çıkmakta hayranlık uyandıracak kadar başarılıdır. Bazıları için doğal bir yetenek olan bu özellik, birçoğumuz için ancak öğrenme aracılığıyla kazanılan bir beceri olabilmektedir. Bu gerçekten yola çıkarak kitabın daha sonraki bir bölümünü eşlerin sorun çözme becerilerini artırmaya yönelik olarak yapabilecekleri üzerine yazdım.

Ancak sorun çözebilmek için önce sorunun tanımının iyi yapılması gerekir. Bana ilişki sorunları ile gelen eşlerin mevcut sorunlarını benzer biçimde tanımlamadıklarını, hatta birbirleriyle uzlaşmaz tanımlamalar yaptıklarını gözlemledim. Peki, nasıl oluyor da aynı sorunu yaşayan eşler sorunu birbirinden farklı biçimde tanımlayabiliyorlar? Hemen söyleyeyim: Sorunla, sorunun nedenini karıştırıyorlar da ondan. Aslında sorunu her ikisi de benzer şekilde tanımlıyor ancak iş, soruna yol açan etkenlere geldiğinde her ikisi de farklı öyküler anlatabiliyor. Öykülerin farklı olması ise her iki eşin giderek birbirlerinin öykülerine yabancılaşmalarına, hatta birbirlerinin öykülerini değersizleştirmelerine neden oluyor. Bu konuyla ilgili daha geniş bilgileri kitabın "Gerçekler ve Öyküler" kısmında okudun.

Eşlerin, sorunu benzer şekilde tanımlayamamaları ve sorunun oluşumuyla ilgili farklı öyküler anlatmaları çoğu kez iletişimlerindeki aksaklıkları yansıtır. Sorunlu ilişkilere dikkatlice bir bak! Eşlerin birbirleriyle konuşmaktan korktuklarını göreceksin.

Çünkü hemen her konuşma çabası ya kavga ile bitiyordur ya da süresi belirsiz küskünlüklerle... Oysa bir çiftin konuşabilmeye devam etmesi ancak bu konuşma her iki eş için de yarar sağladığı müddetçe mümkündür. Çünkü öğrenme kuramları bize, bir davranışın oluşma sıklığını belirleyen en önemli etkenin aynı davranışın oluşturduğu sonuçlar olduğunu söyler. Yani bir davranış, ancak ödül getiriyorsa tekrarlama şansı artar. Çoğu konuşma kavga ya da öfke ile sonlanıyorsa, eşler arasındaki konuşmanın giderek azalması beklenen bir sonuç olur. Ayrıca her konuşma iletişim değildir. Konuşmayı iletişim yapan kurallar vardır. Eşler arasındaki sorunların içeriği ne ile ilgili olursa olsun, iyi bir iletişim olmadan sorun çözme işlemine geçebilmek neredeyse mümkün değildir. **Evlilik, "ben'i koruyarak "biz" olabilmekse eşlerin birlikte büyümeleri yanı sıra her birinin diğerine kendi başına büyüme fırsatı verebilmesi de gerekir.** Bu da ancak eşlerin birbirlerini tanımaları ve gereksinimlerini daha iyi anlamalarını sağlayan iyi bir iletişim sayesinde mümkün olabilir.

Özetle, iletişimi beceremeden sorun çözmeyi öğrenmek neredeyse olanaksız olduğundan sana önce iletişimden, ardından da sorun çözme becerilerinden söz edeceğim.

15. EŞLER ARASI İLETİŞİM VE İLETİŞİM BECERİLERİ

Sana boşanmaların, evliliği izleyen ilk iki üç yıl içinde daha sık olduğunu söylemiştim. Evliliğin erken dönemlerinde oluşan bu boşanmaların, eşlerin birlikte yaşamaya uyum sağlamalarındaki güçlüğü yansıttığı bir gerçek. Çünkü partnerler evliliklerine doğal olarak kendi hayal ve beklentilerini götürüyorlar. Unuttukları şey, diğer eşin de beklenti ve hayallerinin olduğu. Niye mi unutuyorlar? Âşık olma dönemindeki benzerlikleri, onları evlilik döneminde de benzer şeyler bekledikleri yanılsaması içine sokuyor da ondan. Öyle ya, evlenmeden evvelki âşık olma döneminde birbiriyle neredeyse aynı hayallere sahip olan partnerler niçin evlilikte farklılaşsınlar ki? Oysa daha önce de söylediğim gibi âşık olma döneminde konuşan aşktır. Âşıklar değil!... Aşk, âşıkların üstünde olduğundan önce aşk konuşur, sonra âşıklar!... Ve aşkın âşıklardan bağımsız ortak bir dili vardır, benzer söylemleri olan... Âşık olma dönemindeki görme kusuru evlilik aracılığıyla düzelmeye başladığı zaman konuşan ise, artık aşk değil, "eski âşıklar"dır. Aşkın ortak söylemleri gitmiş, eski âşıkların ya da yeni evlilerin farklı söylem ve beklentileri sahneye çıkmıştır. Peki, eşler arasındaki farklılıklar mıdır evlilikleri bitiren? Tabii ki değil. Farklılık bazen zenginliktir, bazen yoksulluk. **Farklılıklarla yaşamayı öğrenememektir evlilikleri bitiren.**

Ancak her birliktelikte farklılıklar belirgin değildir. Bazen eşlerin beklentileri evlilik sürecinde de benzer kalabilir. Hatta neredeyse birbirlerinden aynı şeyleri istiyorlardır. Ancak her ikisi de sanki diğerinin ilk adımı atmasını bekler gibidir. Sen de sık duymuşsundur, "Niye ben? Hatalı o. Önce o yapsın" ya da "O yapmıyor ben niye yapayım?" gibi söylemleri. Her ikisi de ilgi bekliyordur ama önce diğeri ilgi göstersin isterler. Her ikisi de sevgi-şefkat istiyordur ama önce öteki göstersin isterler. Burada ilişkiye, *"Önce siz buyurun"* anafikri hâkimdir. Yani *olumsuzların dengesi.* Sana daha basit bir örnekle anlatmaya çalışayım: *Bazen iki çocuk görürsün. Bir oyuncağın iki ucuna yapışmış iki çocuk. Biri bir uçtan çekiyordur, diğeri öbür uçtan, "Benim! Benim!" diyerek. Birazdan çocuklardan birinin annesi gelir yanlarına ve sorar: "Oğlum niye oyuncağı kardeşine vermiyorsun?" Yanıt gayet açıktır: "O vermiyor, ben de vermiyorum!" Bazen de bir çocuk görürsün fazla tanımadığı bir başka çocuğa oyuncağını veren ve "Bunu sana getirdim" diyen. Oyuncak verilen çocuğu izlersen onun da kendine ait bir başka oyuncağı alıp, oyuncak verene yöneldiğini görür ve "Ben de bunu sana getirdim" dediğini duyarsın. İşte erişkinler çocukların oynadığı bu iki oyundan birini oynar. "O vermiyor ben de vermeyeyim" mantığı üzerine kurulu olumsuzların oyununu ya da "Alabilmek için vermelisin" ilkesi üzerine kurulu olumluların oyununu. Seçim senin!...*

Gördüğün gibi bazen çok benzerdir eşlerin birbirlerinden istedikleri. Ancak sorun "ne" istedikleri ile ilgili değil, "nasıl" istedikleri ile ilgilidir. Bu aynı kişiyle pek çok kişinin birlikte olmayı istemesine benzer. Pek çok kişi onu istemekte ama o yalnızca birisi ile beraber olmaktadır. İsteğini en iyi ifade edenle. Bütün bunları iletişimin önemini bir kez daha vurgulamak için söylüyorum sana...

Tüm canlılar varlıklarını sürdürebilmek için iletişimde bulunmak zorundadırlar. Ancak insan diğer canlılardan farklı olarak kendi iletişimini gözden geçirmek, geliştirmek ve hatta değiştirebilmek gibi bir şansa sahiptir. İletişimi kısaca bilginin, aktarılması ve anlamlandırılması sürecinin karşılıklı paylaşımı olarak tanımlamak mümkündür. Paylaşım diyorum, çünkü kişiler arası iletişim en azından iki kişiyi içerir ve bu nedenle bilgi alışverişinin de en azından iki yönlü olması beklenir. Tabii aktarılan ne yalnızca bilgidir ne de aktarım yalnızca sözcüklerle yapılır. Bazen duyguların ifadesi de en az bilginin ifadesi kadar önemlidir. Tıpkı sözel olmayan ifadelerin bazen sözel ifadelerden daha anlamlı olabilmesi gibi. Yaşamlarını birlikte geçirme kararı alarak evlenen insanlar arasında birbirleriyle iletişim kurma ihtiyacı içinde olmadan evliliklerini sürdürebileceklerini düşünen hiç kimseyle karşılaşmadım. Eminim sen de karşılaşmamışsındır. *Peki, ne oluyor da, "Ruh ikizimi buldum" diyerek evlenen partnerler giderek "ikizleriyle" konuşamaz oluyorlar?*

16. İLETİŞİMİ BİTİREN ÜÇ TEMEL NEDEN

İletişimi bitiren onlarca neden sayılabilir ve sayılan nedenlerin hepsi de anlamlı olabilir. Ben sana aynı evde yaşayan eşleri birbirlerine yabancılaştıran ve giderek birer "otelci" konumuna getiren iletişim yoksunluğunun üç temel nedenini aktarmak istiyorum.

İletişimi bitiren en temel neden, eşlerin iletişimden bir yarar sağlayamamalarıdır. Daha önce söylediğim gibi öğrenme kuramları bir davranışın oluşturduğu sonuçların o davranışın oluşma sıklığını belirlediğini söyler. Daha sade bir söylemle bir davranış ödül getirmiyorsa o davranışı yapmaya yönelik motivasyon azalır. Her konuşma çabası sonunda tansiyonu yükselen, öfkelenen, kavga eden ya da küsen eşler giderek iletişim kurma çabalarının anlamsız olduğunu düşünmeye başlarlar. Öyle ya sonunda tatsızlık, öfke hatta şiddet ile sonuçlanan bir tutumu devam ettirmenin kimseye bir yararı olmayacaktır. Sen de birisiyle konuşmanın hiçbir işe yaramadığını düşünsen, onunla konuşmaktan vazgeçersin.

İletişimi bitiren ikinci neden ise, iletişimin sonundaki beklentinin karşılanmamasıdır. Eşler çoğu kez iletişimleri sonunda bir uzlaşma beklentisi içindedirler. Uzlaşmanın bir türlü sağlanamıyor olması, eşlerde umutsuzluk ve hayal kırıklığı oluşturur. Eşler artık şöyle düşünmektedirler: "Konuşmanın anlamı yok. Onunla uzlaşmak mümkün değil", "Biz birbirimizden o kadar farklıyız ki", "Ayrı dünyaların insanlarıyız", "Olaylara aynı gözlükle bakabilmemiz imkânsız" vb... Yani sorunlu evliliklerde eşler, farklılıklarından kaynaklanan nedenlerle iletişimin asla bir uzlaşma ile sonlanamayacağına inanmaya başlarlar. Buradaki yanılgı iletişimin temel amacının uzlaşma olarak görülmesidir. Uzlaşma sağlanamayınca iletişimin anlamı kalmamaktadır. Sana böyle düşünen çiftlere hep ne söylediğimi aktarayım: "İletişimin amacı uzlaşmak değildir. Mutlaka uzlaşmak istiyorsanız, lütfen yalnızca bir konuda, *uzlaşmama konusunda uzlaşın.*"[1] İletişim anlamak ve paylaşmak amacıyla yapılır, uzlaşmak amacıyla değil. Daha da önemlisi eğer bir uzlaşma gerekiyorsa, bu ancak eşlerin birbirlerini anlamasını takiben gerçekleşebilir. Eğer eşlerden biri tartışma uzamasın diye diğerinin isteğini yeterince anlamadan ve benimsemeden uzlaşmaya kalkarsa, yakınılan davranış bir süre sonra tekrarlayacaktır. Bunu sen de gözlemlemişsindir. İstenmeyen ya da yakınılan davranış tekrarladığında ise hep şu soru sorulur: "Hani seninle uzlaşmıştık? Hani böyle yapmayacaktın? Aynı davranışını sürdürmeye devam ediyorsun!" Burada uzlaşma yalnızca tartışma uzamasın diye yapılmıştır. Karşı tarafın isteği anlaşıldığı ya da benimsendiği için değil. Yapılan uzlaşma iyi bir anlama ve yürekten bir kabul üzerine kurulmadığı için fazla uzun sürmeyecektir. Özetle, iletişim uzlaşma için gerekli ancak yeterli değildir. İyi bir iletişimin temel koşulu olan uzlaşmama konusunda uzlaşmak, belki de eşiyle iletişim kuramadığı için içine kapanan ve acı çeken pek çok yüreğin susadığı bir beceridir... Ancak böylesi bir beceri kazanıldığında eşler sonuca değil, iletişim sürecinin kendisine odaklanıp, birbirlerini daha iyi anlama şansına sahip olabilirler.

İletişimi bitiren üçüncü önemli neden ise, eşlerin birbirleriyle iletişim ihtiyacını ortadan kaldıran *"akıl okuma"* eğilimleridir. Bilirsin, iletişim eksikliğinde bilgi akışı yetersiz olduğundan eşler, bilgi boşluklarını güzel tahminler yaparak doldururlar. Daha basit biçimde söylemek gerekirse, **akıl okuma, bireysel gerçekle paylaşılan gerçeğin birbiriyle karıştırılmasıdır**. Bireyin belirli bir olay ya da durumu algılayıp, yorumlama biçimi, onun bireysel gerçeğini ortaya koyar. Başkalarının da gördüğü, işittiği, dokunduğu ve dolayısıyla onların da benzer biçimde tanımlayıp onayladığı gerçek ise paylaşılan gerçeği... Akıl okuduğunda bireysel gerçeğini, paylaşılan gerçek zanneder ve kendi algını mutlak gerçek zannedersin.

İki tür akıl okuma vardır: İlk türünde eşinin amacını (niyetini) bildiğini varsayarsın. Diğer tür akıl okumada ise, eşinin ne düşünüp, ne hissettiğini de bildiğini zannedersin. Sorunlu evliliklerde eşler birbirleriyle ilgili her şeyi bildiklerinden, daha doğrusu bildiklerini zannettiklerinden konuşmalarına da gerek kalmaz. Unutma, çok bilirsen çok da yanılırsın. Düşünsene, eşinin söylemleri ne olursa olsun, sen onun niyetini ondan iyi bildiğini söylüyorsun!... Çünkü neredeyse onu ondan iyi tanıdığını sanıyorsun. Örneğin, eşin televizyon seyrettiği için çoğu gece sen uyuduktan sonra yatağa geliyor ve sen onun asıl niyetinin yatağa geç gelerek cinsel ilişkiden uzak durmak olduğunu söylüyorsun. Olayı fotoğraf karesiyle görüntüleyecek olursak hemen hemen hepimiz, yatağa eşi uyuduktan sonra gittiği için eşiyle cinsel ilişki sıklığı azalan bir çifti görebiliriz (paylaşılan gerçek). Ancak onun yatağa geç gelişinin cinsellikten kaçmak için yapılan bir davranış olduğunu kesin olarak söyleyebilmek (bireysel gerçek) mümkün değildir.

Eşlerin birbirlerinin ne hissettikleri ile ilgili akıl okuma becerilerini gösteren bir örneği de, bir terapi oturumunda eşler arasında gerçekleşen şu konuşma ile aktarmak isterim:

- *İşte hep böyle oluyor. Seninle konuşulmuyor. Yine sinirlendin.*
- *Anlamadım.*
- *Yine sinirlendiğini söylüyorum.*
- *Bunu da nereden çıkardın?*
- *Kulağını kaşıyorsun.*
- *Eee?*
- *Sen sinirlenince hep kulağını kaşırsın.*

Enteresan değil mi? Kulak kaşımanın, yalnızca kaşınan bir kulaktan kaynaklanabileceği bazen akla gelmeyebiliyor. Belki eşiniz sinirlenince çoğu kez kulağını kaşıyor olabilir. Ama ya şimdi gerçekten yalnızca kulağı kaşınıyorsa? Niye eşler akıl okumayı doğrudan konuşmaya tercih ederler? İletişim azaldığı için mi akıl okumalar artıyor yoksa akıl okumalar arttığı için mi iletişim azalıyor tartışılabilir. Ancak esas olan hangisinin tavuk hangisinin yumurta olduğunu ayırt etme gereği duymadan, akıl okumalardan vazgeçmektir. Çünkü eşler her şeyi çabuk anladıklarında ya da anladıklarını sandıklarında, iletişime duyulan gereksinim doğal olarak azalacaktır.

17. KONUŞMAYI İLETİŞİM YAPAN KURALLAR: KONUŞMA VE DİNLEME BECERİLERİ

Eşler arasındaki her konuşmanın iletişim olmadığını ve konuşmayı iletişim yapan kurallar olduğunu söylemiştim sana. Şimdi de mesajının eşine daha iyi ulaşabilmesi için gerekli olabilecek bazı ipuçları vermek istiyorum. Bunları, bana iletişim sorunu yaşayarak gelen birçok çifte de aynı şekilde öneriyorum. Hatta onlara haftanın en az iki gününün birer saatini yalnızca bu işe ayırmalarını söylüyor ve iyi konuşmacı ve iyi dinleyici rollerinde, evlerinde iletişim egzersizi yapmalarını istiyorum. Bu tür egzersizleri öncelikle sıradan, güncel ve daha yüzeysel sorunları konuşabilme bağlamında yapmalarını öneriyorum. İletişim konusunda yeterince beceri kazandıklarında ise aynı becerileri, konuşulması daha güç alanlarda da kullanmalarını istiyorum. Nedir iyi konuşmacı ve iyi dinleyici olmak? İyi konuşmacı olmak için öncelikle:

a. **Kısa** konuşmayı öğrenmelisin. Unutma ki partnerin senin uzun solo performansını izlemek için orada değil! Konuşman kısa, net ve konuyla ilgili olsun. Konunun tarihçesine girmen sana yarar getirmeyecektir. Eski bir dostum, ortak bir arkadaşımızla ilgili olarak bana, "Ona asla ikram ettiği sütün güzel olduğunu söyleme, sana ineğin nasıl sağıldığını anlatır" derdi.

b. **Geçmişi getirmemeyi** öğrenmelisin. Konuşmanı *"şimdi ve burada"* olup bitenle sınırla. Geçmişe dönüş yaparak kimin doğru, kimin yanlış ve dolayısıyla kimin suçlanması gerektiğine ilişkin bir analiz sadece öfke getirir. Geçmişi getirmek çoğu kez konunun dağılmasına ve dünden bugüne gelemeden iletişimin sonlanmasına neden olur. "Seninle sorunlarımız daha evlenmeden önce başlamıştı" şeklinde başladığın bir cümle, büyük olasılıkla ilişkinin başından bu yana partnerinin sergilediği ve senin hoşuna gitmeyen davranışları sıralamakla devam edecektir. Oysa sorun çözmeye yönelik bir iletişimde neleri istemediğimiz değil, neleri istediğimiz üzerine konuşmak daha anlamlı olacaktır. Biliyorum, şimdi bana geçmişle ilgili birikimlerini, üzüntülerini, hayal kırıklıklarını, öfkelerini dile getirmeden konuşmanın ne kadar güç olduğunu söyleyeceksin. Haklısın, geçmiş yaşam deneyimlerinin önemsizleştirilmeden ve değersizleştirilmeden konuşulması çok önemlidir. Şüphesiz geçmiş yaşantı ve acıların hakkı verilmeden şimdi burada olanı konuşmak çok zor olabilir. Ancak iletişim kurmayı öğrenmeden geçmişi getirip, tartışma çabalarının pek işe yaramadığını şu ana kadar öğrenmiş olmalısın. Meraklanma, kitabın ilerleyen bölümlerinde iletişimi bozmadan geçmişin nasıl getirilebileceği konusundaki düşüncelerimi aktardığım bir bölüm bulacaksın.

c. **Kendini olabildiğince yargısız ifade edebilmek amacıyla "ben dili"ni kullanmayı** öğrenmelisin. Sen dili ile söylediğin her şey ben dili ile ifade edilebilir. "Sen dili" yalnızca suçlama getirir. Suçlandığını düşünen biri ise ya kendini savunur ya da saldırır. Daha açık anlaşılması yönünden sana bir örnek vereyim: *"Sen beni başkalarının yanında* *kırmaktan zevk alıyorsun*" şeklinde kurulmuş bir cümle en azından üç hata içermektedir. **Birinci hata**, karşı tarafın niyeti ile ilgili olarak içerdiği yorumdur (zevk alıyorsun). Partnerin buna itiraz edip, "Niçin seni kırmaktan zevk alayım? Sen benim eşimsin" şeklinde bir yanıt verebilir. Haklı da olabilir çünkü onun zevk aldığını söylemek senin yargındır, doğru da olabilir, yanlış da. Ancak kaç kilo zevk aldığını ölçemediğimizden, söylenmesinin yararı yoktur. Aslında bu tür bir söylemin anlamı da yoktur çünkü karşıya verilmek istenen temel mesaj "kırıldığın" gerçeğidir, onun zevk alıp almaması değil. İkinci hata, "başkalarının yanında" biçiminde dile getirilen ve genelleme ifade eden söylemdir. Anlamı, "Bunu her zaman ve herkesin yanında yapıyorsun" olup, her genelleme gibi yanlışlar içerir. Çünkü eşin bunu gerçekten de her zaman yapmıyor olabilir. Ancak sen yapmadığı zamanlara değil, yaptığı zamanlara odaklanıyor ve böylelikle resmin bütününü görmüyor olabilirsin. Üçüncü ve **en önemli hata** ise "sen dili"nin kullanılmasıdır. "Sen beni kırıyorsun" şeklinde bir cümle, partnerinde savunma ya da saldırı biçiminde tepkilerin ortaya çıkmasına neden olabilir. Savunmaya geçen eşin "Yine yanlış anlıyorsun, amacım seni kırmak değil. Seni kırarak elime ne geçer? Seninle konuşmamız giderek zorlaşıyor" şeklinde bir yanıt verebilir. Belki de "sen dili"ne öfkelenerek saldırıya geçecek ve "Evet seni kırıyorum, çünkü sen de beni kırıyorsun" şeklinde tepki verecektir.

Üç hata içeren bu cümleyi hataları ortadan kaldıracak biçimde yeniden dillendirirsek ve "*Dün Ahmet'in yanında söylediklerine çok kırıldım*" şeklinde ifade etsek neyi farklı yapmış oluruz? Bu yeni cümlede karşı tarafın niyeti ile ilgili (zevk alıp almaması) bir yorum yoktur. Davranışla ilgili bir genelleme yapılmamaktadır (başkalarının yanında yerine Ahmet'in yanında). Hepsinden önemlisi "sen dili" ile suçlama yapmak yerine, "ben dili" ile hissedilenler aktarılmaktadır. Başka bir deyişle, "Sen beni kırıyorsun" yerine "Ben kırıldım" ifadesi bireyin kendi duygularını aktardığı için karşı tarafı suçlamayan ve kendini açıkça ifade etmekten öteye gitmeyen bir cümledir. Her iki cümlenin de aynı mesajı vermek üzere kurulduğu düşünülürse, hangi ifadenin vermek istediğin mesajın ulaşmasında daha başarılı olacağı açıktır.

ç. Kendini olabildiğince doğrudan ifade edebilmek, söylediklerinin arkasında durmak ve söylediklerinle ilgili sorumluluğu tümüyle üstlenebilmek için başkalarını katmadan kendini ifade edebilmeyi öğrenmelisin. Bunu yapabilmek için her şeyden önce cümlelerine şu tür eklemeler yapmamalısın: "Eminim kime sorsak o da benim gibi düşündüğünü söylerdi", "Pek çok arkadaşın sana söylemese de senin hakkında benim gibi düşünüyor", "Annen de benim söylediklerime hak veriyor", "Senden başka herkes bu gerçeği görebiliyor." Bu tür söylemler kendi haklılığını ortaya koymak amacıyla söylenen ve söylemi güçlendirdiği zannedilen ifadelerdir. Oysa kendi düşüncelerine destek sağlamaya yönelik bu tür çabalar eşinde öfke oluşturabilir. Kendi düşünce ve duygularını ifade eden bir mesaj içine başkalarını katmanın anlamı yoktur. Amaç söylemlerinin doğruluğunu ispat etmek değil, söylemlerini en içten ve en yalın biçimde ifade etmek olmalıdır.

d. Doğru zamanı seçmelisin. İletişim konusunda çok dikkat etmen gereken bir başka alan, iletişim için doğru zamanı seçebilmendir. *Tedaviye başladığımızda iletişimlerinin içeriği ile ilgili olarak yakınan ve daha sonra iletişim* *kurallarını son derece güzel uygulayarak, gittikçe daha çok konuşmayı beceren ve evlilik içi doyumları artan bir çift, daha sonraki bir tedavi oturumuna son derece gergin bir biçimde gelmişlerdi. Sorunun ne olduğu araştırıldığında kadının iletişim ile ilgili ev ödevi olarak verilen tüm egzersizleri, kocasının tuttuğu futbol takımının maçlarına denk gelecek saatlerde yapma girişiminde bulunduğu anlaşıldı.*

İletişimin içeriği düzelmişti ancak zamanlaması uygun değildi. Derinlemesine incelendiğinde kadının bu davranışının kökeninde eşinin kendisine futbol maçlarından daha çok önem verdiğini görme ihtiyacı olduğu anlaşılmıştı. Tabii ki bu ihtiyaç doğrudan iletişim sorunu çerçevesinde ele alınacak bir konu değildi. Ancak bu isteğini dolaylı yollardan belirtmek yerine doğrudan "ben dili" ile ifade etmesi istendi. "Bana futbola verdiğin önem kadar önem verdiğini görmeye ihtiyacım var" şeklinde bir dilek, mesajının daha net okunmasını sağlamıştı. Bu çiftle çalışırken, erkeğin haftanın bir akşamını maç seyretmeye ayırması, bir diğer akşamında da eşiyle birlikte yemeğe çıkıp, sohbet etmeleri planlandı.

Özetle, iletişim egzersizleri yapma ödevi verilen bir çiftte, ödevlerin uygulama saatlerinin, her iki eşin hobi olarak yürüttüğü aktivitelerle çakışmaması için eşlerin zamanlamaya birlikte karar vermesi büyük önem taşır. Bazen eşlerin iletişim için seçtikleri zaman dilimi en az iletişimin içeriği kadar önemli olabilir.

İletişim gerek içeriği gerekse zamanlamasıyla ancak her iki eşe de ödül getiriyorsa benimsenen bir aktivite olacaktır.

Görüldüğü gibi iyi konuşmacı olmak hiç de kolay değil. Kısa ve öz olacaksın, geçmişi getirmeyeceksin, zamanlamasını iyi yapacaksın ve ben dili ile konuşacaksın. Peki, iyi dinleyici olmak?

İyi dinleyici olmak daha da zor. Çünkü ne söyleyeceğini bildiğini düşündüğün ve aynı şeyleri söylemesinden bıktığın birini dinlemek, konuşmaktan daha da zor gelebilir. Ancak unutma ki iletişim sırasında hem konuşmacı hem dinleyici rolleri içinde yer alacağından, her ikisini de iyi becermen gerekiyor. Ben çiftlere iletişim ödevleri verirken uygulamaya ayırdıkları zamanın bir bölümünde erkeğin diğer bölümünde kadının konuşmacı ve dinleyici rollerini üstlenmesini istiyorum.

İyi dinleyici olabilmek için:

a. Partnerinin duymanı istediği **mesajı dinlediğini ve duyduğunu göstermen gerekiyor**. Bunun için de onu dinlemeye yönelik özel bir çaba içinde olmalısın. Biliyorum sana yanlış gelen; sık sık duyduğun, dinlerken seni çıldırtan, hiç katılmadığın sözleri dinlemek zor. İşin daha da kötü yanı dinleyici rolündeyken kendini ifade edemeyecek olman. Yani söylenenlere karşılık vermek gibi bir şansının da olmaması. Unutmamalısın ki bu aşamada amacın yalnızca söylenenleri iyi anlamak. Eşini sorunlarını sana aktarmak ve seninle paylaşmak isteyen çok sevdiğin bir dostunu dinler gibi dinlemelisin. Ancak o zaman çok sevdiğin arkadaşını dinlerken gösterdiğin özenle dinlemeyi becerirsin. Onu dinlerken yalnızca aklınla değil yüreğinle de dinlersen, belki o zaman sana kendini yeterince aktaramamış olmanın onda oluşturduğu duyguları da hissedebilirsin.

b. Dinlerken kendini ifade edememene ve karşılık verememene karşın halen **aktif bir dinleyici** olabilirsin. Yani soru sorabilirsin, ancak sorduğun sorular bir savunma avukatının şahit konumundaki kişiyi sıkıştırmak ya da çelişkiye düşürmek için sorduğu sorular gibi olmamalı. Bir başka deyişle amaç, "Biraz evvel şöyle söylüyordun. Şimdi böyle söylüyorsun. Bu bir çelişki değil mi?" gibi eşinin söylediklerini çürütmek ya da değersizleştirmek olmamalı. Temel amaç söyleneni daha iyi anlamak ve netleştirmek için soru sormak olmalı. Örneğin, "Doktora gidişimizden annemin yanında söz etmemeni tercih ederdim" diyen eşinizin ne istemediği açık olmakla birlikte, ne istediği yeterince açık değildir. Eşiniz doktora gidişlerinizin hiçbirinden mi söz edilmesini istemiyordur, yoksa özellikle bu gidişinden mi? Eşiniz bunu söyleyerek sizin zaman zaman lüzumsuz bilgiler veren bir geveze olduğunuza mı vurgu yapmaktadır, yoksa annesinin bu bilgi sonucu kaygılanmasından duyduğu rahatsızlığı mı dile getirmektedir? Böyle bir durumda, "Tam olarak ne söylemek istediğini anlamadım biraz daha açar mısın?" ya da "Bunu söylerken aklından neler geçtiğini anlayamadım, annenin doktora gittiğimizi duyması, seni niye bu kadar rahatsız etti?" gibi sorular sorabilirsin. Bu tür sorular sorarken sakin ve olumlu bir tutum içinde olmak yararlıdır. Çünkü eşine onun yaşamını zorlaştırmak için değil, onun istediklerini daha iyi anlayabilmek için sorular sorduğunu gösterebilirsen, onun anlatma isteğini artırabilirsin.

c. Dinleyici konumunda iken **eşini konuşmacı rolünde özgür bırakman gerekir**. Bırak istediği kadar anlatsın. Tamamlayamadığı cümleleri tamamlamak ya da söylemekte zorlandığı şeyleri onun adına söyleyerek konuşma süresini kısaltmak gibi bir görev üstlenme. Çünkü nasıl olsa hep dinleyici konumunda olmayacaksın. Biraz sonra roller değişecek ve sen konuşmacı olacaksın, o da dinleyici.

ç. **Onu dinlerken çabuk anlamamalısın.** Çabuk anlarsan onu dinlemekten vazgeçip, onun söylediklerine vereceğin yanıtı hazırlarsın. Unutma bu "Kim kazanacak?" yarışması değil.

İletişim kazanmak amacıyla yapılan bir şey değil, öteki üzerinde güç oluşturmak amacıyla yapılan bir şey hiç değil! İletişimi bir güçler savaşı haline dönüştürmenin nasıl sonuçlanacağını görmek istersen, *Güllerin Savaşı* filmini bir daha izle. Muhtemelen güçler savaşından vazgeçersin. Böyle bir savaşta kazanan olmaz, yalnızca ilişkiniz kaybeder.

d. **Onun ne söyleyeceğini bildiğin varsayımından da vazgeçmelisin.** Belki gerçekten eşinin söyleyeceklerini biliyorsundur, ama unutma ki o senin söylediklerini duyduğunu, daha da önemlisi anladığını fark etmemiş olmalı ki kendini tekrarlıyor. Dinleyici konumunda olan eşin en önemli görevlerinden biri de söyleneni doğru anladığından emin olmaktır.

Çünkü **söylenenle, anlaşılan her zaman aynı olmayabilir. Söylenen ne olursa olsun, senin tepkilerini belirleyen anladıkların** olacaktır. İşte bu nedenle iletişimde mesajı doğru aldığından emin olabilmen için söylenenleri kendi anladığın cümlelerle eşine aktarıp, doğru anlayıp anlamadığını kontrol etmelisin. *"Dinlediklerimden şunu şunu anlıyorum"* şeklinde bir ifade, eşinden gelebilecek dört olası yanıtla karşı karşıyadır.

1. "Evet, tamamen doğru anlaşılmış."
2. "Hayır, yeterince açık anlatamamışım galiba, tekrar deneyeyim."
3. "Evet, doğru anlaşılmış, ancak eksik anlaşılmış. Bir de şunları söylemiştim."
4. "Evet, çoğu doğru anlaşılmış; ancak galiba benim anlattığımdan daha fazlasını anlamışsın. Şunları şunları ben söylemedim, bunlar senin çıkarsamaların ya da yorumların olmalı. Asla bunları söylemek istemedim."

İletişim açısından en tehlikeli olan, dinleyicinin dördüncü türden bir anlama içinde olmasıdır. Çünkü dinleyen, konuşanın söylediklerinden öteye gitmiş ve söylenene kendi yorumunu katarak anlama yolunu tercih etmiştir. Sorunlu evliliklerde en çok bu türden iletişime rastlanmakta ve bu nedenle söylenenle-anlaşılan arasında bir uyumsuzluk oluşmaktadır. Bu koşullarda dinleyici, konuşmacının söyledikleri ile değil, kendi kafasında olup bitenlerle uğraşmakta ve eşler arasındaki anlaşılmazlığın uçurumu büyümektedir.

e. **Dinlerken eşinin duygularını koşulsuz olarak kabul edebilmeli ve destekleyebilmelisin.** Duyguların doğrusu-yanlışı olmayacağı gibi uygunu ve uygunsuzu da olmaz. Bu son derece önemli dinleyici özelliğini daha iyi anlatabilmek için şöyle bir örnek vermek isterim:

Birlikte arkadaşları ile yemeğe çıkacakları bir akşam, kocasının hazır olmasına karşın, bir türlü hazırlığı bitmeyen kadın sonunda dayanamaz ve eşine şunları söyler:

"Biliyor musun aslında yemeğe çıkmak istemiyorum. Çünkü ne zaman seninle yemeğe çıksak, kendimi yanında götürdüğün bir çanta gibi hissediyorum."

Kocası ise şöyle bir yanıt verir:

"Saçmalama, sen benim eşimsin. Ne demek çanta gibi hissetmek? Bunu da nereden çıkardın? Hadi hazırlan gecikiyoruz."

Bu erkek eşinin duygularını görmezden gelmekle, hatta bu duyguların saçma olduğunu söyleyerek değersizleştirmekte ve böylelikle onu anlamak için herhangi bir çaba gösterme gereği duymadığını bir kez daha ortaya koymaktadır. Oysa:

"Şimdi anlıyorum niye son zamanlarda dışarı çıktığımızda keyifsiz olduğunu. Ben de dışarı çıktığımızda kendimi çanta gibi hissetseydim, eminim senin gibi keyifsiz olur ve bu nedenle de çıkmak istemezdim. Bunu açıkça söylediğine memnun oldum.

Şimdi sana kendini çanta gibi hissettiren şeyin ne olduğunu biraz daha açıklar mısın?"

"Geçen ay yemeğe çıktığımız zamanı hatırla. Masada kimseyi tanımıyordum. Sen başka bir masada bir iş arkadaşını gördün ve beş dakikalığına onun yanına gitmek istediğini söyledin ve yarım saat gelmedin. Kimseyi tanımadığım için kendimi değersiz ve eşinin yanında taşıdığı bir çanta gibi hissettim."

"Amacım asla sana kendini çanta gibi hissettirmek değildi. Ancak böyle hissetmene neden olduğum için çok üzgünüm. Bundan sonra bu konuda çok daha dikkatli olacağımdan emin olabilirsin" şeklindeki bir söylem duyguları koşulsuz kabul eden, ancak duyguların arkasındaki düşünceyi anlamaya çalışan, ideal bir dinleyici özelliği sayılabilir.

Gördüğün gibi dinleyici olmak, konuşmacı olmaktan da zordur. Sonuna kadar dikkatlice dinleyecek ve anlamaya çalışacaksın. Anladıklarını kendi seçtiğin kelimelerle herhangi bir yorum katmadan eşine aktarıp, doğru anladığından emin olacaksın. Sana aktardığı duyguları koşulsuz kabul edecek, ancak onun böyle hissetmesine neden olan düşünceleri gerekirse tartışacaksın.

Kurallar aracılığıyla gerçekleşen bu konuşma ve dinleme süreci her zaman mevcut sorunu çözmeyebilir. Ancak sorun ne olursa olsun sorunu gözden geçirmek, daha iyi anlamak ve çözüm üretebilmek doğrultusunda atılan çok değerli bir adımdır. Bu tür bir iletişim eşlere "sen" ve "ben"in ötesinde "biz" olma yönünde adım atabildiklerini ve sorunlar üzerinde bir ekip ruhu içinde el ele çalışabileceklerini göstermek yönünden son derece değerlidir.

Özetle iletişim; eşlerin karşılıklı olarak yarar sağladıkları ve sorunu çözmek doğrultusunda ekip olarak çalıştıkları, hep devam etmesi istenen bir süreci temsil eder.

18. ON ÖNEMLİ İLETİŞİM HATASI

Sen ve benden önce birçok kişi aynı yanlışları yaparak iletişimi içinden çıkılmaz bir güçler savaşına döndürmediler mi? Bir zamanlar her şeyi rahatlıkla paylaşabileceklerine inandıkları eşleri ile artık asla eskisi gibi konuşamayacaklarını düşünerek umutsuzluk yaşamadılar mı? Bilirsin iletişimde "ne söylendiği" kadar önemi olan "nasıl söylendiği"dir. Kendi birlikteliğinde ortaya çıkabilecek söylem hatalarını en aza indirebilmen amacıyla sana en sık yapılan 10 iletişim hatasından söz edeceğim. Bunu yaparken biraz da çarpıcı örnekler vermeye gayret edeceğim. Şüphesiz yapılan iletişim yanlışları 10 hata ile sınırlı değil. "Başarılı olmanın 10 yolu", "Milyoner olmanın 5 temel ilkesi", "Kaygıdan kurtulmanın 7 altın kuralı", "Erkekleri elde etmenin 20 yolu", 'Eşinden kurtulmanın 66 değişik yöntemi" gibi garip biçimde iddialı kitapların yazılıp okunduğu bir dönemde "10 önemli iletişim hatası" gibi bir başlığın çok uygun olmadığının farkındayım. Amacım yalnızca uygulamada sık gördüğüm iletişim hatalarını öncelikle vurgulamak.

1. Yıkıcı eleştiriler yapmak

Sorunlu çiftler genellikle birbirlerini suçlama ve eleştirme eğiliminde olan eşlerden oluşur. Burada eşler yalnızca birbirlerinin olumsuz yönlerine odaklanmakla yetinmemekte, ayrıca ilişkilerinde yaşadıkları olumsuzluklardan birbirlerini sorumlu tutmaktadır. Özetle, seçici bir algılama ile olumlular göz ardı edilmekte ve olumsuzlar yıkıcı ve tekrarlayıcı bir biçimde dile getirilmektedir. Örnek:

"Zaten bana ayıracak vaktin hiç olmadı ki. Hep işin vardır."

"Seks ihtiyacı duyduğun zamanlar dışında bana yakınlaştığını görmedim."

"Bana bir kez olsun günün nasıl geçti diye sormadın."

"Sosyal ortamlarda ne zaman biriyle konuşsam hemen kıskanır ve kızarsın."

Oysa yıkıcı eleştirilerin yapıcıya, olumsuzların ise olumluya dönüştürülerek ifade edilebilmesi mümkündür.

"Bana daha çok vakit ayırabilmeni isterdim."

"Seks sırasında olduğu gibi seks dışındaki zamanlarda da yakın olmana ve şefkat göstermene ihtiyacım var."

"Eve gelince bana daha çok zaman ayırabilmeni isterdim."

"Bana daha çok güvenmeni ve sevgini kıskançlık dışı yollarla da gösterebilmeni isterdim."

Bu gibi ne istediğini dile getiren ifadeler, ne istenmediğini dile getirenlerden daha anlamlı olacaktır.

2. Genellemeler yapmak

Tüm genellemeler (bu genelleme dahil) yanlıştır. Olumsuz genellemeler umutsuzluk, çaresizlik yaşatır, çünkü olumsuzların hep tekrarladığı ve tekrarlayacağı varsayımı üzerine kuruludur.

Örnek: *"Beni her fırsatta başkalarının yanında aşağılıyorsun."* Oysa aynı cümle, *"Geçen gün Ahmet'in yanında söylediklerin beni çok utandırdı"* şeklinde de ifade edilebilir ve böyle bir ifadenin dinleyiciye ulaşma şansı daha fazladır.

Daha da kötü olanı, eşlerin bazı özgül davranışlar yerine, kişiliği hedef alan genellemeler yapmalarıdır.

Örnek: *"Sen zaten hep böyle bencilsin."*

Birbirlerine öfkeli eşler bazen hızlarını alamayıp eleştirilerini daha da ileriye götürmekte ve birbirlerini daha çok kırmak amacıyla aileleri de işin içine alan bir üslupla genelleme yapabilmektedir.

Örnek: *"Sen hep böyle bencilsin ve biliyor musun, bu özelliğini annenden almışsın!"* gibi.

3. Akıl okuma ve yıkıcı niyet getirmek

Burada eşler birbirlerinin söylediklerinden çok, söylemediklerini anlamaya çalışmakta ve söylenenlerin ya da yapılanların arkasında örtük bir olumsuz niyet aramaktadırlar.

Bir terapi oturumunda eşler arasında geçen şu konuşma çok ilginçtir:

Erkek: *"Şu anda aklından geçenleri biliyorum ve bu nedenle söylemek istediğim şeyleri söylemekten vazgeçtim."*

Kadın: "*Yanılıyorsun. Senin aklımdan geçirdiğimi zannettiğin şeyler benim aklımdan geçenler değil. Asıl ben senin aklından neler geçtiğini biliyorum.*"

Terapist: "*Her ikinizin de birbirinizin aklından geçenleri okumak gibi özel bir yetenekle donatılmış olduğunuzu anlıyorum. Ancak lütfen bana yardım edip, daha açık olabilir misiniz? Çünkü benim böyle bir yeteneğim yok.*"

Söylenen ya da yapılanların arkasında örtük neden aramayla ilgili olarak şu örnekler yine bir terapi oturumundan:

Erkek: "*Bunu benim iyiliğim için söylediğini belirtiyorsun ama senin esas niyetin beni aşağılamak!*"

Kadın: "*Bunları Dr. Mehmet Bey söylediği için yapıyorsun. O anlamasa da, ben senin bu davranışlarının sahte olduğunu ve hiçbirini içinden gelerek yapmadığını gayet iyi anlıyorum.*"

4. Geçmişi getirmek

Sorunlu evliliklerde eşler geçmişte yaşadıkları olumsuzlukları geride bırakmakta güçlük çekerler. Bu durum çoğu kez olumsuzlukların yalnızca geçmişte değil, halen yaşanıyor olmasından kaynaklanır. Bazen de içinde bulunulan zaman diliminde bir sorun yoktur, ancak eşlerden biri geçmişte yaşananların değersizleştirilmesi, önemsizleştirilmesi veya üzerinde yeterince konuşulmamış olmasından rahatsızlık duyuyordur. Çünkü kendisine göre haksızlığa uğramıştır, ancak kimse bu yaşantısını önemsememiştir. Örnek: "*Evliliğimizin ilk yıllarında ailenin bana yaptığı eziyete kayıtsız kalmanı asla affetmedim ve affetmeyeceğim*" gibi ya da "*On beş yıldır aynı şeyleri söyleyip duruyorum, hâlâ aynı şeyleri yapmakta ısrar ediyorsun*" gibi.

5. İşi yokuşa süren ifadeler kullanmak

Sorunlu evliliklerde de olumlu değişiklikler gözlenebilir. Ancak olumlu değişiklikler yeterince önemsenmemekte hatta göz ardı edilmekte, eleştiri olumlu değişikliklere rağmen ısrarla devam etmektedir. Uzun zamandır arzuladığı davranışları nihayet sergilemeye başlayan eşine *"Şimdi çaba gösteriyorsun, ama artık çok geç, bunları on yıl önce yapmalıydın"* demek işi yokuşa sürmekten öte ne sağlayabilir ki?

Oysa olumlu değişiklikleri küçük de olsa fark edip altını çizebilmek, bu tür davranışların oluşma sıklığını artıracaktır. Ancak geçmişe yönelik öfke ve geçmişi dile getirme yönündeki ısrarcılık, bunun yapılmasına engel olur. Eğer geçmişi getirmeden bugüne odaklanmak sana çok zor gelirse, o zaman aynı mesajı şöyle de verilebilirsin: *"On yıldır yapmadığın şeyleri şimdi yapıyor olduğunu görmek beni umutlandırıyor."*

Böyle bir mesaj bir yandan memnuniyeti dile getirirken, diğer yandan da işi yokuşa sürmeden geçmiş sıkıntıların dile getirilmesini sağlayabilir.

6. Kendini tamamen haklı, eşini tamamen haksız konuma sokan söylemlerde bulunmak

Sorunlu evliliklerde eşler aynı tarafta ya da aynı takımda olmayı beceremediklerinden, oluşan sorunlarla ilgili birbirlerini suçlama eğilimindedirler.

Örnek: *"Tüm evliliğimiz boyunca hiçbir kavgayı ben başlatmadım."*

Ya da: *"Evliliğimizdeki tüm kavgaların nedeni sensin"* gibi ifadeler sorunu daha da büyüten ve sorumluluk içermeyen ifadelerdir. Oysa kavga olabilmesi için en azından iki kişi olması gerekir. Karşınızdaki kişi kavga etmek istese bile siz kavgada yer almadığınız müddetçe kavga gerçekleşmeyecektir.

7. Anlamak yerine çözüm bulmaya ve çözüm önermeye yönelik girişimler

İşyerinde sıkıntılar yaşayan ve bunu eşi ile paylaşmak isteyen bir kadının, paylaşım yerine öğüt alması buna en güzel örnektir. *"Sana zamanında söylemiştim, benim dediğim gibi davransaydın başına bunlar gelmezdi"* ya da *"Sen merak etme ben yarın gider sana bu sıkıntıyı yaşatan kişinin ifadesini alırım"* şeklinde maço tutumların amaca uygun olduğunu söylemek zordur. İletişimde amacın dinlemek, anlamak ve paylaşmak olduğu hatırlanacak olursa bu tür tutumların pek de yararlı olmayacağı kolaylıkla anlaşılabilir. Bazen insanlar çözüm bulmak için değil, yalnızca dinlenilmek ve desteklenmek için kendilerini açarlar.

8. Mantığı silah olarak kullanmak

Sana da garip gelmiyor mu? İnsanlar boşanma oranlarının yüksekliğini biliyorlar. Ancak hem yüzde 50 fire veren bir kuruma yatırım yapıyorlar hem de bu yatırımları çok mantıklıymış gibi evliliklerinde beklentilerini mantık üzerine kuruyorlar.

"Bu isteğin için mantıklı bir neden göster", *"Ya benim söylediklerimi çürütmelisin ya da benim söylemimi kabul etmelisin"* gibi ifadeler sık duyulan oldukça zorlayıcı, rahatsız edici ve duygudan yoksun söylemler oluyor. **Evlilik yaşamı, iş yaşamından farklı olarak mantıksız olanı da isteyebilmek hakkını verebilmeli.** *"Şu isteğin için mantıklı bir neden göster"* yerine *"Söylediklerin aklıma yatmasa da, çok istiyorsan bunu senin için seve seve yaparım"* daha insani ve sıcak bir ifade olmaz mıydı?

Eşi ile uzun zamandır romantik bir akşamın özlemini çeken ve bu amaçla güzel bir restoranda iki kişilik rezervasyon yaptıran kadına, kocasının söylediği şu sözler oldukça manidar değil mi? *"Eğer önemli olan birlikte yemek yiyebilmek ise niçin yemek yemek için dışarı çıkmamızı istiyorsun? Evde yiyelim. Böylelikle tasarruf da yapmış oluruz."*

9. Sergilenen davranışlarla ilgili sorumluluk alınmadığını gösteren ifadelerde bulunmak

Sık sık eşine şiddet gösteren bir erkek danışanımın karısına söylediği şu sözü hiç unutamam: *"Ben aslında sakin bir adamım. Beni kızdıran, çıldırtan, öfkelendiren sensin. Beni öfkelendirdiğin için sana saldırgan oluyorum."*

Bu örnekteki erkek hem eşine şiddet göstermekte hem de bunun sorumlusu olarak eşini görmekteydi. Oysa temel sorun kendi öfkesini kontrol edememesiydi. Kendisine, onu öfkelendiren başka ne tür yaşantılar olduğu sorulduğunda; zaman zaman trafikte de öfkelendiğini, hatta bazen emniyet güçlerine bile öfkelendiğini dile getirdi. Ancak trafikte her öfkelendiğinde kavga çıkarmadığı ya da öfkelendiği polislerle kavga etmediği hatırlatıldığında öfke ile ilgili daha gerçekçi bir algı geliştirmesi kolaylaştı. *"Birçok ortamda öfkemi kontrol edebildiğim halde eşime öfkelendiğimde böyle bir zahmet içine girmiyor ve şiddet gösteriyorum."*

10. Eşlerden birinin öğretmen ya da terapist rolüne soyunduğunu gösteren ifadeler kullanmak

Eşlerden birinin öğretmen ya da terapist rolüne soyunması diğerini en çok rahatsız eden tutumlardan biridir. Böyle bir tutumun sempati ile karşılanmayacağı açıktır. Eşler arasında eğitim ya da deneyim farkı olduğunda daha da belirginleşen bu tutum, karşı tarafın küçümsenmesi anlamına gelir. *"Senin rahatsızlığının farkındayım. Tedaviye gitmesi gereken sensin"*, *"Parası neyse ödeyeyim, siz onu tedavi edin doktor bey"* ya da *"Sizin şimdi bizlere söylediğinizin aynısını ben karıma yıllardır söylüyorum"* veya *"Onun sizin söylediklerinizi anladığını sanmıyorum. Ama ben buradan çıkınca onun anlaması için gereğini yapacağım"* şeklindeki ifadeler kötü bir öğretmen ya da ehil olmayan bir terapist rolüne soyunmaktan öteye gitmeyecek ve dirençle karşılaşacaktır.

19. İYİ İLETİŞİM YALNIZCA SÖYLENENLERLE Mİ SINIRLIDIR?

İletişim hem sözel olan hem de olmayan bilgi taşır. Sözel iletişim, mesajımızı iletmek için seçtiğimiz kelimelerden oluşur. Sözel olmayan iletişim ise sözel olanın dışında kalan ve söylediklerimize anlam katan ifadelerdir. Bana, "Seni seviyorum" dediğin zamanı hatırla. Bir yandan bana sevdiğini söylüyor diğer yandan TV'de en çok sevdiğin diziyi izlemeye çalışıyordun. Ben de sana aynı sözleri bana sarılarak ve gözlerime bakarak söylemeni istemiştim. Hatta sesinin tonunun bile mesajının amacına ulaşmasındaki öneminden söz etmiştim. İlgili-sıcak-duygusal ve yumuşak tonda söylenen bir söz, aceleci-öfkeli-alaycı-gergin veya sert bir tonda söylenenden çok daha anlamlı olacaktır. Sözel mesaj verirken yüz ifadeleri de en az ses tonu kadar önemlidir. Gülümseyen-onaylayan-yumuşak bir ifade şüphesiz, kaygılı-gergin-öfkeli bir ifadeden daha rahatlatıcı olur. Eminim "beden dili" sözünü işitmişsindir. Sözler yerine beden bölümlerini kullanarak ne hissettiğimizi ifade etmeye yarayan beden dilinin de hem ses tonu hem de yüz ifadeleri gibi mesajın ulaşmasında önemli bir yeri vardır. Göz teması-dokunma-fiziksel olarak yakın mesafede olma, mesafeli ve gergin bir beden dilinden daha sıcak ve sevecen özellikler taşır. Bu söylediklerimin en somut örneğini yardım almak için bana başvuran bazı çiftlerde görmüşümdür. Odama ilk geldiklerinde birbirleriyle mesafeli oturan, göz temasından kaçınmak için elinden geleni yapan, umutsuz, güvensiz ve kaygılı ifadeleri olan birçok çift... Daha güzel ve ilginç olan ise aynı çiftlerin tedaviden yarar gördükçe değişen beden dilleri ve yüz ifadeleri olmuştur benim için. Birbirlerine giderek daha yakın oturan, göz teması artan, birbirlerini onaylayan, ilgili ve sevecen ifadeler geliştirmeyi beceren çiftler.

Özetle, eşlerin sözel olmayan ifadeleri de ilişkilerinin niteliği hakkında ipuçları sağlamakta, ilişkilerini nasıl değerlendirdikleri hakkında önemli bilgiler verebilmektedir.

Eşlerden birinde olumlu yönde değişen ifadeler çoğu kez diğer partner tarafından da görülür. Benzer tutumlar geliştikçe ilişki yumuşamaktadır ve çabalarının boşa gitmediğini görmek, ilişkinin geleceğine yönelik umutları artırır. Daha önceden de söylediğim gibi **bazen bir resim bin sözcükten etkili olabilir**.

20. İLETİŞİM İLE İLGİLİ SON BİRKAÇ ÖNERİ

a. İletişim sırasında filtrelerin açık olsun

Sana verilen mesajın yalnızca olumsuz yanlarını değil tümünü almaya çalış. Bazen sana söylenenler arasında yalnızca hassas olduğun kısımları seçer geri kalanını duymayabilirsin. Böylelikle eşinle ilgili olumsuz düşüncelerinin haklılığına daha çok inanırsın. Eşin ile ilgili olumsuz düşüncelerinin haklılığına inandığında ise onun mesajlarındaki olumsuz kısımları daha çok fark edersin. Böylelikle ortaya kısır bir döngü çıkar: *Ayşe, Ahmet'e ziyaret edecekleri dostları için alacakları hediyeyi unutmamasını, geçen sefer hediye almakta geç kaldıklarını ve ziyarete eli boş gittiklerini hatırlatır. Ahmet bu mesajın yalnızca "geç kalma" kısmını duyar ve eşinin her zamanki gibi kendisini eleştirdiğini düşünür. Daha sonra eşiyle hediyeyi unutmanın kimin hatası olduğunu tartışmaya başlar. Bu tutum, Ahmet'in mesajın temel içeriğini atladığını göstermektedir. Temel mesaj belki de Ayşe'nin ziyaret ettikleri dostlarına verdiği önem ve onlara göstermek istediği nezakettir.*

b. Mesajın, amacını aşmasın

Bazen öfke ile söylenen bir söz, söylemek istediğinden fazlasını ifade eder. Amacını aşan bu sözler, tamiri oldukça güç kırgınlıklara neden olabilir. Örneğin evin dağınıklığı nedeniyle eşini eleştiren ve ardından onun çocuklarına da iyi bakmadığını söyleyen koca, eşine yalnızca iyi bir ev kadını olmadığını söylemekle yetinmeyip iyi bir anne olmadığını da belirtmektedir.

c. Tehditlerden uzak dur

Açık ya da örtük olsun her türlü tehdit ilişkiyi yıpratmaktan öte bir işlev görmez. *"Yaşamımı seninle devam ettirebileceğimden emin değilim"*, *"Sana olan öfkemi kontrol edememekten ve sana zarar vermekten korkuyorum"* ya da *"Artık sana sadık kalabilir miyim, bilmiyorum"* gibi sözler yalnızca korku, öfke, endişe ve yabancılaşma oluşturacaktır.

d. Eski savaş alanına dönme

"Üzerinden beş yıl geçmesine rağmen annenin bana yaptıklarına kayıtsız kalmış olmanı unutamıyorum" ya da *"Evliliğimizin ilk yılında bana söylediğin o sözleri asla affetmeyeceğim"* gibi sözler asla değiştiremeyeceğin bazı yaşantıları dünden bugüne getirerek bugünü de yok etmekten öteye gitmeyecektir.

e. Cümlelerin olumsuz girişle başlamasın ya da cümlelerini olumsuzla sonlandırma

Olumsuzlar ister cümlenin başında ister sonunda kullanılsın, mesajın anlamını değiştirirler. Ayrıca verilmek istenen olumlu mesajı kamufle eder, güzel başlangıçları mahvedebilirler. *"Söyleyeceklerimi aptalca bulacağını biliyorum ama..."*, *"Yine benim kıskanç olduğumu düşüneceksin ama..."*, *"Senin için önemsiz olduğumu biliyorum ama..."* ya da *"Bu elbise sana çok yakışmış, bir de şu sivilcelerin olmasa"*, *"Yemek çok güzeldi, bir de patatesler yanmamış olsaydı..."* gibi başı ya da sonu olumsuzluk içeren mesajlar, partnerinize kendini iyi hissettirmek ya da onu kendi yanınıza almak yönünde yararlı ifadeler olmayacaktır.

21. UNUTMA! ÇABA PEŞİNDEYİZ, MÜKEMMEL İLETİŞİMİN PEŞİNDE DEĞİL!...

Seninle ben her iletişim hatası yapıldığında tuhaf sesler *(bazzz)* çıkaran bir cihazın önünde konuşuyor olsaydık bu cihazdan kaç tane tuhaf ses çıkardı? Ben dili ile konuşmuyorsun *(bazzz)*, dinlediğine yorum katarak algıladın *(bazzz)*, partnerinin duygularını görmezden geldin *(bazzz)*, sözel olmayan ifadelerin son derece uygunsuzdu *(bazzz)*, söylemine olumsuzla başladın *(bazzz)*, onu suçladın *(bazzz)*... Eminim cihazı iflas bile ettirebilirdik. Ne mi söylemek istiyorum: Hiçbirimizin en azından başlangıçta iyi iletişimin kurallarını tamamen yerine getirmemizin mümkün olmadığını!...

Bazı çiftler ve özellikle bazı erkekler böylesi kurallarla yapılan bir konuşmaya (iletişime) sıcak bakmakta zorluk çekerler. Eşinle değer verir biçimde konuşmayla ilgili güçlük temelde iki nedenle oluşur:

1. Eşine iyi davranmak içinden gelmiyordur. Başka bir deyişle ona sıcak ve yakın davranamayacak kadar öfkelisindir ve bu koşullarda böyle bir iletişimin mümkün olmayacağını düşünüyorsundur.
2. Eğer böyle konuşursan bunun zorlamalı, suni, yapmacık bir davranış olacağını düşünüyorsundur ve bu nedenle alışmadığın bu konuşma dilini benimsemekte zorlanıyorsundur.

Her iki türden düşünce de istenen iletişimin hayata geçmesinde ciddi bir direnç oluşturur. Ancak başlangıçta güç gibi görünen her şey amaca yönelik bir çaba ve bol egzersiz ile kolaylaşmakta, yapay başlayan her şey ise yapılma sıklığı arttıkça giderek doğallaşmakta ve kişinin günlük repertuvarı içine girebilmektedir. Unutma ki fobilerden hobi yaratmak mümkündür. Bu konuya daha sonra tekrar değineceğim.

Önemli olan iyi iletişim aracılığıyla partnerine kendini iyi hissettirmek yönünde gösterdiğin çabadır. İstenen mükemmel iletişim kurman değildir çünkü *mükemmel iyinin düşmanıdır*. Amaç çabayla bazı değişiklerin sağlanabileceğini görmek ve göstermek ve böylelikle geleceğe yönelik umut oluşturmaktır. Bu çaba eşine, ilişkine ve sorun çözme doğrultusunda el ele verebilen bir çift olmaya verdiğin değeri gösterir. 0 ile 100 arasındaki sayıları hatırla. Hiçbir iletişim kurma çabası içinde olmamak 0, mükemmel iletişim 100 ise, her türlü iletişim çabası alkışı hak eder ve hedef 0 ile 100 arasındaki yolculuktan vazgeçmemektir. Unutma ki sorun ne olursa olsun, iyi bir iletişim, sorunun çözümünde ilk ve en önemli adımdır.

22. ÖNEMLİ İLETİŞİM DİRENÇLERİ

Biliyor musun yardım almak amacıyla hangi türden sorunla gelirse gelsin, hemen tüm çiftlerin ortak sorunu ne oluyor? İletişim!... İşte bu nedenle kitabın iletişime ayrılan bölümünü bu kadar uzattım. İyi bir iletişim olmadan hiçbir sorun çözülemiyor diye. Bugüne kadar bana başvuran çiftlerde iletişim konusunu şu ya da bu şekilde ele alma gereği duymadan doğrudan sorun çözme işlemine geçebildiğim çok az çiftle karşılaştım. Oysa bu çiftleri oluşturan eşlere tek tek baktığımda çoğunun işyerlerinde, sosyal ortamlarda hatta iyi iletişim gerektiren önemli pozisyonlarda gayet başarılı işler çıkaran kişiler olduğunu da gördüm. Belki de eşler arası iletişim, yaşamın diğer iletişim gerektiren alanlarından farklı beceriler gerektiriyor. *Belki de Batı'nın öğrettiği egemenlik oluşturmaya yönelik savaşkanlık, Doğu'nun kabulle gelen dinginliğinden daha önemli oluyor evliliğin ilk yıllarında.* Oysa kabul için, karşı tarafın söylediklerine bütünüyle katılmak ya da aynı görüşte olmak gerekmiyor. Kabul, yalnızca karşı tarafın söylediklerini duymak ve anlamaktır. Partneriniz size akşam eve geciktiğiniz için kırgın olduğunu söylediğinde, bu söyleminin adil olmadığını düşünebilirsiniz. Çünkü size göre eve makul bir saatte gelmiş olabilirsiniz ya da eşiniz bir gece evvel eve geç geleceğinizi söylediğinizi unutmuş olabilir. Bu koşullarda rahatlıkla bir kavga çıkarabilirsiniz. Ancak eşinizle aynı tarafta olduğunuzu düşünecek olursanız bu kavganın kazananı olmayacağını da anlarsınız. Eşiniz kaybedince mutsuz olur ve mutsuz eş, mutsuz bir evlilik getirir. Önemli olan ona "Seni kırmış olduğumu duyduğuma üzüldüm. Bu konuda biraz konuşmak ister misin?" diyerek duygularını koşulsuz (mantıklı/mantıksız) kabul edebildiğinizi göstermektir. Ona gecikeceğinizi bir gece evvel söylediğinizi daha sonra da hatırlatabilirsiniz. İyi iletişim karşılıklı olduğunda eşiniz, kırgınlığını anlamak için yaptığınız bu girişimden dolayı size saygı duyacaktır.

Daha iyi bir iletişim konusunun hemen hemen her çiftin gereksinim duyduğu bir alan olduğunu söylemiştim. Genellikle daha ilk terapi seansında çiftlerin sorunu dile getirme biçimleri hangi düzeyde bir iletişim eğitimine gereksinmeleri olduğu konusunda yeterince bilgi verir. Eşlerden birbirleriyle ilgili olarak değişmesini istedikleri şeylerin neler olduğunu birbirlerine göstermeden, bir kâğıda yazarak getirdikleri ikinci seans çok önemlidir. Bu seansta sorunlar konuşulurken eşlerin birbirleriyle olan diyalogları daha iyi bir iletişime gereksinmeleri olduğunu kendilerinin de anlamasını sağlar. Sorun çözebilmek için ben önce iyi bir iletişimde kendilerinden neler beklendiğini seans içinde çiftlere anlatır ve ardından haftanın iki günü iyi dinleyici ve iyi konuşmacı rolleri içinde birer saat iletişim egzersizleri yapmalarını isterim. Bu tür egzersizler önerildiğinde karşılaştığım en büyük direncin ne olduğunu tahmin edebilir misin? Hemen söyleyeyim: **Umutsuzluk!...** Çiftler genellikle, benzer şeyleri kendi başlarına defalarca denediklerini ancak başarılı olamadıklarını dile getirirler. Başarısızlık nedeni olarak da diğer eşin yetersiz çabaları dile getirilir. Suçlanan hep diğeridir ve değişim konusunda motive olmadığı belirtilir. *"Benim eşim değişmez!"*, *"Buradan çıkar çıkmaz aynı şeyleri yapmaya devam edecek"*, *"Onun huyu bu, can çıkar huy çıkmaz!"*, *"Artık çok geç, yaşamın en güzel yılları geride kaldı"*, *"Biz ayrı dünyaların insanlarıyız!"* gibi sözler nadir duyduğum ifadeler değildir. Bense onlara aynen sana anlattığım gibi "değişim"in güçlüğü konusundaki endişelerine katıldığımı ancak benzeri sorunları olan birçok çiftin, işbirliği ve çaba ile önemli değişiklikler yapabildiklerinden söz ederim. Özellikle de değişimi iki aşırı uç ya da hep veya hiç bağlamında anlamamaları konusuna vurgu yaparım. Değişim 0 ile 100 arasında bir alanda gerçekleşir. Bütünüyle değişim zaten arzulanan bir durum olmayacaktır. Unutma ki sen bu kişiyi sevdin ve bizim oluşturmaya çalıştığımız da bir huy ya da kişilik değil yalnızca davranış değişikliğidir. *Ancak küçük değişiklikler anlamlı sonuçlar oluşturabilirler.* Eğer 0 ile 100 arasında yüzde 10'luk bir değişimi görebilir ve alkışlayabilirsen zamanla değişim yüzde 10'dan yüzde 20'ye ve giderek daha yukarılara çıkabilir. Sana hep söylediğim gibi: **"Küçük güzeldir!"** Küçük değişiklikleri takdir edersen büyük değişiklikler de gerçekleşebilir. "Eşim değişmez" şeklinde bir inanış, eşinin değişmediğini gösteren kanıtları daha çok görmeni sağlar. Tıpkı ancak hayaletlere inanırsan hayalet görebileceğin gerçeği gibi. Eşinin değişme konusundaki olumlu çabalarını görmezden gelip yalnızca daha önceki gibi davrandığında, "Bak aynı şeyleri yapıyorsun, biliyordum sen asla değişmeyeceksin" diyerek eleştirirsen onun değişim konusundaki motivasyonunu kırar ve "Eşim değişmez" kehanetine katkıda bulunursun. *"Buradan çıkar çıkmaz aynı şeyleri yapacak"* dersen ona güvenmediğini ve umudunun olmadığını söylemiş olursun. *"Ayrı dünyaların insanlarıyız"* diye düşünüp aranızda ciddi farklılıklar olduğuna vurgu yapıyorsan, farklılıkla yaşayamayacağını da söylüyorsundur. Oysa farklılık, ilişkinize zenginlik de getirebilir yoksulluk da. Bu, farklılığı nasıl kullandığınıza bağlıdır.

Değişim konusundaki umutsuzluğunu bir hastam çok ilginç bir biçimde dile getirmişti. Bu hastam evlilik sorunları sonucunda ortaya çıkan depresif bir tablo ile gelmişti. Depresyonun bir sonuç olduğunu söyleyip onu depresyona iten sorunları konuşmak istediğimi belirttiğimde, "Evlilik sorunları" diye yanıt vermişti. Ancak eşiyle ilgili konuşmayı asla istemiyordu. Bunun üzerine kocasını düşündüğünde gözünün önüne nasıl bir imaj geldiğini sordum.

Bana düşünmeden, *"Fil"* diye yanıt verdi. *"Arkasına geçiyorum, tüm gücümle itmeye çalışıyorum, ama imkânsız! Onu hareket ettirmeye gücüm yetmiyor"* diye söylemini devam ettirdi.

İlerleyen seanslarda görüşmelerimizi fil analojisi üzerinden sürdürdük. Niye mi bunu anlattım? Bazen imajlar ve görüntülerle çalıştığımızda kuru kelimelerle çalışmaktan çok daha fazla duygu gelebiliyor da ondan.

İletişimi iyileştirme yönündeki çabaların önündeki önemli dirençlerden birinin eşe duyulan öfke olduğunu söylemiştim. Bazen "öfke" ve altındaki *korku ve incinmişlik* konuşulmadan iletişim konusuna geçmek mümkün olamıyor.

Fazla açılmaktan korkan partnerler de gördüm meslek yaşamımda. *"Eğer beni gerçekten tanısaydı, hâlâ sever miydi?"* diye kendini açmaktan endişelenen, kendini spontanlığa bıraktığında kontrolünü kaybedip söylemek istemediği şeyleri ağzından kaçırmaktan korkan partnerler.*

Duygularını aktarmayı asla denememiş kişilerle de karşılaştım. Bir yandan yakın ilişkilere gereksinim duyan diğer yandan yakın ilişkilerden korkan bu insanların çoğu kez duygularını nasıl ifade edeceklerini bile bilmediklerini hatta pek çok duyguyu tanımadıklarını şaşkınlıkla izledim.

Kurallarla sağlanan bir iletişimin doğal olmadığını, yapay göründüğünü, erkekliği bozduğunu düşünen kişilerle de karşılaştım tabii ki. Sanki yaşamda kural içeren hiçbir şeyi yapmamış gibi davranan insanlar!... Unutma evlilik bir kurumdur. Her kurumun da kendine özgü kuralları olacaktır.

Yapaylık ya da sunilik konusuna gelince... Yaşamda pek çok şey suni olarak başlar. İlk denediğinde her şey suni gelebilir. Denemelerin sıklığı arttıkça sunilik duygusu giderek azalır ve yaptıkların işine yarıyorsa bir süre sonra senin repertuvarının bir parçası olur. Hiç yapmak istemediklerimiz "fobilerimiz!", hep yapmak istediklerimiz ise "hobilerimiz!"dir. Bazen fobiler hobilere dönüşebilir demiştim sana. Köpek fobisi olan bir insan düşün. Köpeklerin resimlerini görmeye bile katlanamaz. Tedavide onu köpekle yavaş yavaş karşılaştırıp, korkularını azaltırsın. Köpekle birlikte olmanın sandığı gibi tehlikeli olmadığını gören kişi tedavi sonunda evine bir köpek bile alabilir. İşte fobi dönüştü hobiye. Bu nedenle suni bile gelse, partnerinle iletişim kuralları çerçevesinde konuşmaktan vazgeçme. **Unutma, iletişim eksikliği ilişkini küçültür. Tıpkı dünyanı küçülttüğü gibi...** İyi bir iletişim ise partnerini yanına almanın ve onunla mutlu olmanın temel koşullarından biridir. **Unutma onunla küçük ve sessiz bir dünyada yaşamak için evlenmedin.**

İletişimle ilgili çaba harcamanın önündeki en önemli engellerden biri de, *"Her şeyi ben söylersem ve ben söyledikten sonra yaparsa, yapılan işin ne değeri kalır?"* şeklindeki kaygılardır. Doğrusu ben bu düşünceyi anlamakta güçlük çekmişimdir hep. *"Yaptı ama ben söyledikten sonra yaptı!"* şeklinde ifade edilen memnuniyetsizliği nasıl değerlendirmeli? Sen söyledikten sonra yapması, yapılan işin değerini artırır mı azaltır mı? Hele istemediği bir şeyi yalnızca senin için yapmış olması yapılanın değerini daha da çok artırmaz mı? Seni memnun etmek için sarf edilen çabanın neresi kötü? Tersine belki sen de istemediğin bir şeyi onun için yapmayı öğrenebilirsin. Buna ister **almak için vermeyi öğrenmek** de ister **koşulsuz verebilmek**. Bence her ikisini de alkışlamak gerek. Daha önce de belirttiğim gibi, "Ne?" sorusu ile "Neden?" sorusunun yanıtları birbirlerinden farklı bilgiler verir.

"Ne?" sorusunun yanıtı (istenenin yapılması) gerçekleri, "Neden?" sorusunun yanıtı (aslında içinden gelmiyor ama ben istediğim için yaptı) ise öyküleri yansıtır. Yaşamda insan sayısı kadar öykü sayısı vardır ve öyküler gerçekleri değiştirmez. Bu söylediklerimi, "*Yalnızca gerçeklerden söz etmelisin, öykülerden değil*" biçiminde algılama lütfen. Geçenlerde böyle algıladığın için kendi öykünü anlatmakta tereddüt ettiğini gördüm. Ben yalnızca öykülerle gerçekleri birbirlerinden ayırt etmekten söz ediyorum. İkisini karıştırmadığın müddetçe sorun yok. Anlattığının gerçek olmayabileceğini ve yalnızca senin öykün olduğunu vurguladığın müddetçe kendi yorumunu özgürce koyabilirsin. Eşinle cinsel ilişkinin sıklığı azaldığında, "Niye azaldığını biliyorum çünkü artık beni çekici bulmuyor, benden sıkıldı" demekle, "Cinselliği eski sıklıkta yaşamadığımızın farkındayım. Bu işlerinin giderek yoğunlaşmasından mı yoksa eskiyen partnerinden sıkılmasından mı bilmiyorum. Ama onunla konuşmak istiyorum" demek arasında çok fark vardır.

23. İLETİŞİMDEN ÖTEYE GEÇİŞ: UZLAŞMA VE SORUN ÇÖZME BECERİLERİ

Sana yazdığım bu kitabın başında olaylarla ilgili duyguları belirleyen temel etkenin olayın kendisinden çok olaya verdiğin anlamla ilgili olduğunu belirtmiştim. Olaylara verilen anlamları belirleyen ise daha derindeki beklenti ve inanışlarıdır.

Bir gün eşinin kendisine gönderileceğini bildiği önemli bir kargo için senden evde beklemeni istediğini varsay. Ancak aynı gün senin de bir ay öncesinden kararlaştırılan bir arkadaş toplantısına katılman gereksin. Bir yandan da iyi bir partnerin eşi için her zaman fedakârlıkta bulunması gerektiği şeklinde bir inanışın olsun. Eğer arkadaş toplantısına gidersen, *"Yeterince iyi bir eş değilim"* şeklindeki düşüncelerin seni üzecektir. Hatta onu hayal kırıklığına uğrattığın için suçluluk duygusu bile yaşayabilirsin. Bu düşünce ve duygunun altında iyi bir eş olmanın kuralları ile ilgili beklentilerin yatar. "İyi bir eş partneri için her koşulda fedakârlık yapandır" beklentisi. Bu beklenti eninde sonunda eşine bakış açını da etkileyecektir. Bir an için eve gelecek bu önemli kargonun sana ait olduğunu düşün. Eğer eşin katılmak durumunda olduğu toplantı nedeniyle istediğini yerine getirmezse şimdi nasıl düşünürsün? *"Eşim beni yeterince önemsemiyor, belki de umurunda bile değilim."* Böyle bir düşünce sende "üzüntü-öfke" gibi olumsuz duygular oluşturacaktır. Daha da ötesi kendin için üzülmeye ve ilişkide gereksiz fedakârlıklar yaptığın için kendine kızmaya bile başlayabilirsin. Bu tür düşünce ve duyguların ilişkiye getireceği zarar açıktır. Eşin ile ilgili hissettiklerini ona aktardığında ise onun ne yanıt vereceğini bildiğinden anlatmaktan vazgeçersin. Vazgeçersin çünkü konuşulunca daha çok tartışıp kavga edeceğinizi ve sonunda küseceğinizi düşünürsün. Bu düşünce bizi konuşmaktan vazgeçirir. Çünkü senin de, "İyi evliliklerde tartışma ve küsmeler olmaz", "İyi evliliklerde sorun yaşanmaz" ya da "İyi evliliklerde eşler uzlaşma konusunda zorluk çekmezler çünkü olaylara bakışları benzerdir" biçiminde inanışların vardır.

Oysa iyi ya da mutlu evlilikle mutsuz evliliği birbirinden ayıran temel özellik sorunların türü ya da sayısı değildir. Mutlu çiftler de mutsuz çiftlerin yaşadığı sorunların çoğunu yaşar. Mutlu ve uyumlu çiftler sorun çıktığı zaman sorunla başa çıkma konusunda el ele verebilen ve sorun çözme yönünde etkili ortak stratejiler kullanmayı öğrenmiş eşlerden oluşur. Daha da önemlisi geçmişte birlikte sorun çözebilmiş bu çiftler sorunla karşılaştıklarında önceden olduğu gibi şimdi de sorunu başarıyla çözebileceklerine inanırlar.

Uzlaşma becerileri gündelik yaşamın parçası olarak kullandığımız becerilerden biridir. Uzlaşma konusundaki beceriler arttıkça kişiler arası ilişkilerimiz güzelleşir. Eşlerin uzlaşabilmek için birbirlerinin ne istediklerini ve neye ihtiyaç duyduklarını bilmeleri ve esnek olabilmeleri gerekir. İstekler benzer olduğunda uzlaşmaya gerek yoktur. Ancak bazen istekler birbirleriyle çelişir: Partnerinle birlikte sinemaya gittiğini düşün. Eğer her ikiniz de aynı filmi izlemek istiyorsanız tercihler aynı olduğu için uzlaşma gerekmez. Peki ya farklı filmleri seyretmek istiyorsanız? Eğer esnek değilseniz birbirinizi ikna etmeye çalışırken, birbirinizin zevklerini ve tercihlerini değersizleştirmeye hatta aşağılamaya başlayabilirsiniz. Böylelikle gece evinize yalnızca tatsız anılar götürürsünüz. Oysa esnek davranabilirseniz, çeşitli seçenekler olduğunu görebilirsiniz. Bu hafta birinizin, gelecek hafta ise diğerinin tercih ettiği filme gidebilir ya da her ikiniz de tercihinizden vazgeçip ilginizi çekebilecek bir başka filme gidebilirsiniz. Hatta her ikiniz de tercih ettiğiniz filmi yalnız başınıza seyretmeyi bile tercih edebilirsiniz. Ancak bu son öneriyi bir alışkanlık haline getirmemeni öneririm. Eğlenceye ayrılan zamanların önemli bir bölümünü birlikte geçirmeyi öğrenmelisiniz. **Hangi kararı verirseniz verin önemli olan verilen kararı sevmektir. Doğru ya da yanlış karardan çok, sevilen ve sevilmeyen kararlar vardır. Kararını sevmeyi ve kararından memnun olmayı sen de öğrenmelisin.** Verdiğin karar eşinin tercihine uyum sağlamak olduysa bununla ilgili onun başına kakmamayı da becerebilmelisin. Filmi seyrettikten sonra hoşlanmasan bile tercihin yanlış yapıldığını söylememelisin. Unutma ki bir sonraki seferde seyredilecek film, senin tercihin olabilir. Uzlaşma sonunda alınan kararla ilgili eleştiri getirirsen ("Tercih ettiğin film kötü çıktı" gibi) bir süre sonra partnerin kendi istek ve tercihini dile getirmekte zorlanacaktır. Uzlaşma sürecinde iyi iletişim için geçerli olan tüm becerilerin kullanılması gerekir. Dikkatli bir dinleme, eşinin duygularına ve ihtiyaçlarına gösterdiğin özen uzlaşmayı kolaylaştıracaktır. Uzlaşma işlemi sırasında açık uçlu sorular çok işe yarar. Açık uçlu sorular, yanıtları "evet" ya da "hayır" olmayan sorulardır. Örneğin, "Günün iyi geçti mi?" sorusunun yanıtı yalnızca "evet" ya da "hayır" olabilir. Buna karşılık "Günün nasıl geçti?" şeklinde bir soru partnerinin daha çok bilgi ve duygu aktarmasını sağlayacaktır. "Ne tür bir filme gitmek istersin?" açık uçlu bir soru olup, "Macera mı, komedi mi?" şeklinde sorulan sorudan daha uygun olabilir. Böyle bir yaklaşım çeşitli konuları tartışmaya açmak ve sorun çözme işlemini başlatmak yönünden daha işlevseldir. Uzlaşma sürecinde hedeflerin gerçekçi ve ulaşılabilir olmalıdır. Örneğin, birlikte bir tatile gidecekseniz hem zaman hem de maddi açıdan uygun bir seçim yaptığınızdan emin olmalısın. Uzlaşma becerileriniz arttıkça sorunların daha kolay çözümlendiğini de göreceksiniz.

24. SORUN ÇÖZME BECERİLERİNİ ENGELLEYEN TEMEL NEDEN

Geçenlerde partnerin tarafından yeterince sevilmediğini söylediğinde "Seni yeterince sevdiğine inanman için neyi farklı yapmasını isterdin?" şeklinde bir soru yöneltmiştim sana. Bana somut bir yanıt verememiştin. Bu, yalnızca senin yaşadığın bir güçlük değil. Bana yardım almaya gelen eşlere, "Şimdi olduğunuzdan daha mutlu ve huzurlu olabilmeniz için eşinizde nelerin değişmesini isterdiniz?" diye sorduğumda, her iki eş de oldukça genel tanımlamalar yapıyorlar. Eşlerden biri, "Daha ilgili olsun", "Ailemize daha çok zaman ayırsın", "Daha saygılı ve dürüst olsun" gibi isteklerde bulunurken diğeri, "Daha çok sevgi ve şefkat göstermesini isterdim" gibi şeyler söyleyebiliyor. Bu tür tanımlamalar sorunun çözümünden çok büyümesine katkıda bulunuyor. Niye mi? "Eşimin daha ilgili olmasını, bize daha çok zaman ayırmasını isterdim" diyen eşe diğeri "Ben zaten evimle ilgiliyim, iş dışındaki tüm zamanı evimde geçiren bir adamım. Daha nasıl ilgi gösterebilirim?" biçiminde yanıt verebiliyor. Bu koca gerçekten iş dışındaki tüm zamanını evinde geçiriyor olabilir ancak karısının ilgi tanımı ile kendisininki aynı değil. Karısı aynı evde iki otelci gibi yaşamaktan söz ediyor. Başka bir deyişle kocası evde ancak ya bilgisayarının başında, ya TV seyrediyor, ya da telefonla konuşuyor. Hatta eşiyle konuşurken bir yandan da maç seyrediyor. Yani eşine göre ilgisiz. Kocası ise kendisini mazbut bir yaşantısı olan, vaktini evinde geçiren ve aile bireylerinin ihtiyaçlarını karşılayan ilgili birisi olarak tanımlıyor. Böyle bir durumda ilgi kelimesinin somutlaştırılması gerekiyor. Yani öyle bir tanım yapılmalı ki her ikisinin de "ilgi" kelimesinden anladıkları benzer olsun ve ilgi kelimesi gözlerinin önüne aynı fotoğrafı getirebilsin. Burada belki de ilgi ile kastedilen bir masanın başında, tamamen birlikte vakit geçirebilmek ve bu birliktelik sırasında TV, bilgisayar ve telefonun kapalı olması ve çocukların uyuyor olması. Şimdi ilgi daha net tanımlanmış oldu sanıyorum. Ancak halen eksik olan, bu işlemin hangi sıklıkta ve ne kadar süreyle yapılacağı. Seans içinde uzlaşma yöntemleri ile bu çiftle şöyle bir karar alıyoruz. Ödev: Haftanın iki akşamı (günler eşler tarafından önceden uzlaşma ile belirlenmek üzere) bir saat süreyle birlikte sohbet (iletişim kuralları çerçevesinde) edip, hep konuşmak isteyip beceremedikleri bir konuyu ele alabilmek.

Hâlâ eksik kalan ne? Bir eşin isteği doğrultusunda eylem planı yapıldı ancak diğerinin de istekleri olabileceği unutuldu. Eşinin daha "sevecen" olmasını bekleyen kocaya, "Karın ne yaparsa ona sevecen diyebilirsin?" diye sorduğumda, "Akşam işten eve geldiğimde kimse beni fark etmiyor bile. Hoş geldin, günün nasıl geçti diye soran kimse yok. Kendimi takdir edilmeyen ve sevilmeyen biri gibi algılıyorum" demişti. Bunun üzerine yine karşılıklı uzlaşma ile kocası eve geldiğinde karısının ona sarılması ve gününün nasıl geçtiğini sorması biçiminde bir eylem planı yapıldı. Ödevlerini büyük oranda gerçekleştiren eşler bir sonraki görüşmeye çok daha umutlu biçimde gelmişlerdi.

Özetle, sorun çözebilme konusunda birinci kural, sorunun fotoğrafik yani somut bir biçimde tanımlanmasıdır. Çünkü herkes kendi tanımlamasını kendi öyküsünün dünyasında yapar. Sevgi, saygı, ilgi gibi kavramların mutlak tanımını yapan ve herkesin üzerinde görüş birliğine ulaştığı evrensel bir sözlük henüz oluşturulamamıştır, oluşturulamaz da!...

Son yıllarda eşlerin birbirleriyle ilgili beklentilerini dile getirirken sözü edilen genel geçer kavramların yanı sıra teknik kavramlar da kullandıklarını üzülerek gözlemlemekteyim. İnsanlar aynı kavramları kullandıklarında kavrama farklı anlamlar yükleyebiliyor. Geçenlerde eşlerden biri diğerinin **pasif-agresif** tutumlarından bıktığını dile getirmişti. Bu teknik tanımla neyi kastettiğini sorduğumda eşinin aralarında geçen bir tartışma sırasında sessiz kaldığını; ancak tartışmayı izleyen günde kendisini arabasıyla okuldan almayı unuttuğunu belirtti. Kocasına eşini okuldan almayı unutmasını nasıl açıkladığını sorduğumdaysa, "Unutmadım, yalnızca araba bozulmuştu ve arabayla uğraşırken onu telefonla aramayı ihmal etmişim" diye yanıt verdi. Kullanılan teknik kavram yerinde kullanılmış olabilir de olmayabilir de. Ancak amaç, sorunu yalın bir dille yani herhangi bir yaftalamaya sığınmadan aktarmak olmalıdır.

Sorun çözebilme konusunda ikinci kural, eşlerin hedefleri birlikte belirlemeleridir. Hedef belirleme sürecinde eşlerin birbirleriyle ilgili olarak getirdikleri yakınmaları birer dileğe dönüştürebilmeleri gerekir. Çünkü sorunlu beraberlikleri olan çiftlerde, eşler birbirleriyle ilgili dileklerde bulunma konusunda genelde zorluk çekerler. Ancak birbirleriyle ilgili olarak rahatsızlıklarını dile getirmekte oldukça ustadırlar. "*Senin şu huyundan nefret ediyorum*" veya "*Eve geç gelmenden hoşlanmıyorum*" gibi... Bu bağlamda yakınmaları, eyleme yönelik dileklere dönüştürmek güç bir iş değildir. Eyleme yönelik dileklerin, "*Akşamları eve yemek öncesinde gelmen beni mutlu eder*" gibi iyi tanımlanmış olması gerekir. Eşinden "daha iyi davranmasını" istemek yalnızca bir dilektir. Oysa eyleme yönelik dilek ayrıntılar içerir. Bu ayrıntılar iyi davranmanın nasıl gerçekleştirileceğini de anlatır. Örneğin Cem, karısı Damla'nın, kız arkadaşına kendisinden daha yakın ve sıcak davranmasından yakınmaktadır. Öncelikle bu yakınmayı eyleme yönelik bir dileğe dönüştürür. Eşinden cinsel yaşamları gibi özel konuları arkadaşı ile konuşmamasını ister. Sonra bunun neyi istemediğini söylemek olduğunu fark eder ve düzelterek neyi istediğini daha net aktarır. Her akşam eşinin kendisi ile en azından yarım saat konuşmasını ve özellikle kendisi ile ilgili ne hissettiğini açıkça anlatmasını ister. Damla'nın da eyleme yönelik dilekleri vardır. Her şeyini paylaştığı arkadaşı ona hep iyi davrandığından, eşinden de, öncelikle kendisine arkadaşı gibi iyi davranmasını ister. Ardından bu dileğinin somut olmadığını ve ayrıntı içermediğini fark eder ve düzeltir. Eşinden kendisinin söylediklerini çözüm önermeden dinlemesini ister ve dinlemeyi aceleci bir tutum içinde değil, sakin ve gözlerinin içine bakarak yapmasını ister. Artık her iki eşin de eylem içeren dilekleri belirlenmiştir. Bundan sonraki adım görev olarak üstlenilen işlerin karşılıklı olarak yerine getirilmesi olacaktır. Her iki eş de kendisinden beklenen eylem içeren dilekleri gerçekleştirmek için belirli zaman dilimleri seçer. Karşılıklı çaba gerektiren bu eylem planlarının ne oranda yerine getirildiğini görmek için belirli zamanlarda (örneğin her ayın son günü gibi) bir araya gelerek eylem planı içinde yapılan ve yapılmayanları birlikte gözden geçirebilirler. Bu gözden geçirme sırasında eğer isterlerse yapılanlardan ne oranda tatmin olduklarını belirlemek için kendilerince geliştirdikleri bir ölçekten bile yararlanabilirler. İsterlerse bu ölçeğin adını "doyum ölçeği" bile koyabilirler. Bu ölçekte birbirlerinden istediklerinin fotoğraflaştırılmış görüntüsünü belirleyen maddeler olabilir. Örneğin istenen, "sevildiğini daha çok görebilmek" ise bunun fotoğraflaştırılmış alt maddeleri; haftanın iki akşamında birbirlerine ayırdıkları birer saatlik süre, birlikte tatile çıkma, yemeğe gitme, dokunma ve cinsellik olabilir.

Aslında terapilerde de buna benzer bir işlem yapılır. Öncelikle daha uyumlu ve doyum sağlayıcı bir ilişki için eşlere birbirleriyle ilgili nelerin değişmesini istedikleri sorulur. Eğer eşler değiştirilmesi istenen davranışları tanımlamakta zorluk çekiyor, buna karşılık bol bol yakınma getiriyorlarsa bu yakınmalar karşılıklı dileklere dönüştürülür. Dileklerin eşlerin yaşantılarına somut biçimde geçirilebilmesi ise terapistin eşlerle birlikte belirlediği ev ödevleri aracılığıyla sağlanır.

Özetle, eşlerin yakınmaları, karşılıklı dileklere, karşılıklı dilekler ise karşılıklı yürütülecek ev ödevlerine dönüştürülmüştür.

Ev ödevleri her iki eşe birden verilir. Çünkü her iki eşin de birbirleri ile ilgili değişmesini istedikleri şeyler vardır. Verilen ödevlerin yapılma olasılığını artırmak için yapılacakların basit, kolay anlaşılır ve bir sonraki tedavi oturumuna kadar tamamlanabilir nitelikte olması gerekir. Ödevleri yürütmekle ilgili herhangi bir güçlük oluşursa bu güçlüklerin bir sonraki tedavi oturumunda ele alınacağı belirtilir. Hedeflerin gerçekleştirilmesi doğrultusunda eşler tarafından atılan her adım terapist tarafından teşvik edilip desteklenir.

25. OYUN GİBİ! GERÇEK OLABİLİR Mİ?

Bu söylediklerim sana pek gerçekçi gelmeyebilir. Hatta komik ve çocuksu bir oyun gibi de görünebilir. Ama umutsuzluğa kapılmadan önce çocukları dikkatlice gözle. Çocukların oyunları aslında onların en ciddi uğraşılarıdır. Belki de bu ciddi uğraşılarını yeterince ciddiye almayacaklarını düşündükleri için büyükleri oyunlarına dahil etmezler çoğu zaman. Bu bağlamda çocuklardan öğreneceğimiz çok şey var... Eğer, "Hayır bu iş böyle yürümez" gibi bir düşüncen varsa, hemen düşüncene inanıp oynamaktan vazgeçmek yerine öncelikle oynayarak düşüncenin geçerliliğini sına. Belki sen de bu oyunu becerebilir hatta sevebilirsin.

"Böyle bir çabanın işe yarayacağından emin misin?" sorusunun yanıtına gelince, sana kimse neyin, ne kadar işe yarayacağı konusunda bir garanti veremez. Benim amacım da herhangi bir garanti vermek değil. Yalnızca bir deney yapmak. Unutma her deney öğreticidir. Deneyin ilk aşaması istediğiniz değişimin sağlanması için gerekli gördüğünüz ve ihtiyaç duyduğunuz şeyleri net ve somut biçimde birbirinize aktarmanızdır. Her ikinizin isteklerini bir eylem planı içinde gerçekleştirmeye çalışıp sonra ilişkinizde nelerin değiştiğine bakmak ise deneyin diğer aşamasıdır. Değişiklik oluşmamışsa eylem planını yeniden gözden geçirin. Neyi yanlış yaptığınızı görebilirsiniz. Örneğin, "akşam yemeğinden önce evde olmak" ölçütü yeterince net olmadığı için değişim gerçekleşmemiş olabilir çünkü akşam yemeğinin saatinin kaç olması gerektiği kişiden kişiye farklılık gösterebilir.

Biraz fazla akıl okuyorum galiba ama yanılıyorsam beni düzelt. Şimdi de, "Peki, buraya kadar söylediklerini anladım ama duygular nerede?" diye sorduğunu işitir gibiyim. "Aşktan bahsediyorsun ama hep davranışsal olarak ne yapılması gerektiğini anlatıyorsun. Eninde sonunda aşk bir duygu değil midir? Bunu bir dizi davranışa indirgemek uygun mudur? İletişimi anlatırken de böyle yaptın. Sen kendi evinde önerdiğin şekilde mi konuşuyorsun? Kalbin ve duyguların nerede?" diye sorduğunu sanıyorum. Haklısın aşk temelde duygu işidir. Ancak hiçbir duygu kendi haline bırakıldığı zaman aynı yoğunlukta devam etmez. **Aşkın olgunlaşmış bir sevgiye dönüşmesi duygulardan fazlasını gerektirir.** "Aşk" gerçek bir ilişki çerçevesine oturduğu andan itibaren yalnızca duygular değil, davranışlar da devreye girer. İlişki söz konusu olduğunda iletişim, işbirliği, sadakat, liyakat, adanmışlık, kabul, affetme, duyarlılık gibi pek çok bireysel beceri devreye girerek ham duyguların olgunlaşmasını ve gelişmesini sağlar. Evlilik söz konusu olduğunda eşlerin bireysel beklentileri de devreye girmiştir. Farklı beklentiler yanı sıra birbirlerinin davranışlarına verdikleri farklı anlamlar birbirlerini yanlış anlamalarına neden olabilir. Bütün bunlar evlilikte çatışma yaşattığında eşler bu çatışmayı çözümlenmesi gereken bir sorun gibi tanımlamak yerine ötekinin hatası gibi tanımlayabilir ve olanlardan diğer eşi sorumlu tutabilir. Şimdi o yoğun aşk duygusu yerini hayal kırıklığı, öfke ve pişmanlıklara bırakmıştır. İşte bütün bu nedenlerle ilişkini yalnızca duygulara emanet edemezsin. **Aşk hiçbir zaman yetmez, aşkını görünür yapmadığın müddetçe... Aşkı görünür yapan ise sözler ve duygular değil davranışlardır.** Tabii şunu da eklemem gerekir: **Aşk ve sevgi yalnızca davranışlarda değildir ancak davranışlar aşkın iletişim aracıdır.**

26. DENEY HAYVANLARINDAN DAHA AKILLI OLMAYI ÖĞRENMEK

Seninle bir deney yapıp ardından bu deneyle ilgili anlam çıkaralım, ne dersin? Meraklanma sıkıcı bir deney olmayacak ve belki de çok şey öğreneceksin...

Bir deney faremiz olsun, bir de üç çıkışı olan labirentimiz. Bir peynir parçasını üç numaralı çıkışın sonuna bırakalım ve peyniri araması için de fareyi aç bırakalım. (Biz insanlarda doyum sağlamak için arama davranışı içine gireriz.) Aç fare önce labirent girişine en yakın olan bir numaralı çıkış koridorunu takip edecektir. Yiyecek bulamadığından ve aç olduğundan ikinci koridoru takip edecek, orada da bir şey bulamayınca üçüncü çıkışa gidecek ve peyniri yiyip açlığını giderecektir. Bu fareyi kafese koyup tekrar aç bırakalım ve yine aynı labirente sokalım. Peyniri de yine üç numaralı çıkışa koyalım. Fare önce bir, sonra iki ve nihayet üç numaralı çıkışa gidip yine peyniri bulsun ve yesin. Bu deneyi art arda yapmaya devam edersen bir süre sonra zeki bir faren olur. Artık onu aç bırakıp labirente koyduğunda bir ve iki numaralı koridorları denemeyip, doğrudan üçüncü koridora gidecek ve koridor çıkışında aradığı peyniri bulup karnını doyuracaktır. Zeki bir fare elde etmek için bu deneyi kaç kere tekrarladığımızı bir yere not edelim. Şimdi aynı fareyle bu koşullanmanın söndürülmesi için bir başka deney yapalım. Bu defa peyniri iki numaralı çıkışa koyalım. Aç fareyi de labirentin girişine bırakalım. Akıllı faremiz artık peynirin nerede olduğunu bildiğine inandığından doğrudan üç numaralı koridora girecek ancak hayal kırıklığı ile geri dönecektir. Bir yanlış yaptığını düşünen fare, labirent girişine döndüğünde aç olduğundan tekrar üçüncü çıkışa gidecek ve yine aç olarak geri dönecektir. Ardı ardına denemelerin sonuç vermemesi nedeniyle bir sonraki denemede zeki faremiz stratejisini değiştirip önce bir numaralı koridora girecek, orada yiyecek bulamayınca iki numaralı çıkışa gidip karnını doyurup keyifli biçimde geri dönecektir. Bu deneyi aynı şekilde devam ettirirsek bir süre sonra yemeğini öncelikle iki numaralı çıkışta aramaya başlayan bir fare görebilirsin. Görüyorsun fareler öğreniyor ve ardından değişen koşullarda yeniden öğrenmeyi başarabiliyorlar. Gereksinimlerini karşılamak isteyen fare onu elde etmek için değişik seçenekleri devreye sokabiliyor. Ya bizler? Sen ve ben? Bizler üçüncü koridorun sonundaki çıkışa gidip bekliyoruz, sonunda birileri bu çıkışa ihtiyaçlarımızı getirecek diyerek. Hatta üçüncü çıkışa bir de koltuk atıp ısrarlı bir biçimde eninde sonunda doyurulacağımızı düşünerek bekleyip duruyoruz. "Benim ailemde bu peynir hep bu çıkışa konulurdu" ya da "Son ilişkimde de bu peynir bu çıkışta idi" diyerek... Başka bir deyişle **peynir yemek yerine öykülerimizi yemeye devam ediyoruz.** "Benim öykülerime göre peynirin burada olması gerekiyor, o yüzden burada beklemeye devam edeceğim" diyerek. Fareler, öykü bilmez ya da en azından öykülerinden vazgeçebilir. Gerçek olan peynir ve ona ulaşmak için değiştirmemiz gereken stratejilerimizdir!...

Sen ve ben, daha iyi bir ilişki ve daha iyi bir dünya için daha ne kadar zaman kendi öykülerimizi yemeye devam edeceğiz?

İlişkide işler yolunda gitmediği zaman, daha ne kadar ötekini suçlamaya devam edeceğiz? Mevcut sorunu onun değişmez kişiliği ile ya da geçmişte ailesinde olup bitenlerle açıkladığında da koridor çıkışındaki peyniri bulamayacağın çok açık... Çıkış yolundaki peyniri bulabilmek ancak işe yaramayan tekrarlayıcı davranış örüntülerinden (bireysel ya da çift olarak) vazgeçebilmekle mümkündür. Yani çıkmazda gibi görünen ilişkilerde tekrarlayıcı davranış ya da düşünce örüntülerini dikkatli bir gözlemle saptayıp ardından farklı bir şey yapmak gerekir.

Şöyle düşünmeye ne dersin: "Partnerim hoşlanmadığım davranışlar yaptığında, ben genelde ne yapıyorum?" Ne yapıyorsan yaptığından vazgeç ve yeni bir yöntem dene. İşe yarar sonuçlar alıncaya kadar farklı stratejiler uygulamaya devam et. Bazen iki kişilik bir dansın uyumu tek kişilik bir çabayla da sağlanabilir. Sağlanmasa da en azından, "Ben üzerime düşeni yaptım" dersin. Biliyorum eşin twist yaparken senin tango yapman oldukça zor ama bunu, "yeni dans adımları" olarak düşün. Böyle düşünmek sana motivasyon verebilir. Hatırlaman gereken temel ilke: **Her zaman yaptığın davranışlar seni şimdiye kadar nereye getirdiyse, bundan sonra da oraya kadar götürecektir. Seni hiçbir yere götürmeyen ve kilitlenip kaldığın bu noktada ancak yöntemlerini ve davranışlarını değiştirerek çıkışı bulabilirsin.**

Sana söylediklerimi bir cümle ile özetleyeyim: **"Aptallık tekrar tekrar aynı şeyleri yapıp, yaptıklarından farklı sonuçlar elde etmeyi beklemektir."**

İlişkide kalıplaşmış ve işe yaramayan tekrarlayıcı örüntüleri değiştirmenin bir yolu da mizah anlayışını devreye sokmak olabilir. Ciddi konular konuşmak için her zaman ciddi olmak gerekmeyebilir. Tedavi oturumları sırasında sürekli olarak kendinden yakınarak, "*Zeki olarak tanındığım ve aslında zeki olduğum halde elime attığım tüm işleri berbat ediyorum*" diye söylenen genç ve başarılı bir işadamına bir gün şöyle bir yorum yapmıştım:

"Belki aynı şeylerden yakınmak yerine bakış açını yeniden gözden geçirebilirsin. Belki de sen zeki olduğu halde işleri berbat eden beceriksiz biri değil vasat bir zekâya sahip olduğu halde yakaladığı şansları hiç de fena değerlendirmeyen becerikli bir

işadamısın!" Bu yorum üzerine önce bir süre düşünen genç işadamının daha sonra kahkahalarla gülmesine tanık oldum. Mizah içeren bu yorum ona itici gelmemişti ve yeni bir bakış açısı kazandırmıştı. Bu yeni bakış açısının kendisine yeni bir özgürlük alanı sağladığından da söz etti bir sonraki tedavi oturumunda... Bahsettiği tam anlamıyla **kibirden özgürleşme idi. Daha sonraki görüşmelerimizde de yaptıklarını sevmenin, sevdiklerini yapmaktan daha anlamlı olduğunu öğrenmiş ve bir daha yakınmamıştı.**

Sana kısırdöngüsünü stratejisini değiştirerek yenmesini öğrenen yabancı uyruklu bir danışanımdan söz ederek bitirmek istiyorum bu konuda söyleyeceklerimi... Yıllar önce yabancı uyruklu bir kadın ofisime gelerek, "*Artık bu evliliği sürdürmek istemiyorum. Eşim benim kişiliğimi değiştirmek ve beni kendisinin istediği kişi yapmak istiyor. Başlangıçta ailesi ile çok vakit geçirmemi istiyordu. Yaptım. Sonradan bizim kültürümüzde böyle değil şöyle davranılması gerekir diyerek kendi bildiğim hemen hemen her şeyin değişmesini istedi. Kimliğimi kaybetmekten korktuğum için istenenleri yapmadım. Şimdilerde ise kendisine giderek daha da çok kızdığımdan hiçbir isteğini yapmıyorum. Artık ona katlanamayacağımı düşünerek boşanmak amacıyla mahkemeye başvurdum. Ancak başvurumdan eşimin haberi yok. Avukatımdan kendisine gönderilen mahkeme çağrısını sakladım. Bir ay sonra mahkeme ve ardından boşanma gerçekleşecek*" dedi. Ne yapmak istediğine karar vermiş olduğuna hatta kararını eyleme geçirmiş olduğuna göre kendisine nasıl yardımcı olabileceğimi ve benden nasıl bir yardım beklediğini sordum. O da bana, "Çok acı çektim. Onun da acı çekmesini istiyorum. Böyle aniden ayrılırsak o hiçbir şey hissetmeyecek" diye yanıt verdi. Bunun üzerine ne yapmayı planladığını sordum. Bana, "*Önümüzdeki bir ay içinde onun her isteğini yerine getireceğim. Hiçbir isteğine itiraz etmeyeceğim. O da beni yeniden eskisi gibi sevmeye başlayacak. Tam yeniden sevdiğinde onu terk edeceğim*" diye yanıt verdi. Kendisine stratejisini ve öfkesini anlamakla birlikte belki de çift olarak yardım almaya gelmelerinin daha uygun olabileceğini söyledim. Bunu denediklerini, bir işe yaramadığını ve artık eşiyle birlikte yaşamak istemediğini tekrarladı. Bunun üzerine mahkeme tarihinden önce kendisini tekrar görmek istediğimi belirttim. Ayrılacaklarına göre bir ay süre için onun istediği gibi davranmanın yeni bir strateji olabileceğini ve bundan bir şey kaybetmeyeceğini de söyledim. Gerçekten de yirmi gün sonra ikinci görüşmeye geldi. Söylediği şeylerin hepsini yapmıştı. Eşinin isteklerini dikkatlice dinlemiş ve hatta kendisinden istenilen her şeyi fazlasıyla yerine getirmişti. Ancak pek mutlu görünmüyordu.

"*Yeni strateji işe yaramadı mı? Gelişmelerden pek mutlu değil gibi görünüyorsun?*" şeklinde bir yorum yaptım. Bana, beni hiç şaşırtmayan şu yanıtı verdi: "*Hayır. Yeni strateji çok işe yaradı. Eşim tahmin ettiğim gibi beni yeniden eskisi gibi sevmeye başladı.*" Bunun üzerine gelişmelerden memnun olmamış gibi görünmesinin nedenini sorduğumda ise şunları söyledi: "*Garip bir şey oldu. Ben ona istediklerini verdikçe o da bana benim istediklerimi vermeye başladı. Yaptıklarımı takdir etmeye, geçmişte yapamadıklarımı anlayışla karşılamaya, bana güzel şeyler söylemeye ve ilk günlerdeki gibi sürprizler yapmaya başladı. Daha da önemlisi bu karşılıklı alışveriş içinde ben de onu hâlâ ne kadar sevdiğimi fark ettim. Galiba açtığım davadan vazgeçiyorum.*

Çünkü davadan vazgeçmek, ondan vazgeçmekten daha güzel olacak..."

Daha önce de belirttiğim gibi bazen iki kişilik dans, diğerinin ne yaptığıyla ilgilenmeden tek kişilik bir çaba ile yeniden ritmini kazanabilir. İlişkinin iyileştirilmesi yolunda yaptığın her şey yalnızca eşin için değil, kendi ilişkin içindir. Vermek için önce almayı beklemek gerekmeyebilir...

27. EVLİLİK ÜZERİNE SON SÖZ

Senin nefret ettiğini bile bile aynı davranışları yapmakta ısrar eden ve daha önce elli kez bunu yapmamasını belirttiğin halde söylediklerini umursamayan eşin için öfke ile dişini gıcırdattığın hiç olmadı mı? Ya ilk tanıdığın gibi olmadığını düşündüğün anlar? Hatta onu eskisi kadar sevmediğini düşündüğün zamanlar? Birazcık gerçekleri görebilse, biraz dediklerimi duyabilse diye üzülüp, ağladığın ya da öfkelendiğin zamanlar? Yakın ilişkiler ve bu ilişkilerin kurumsallaştığı yer olan evlilik dünyasına hoş geldin! Uzun süreli ilişkilerde duygularının böylesine iniş ve çıkışlar göstermesi son derece doğaldır. İniş yaparken, yalnızca inişte olduğunu gösteren işaretlere bakma. Her inişin bir çıkışı ve her çıkışın da bir inişi olacaktır.

Kitabın bu bölümünde inişten çıkışa doğru gidebilmek için yapabileceğin bazı şeylerden söz etmeye çalıştım. Ama sana mükemmel bir ilişkinin ya da mutluluk dolu bir evliliğin tarifini verdiğimi asla iddia edemem. Yalnızca evlilik yolculuğun sırasında yararlanabileceğin bir harita sunmak istedim. Yolculuğu yapanlar haritalar değil yolcuların kendisidir. Bugün hâlâ elimizde mutlu evliliği belirleyen kesin ölçütler yok. Bilim bize, "Şunlar şunlar olursa evliliğin mutlu olur" şeklinde kesinlik içeren bir açıklama getiremiyor. Daha da önemlisi, insanları mutlu etmenin yolu bilimden geçmiyor. *Bilimi bilmek ise bilge olmayı sağlamıyor.*

Bu kitabı on yıl önce yazsaydım sana evliliğinde mutlu olmanın sırlarını verebilirdim. Yaptığım işin özünün değişim sağlamak olduğu ve bu konuda her şeyi bildiğim düşüncesiyle "Değişim sağlamanın 10 yolu", "Başarılı evliliğin 18 kuralı" gibi konulardan daha çok söz ederdim. Ama şimdi bilmediğim şeylerin bildiklerimden çok daha fazla olduğunun bilinci içinde ilişkiler hakkında yalnızca düşündüklerimi yazdım. **Bu benim öyküm... Sana evliliğinde belki yol gösterebilir ama öykümü bir kural gibi algılama sakın.**

Çeşitli ortamlarda evlilik ile ilgili konuşmalar yaparken eşlerin zaman zaman birbirlerine dirsek atarak, "*Bak sen de böyle yapıyorsun, biraz dinle de öğren*" dediklerini duydum. Oysa benim yapmaya çalıştığım bunun tam tersi idi. Senin de öğrendiklerini eşini suçlamak için değil onunla olan sürtüşmelerini en aza indirmek için kullanacağını umuyorum. Bazen öfke, suçlama, pişmanlıklar arkasına saklanan sevgiyi açığa çıkartmak için kullanmalısın bu öyküyü. **Düşünceler silah değil yalnızca birer malzemedir. Onları amaçlarını aşmadan kullanmaya gayret etmelisin.** Meslek yaşamımda evliliği izleyen uzun yıllar sonunda, "*Onu geçmişte gerçekten sevmiş miydim, bilemiyorum?*" diyen birçok insanla karşılaştım. Sen de aynı soruyu soruyorsan yanıtı: "*Büyük olasılıkla sevdin, büyük olasılıkla hâlâ seviyorsun...*" Bunca yıl uğruna çaba harcanılan, çeşitli yatırımlar yapılan bir insan sevilmez mi? Unutma sevginin bin bir yüzü vardır... İlişkini ve evliliğini bir kâse gibi düşün. Bu kâse ilişkiye adanmışlığının bir sembolüdür. Yeni tanıştığın ve adanmışlık hissetmediğin biriyle birlikteyken kâsen çok küçüktür. Kâsen çok küçük olduğundan bu kişi sana verdiği sözleri birkaç kez unutur veya sana saygısızlık yaparsa kâsen hızlıca dolup taşacaktır. Ancak bir ilişkiyi sürdürmek istiyorsan kâseni büyütmek zorundasın. Çünkü her uzun vadeli ilişkide hayal kırıklıkları ve sorunlar olacaktır. **Kâsen olumlular, yanı sıra olumsuzları da taşıyacak kadar geniş olsun...**

Ona ilk âşık olduğun zamanı hatırla. Sevgiyle doluydun ve bu sevgiyi yalnızca ona değil yaşadığın dünyana da yansıtıyordun. Arkadaşların sende bir değişiklik olduğunu fark etmişlerdi. Aşk, kapatmış olduğun ışıklarını açarak evini aydınlatmıştı. Dış dünyaya kapalı pencerelerin, aydınlığın tamamını içeri alacak şekilde sonuna kadar açılmıştı. Trafikte önünü kesenlere, yanlış yapanlara artık eskisi gibi söylenmiyordun. Kimse sevgiyle açılmış antenlerini ve ışığı alan pencerelerini kapatabilecek bir güce sahip değildi. Sonra ne oldu? Önce pencerelerden birini kapattın, ortamın aydınlığı azaldı. Sonra diğerlerini... Enerji tasarrufu için ışıkların da bir kısmını kapattın. Giderek evin karanlıklaştı ve soğudu. Ve şimdi soruyorsun, "Niye eskisi gibi sevgiyi hissetmiyorum?" diye. Ve şimdi bekliyorsun biri sihirli kumandasıyla evini yeniden aydınlatsın diye. Ama bir şeyi unutuyor olmalısın. Burası senin evin ve kendi evinde pencere ve kapılarını dış güçlere ihtiyaç duymadan da yeniden açabilir, ışıklarını yeniden devreye sokabilirsin. Dışarıdan sihirli kumanda ile gelecek birini beklemek mi? Yoksa içeriden pencereleri ve ışığı açarak evini kendi çabanla yeniden aydınlatmak mı? Hangi masaya oturmak istersin?

Sevgi koşulsuz olduğunda sevgi için verilenin hesabı tutulmaz. Hesabı tutulmadan verilenler ise stokları tüketmez. Sana bu konuyla ilgili son bir öykü anlatayım...

Geçmişte, herkesin mutlu olarak yaşadığı küçük bir kasaba varmış. Bu kasabada herkesin mutlu ve sağlıklı olması bedenlerinin ürettiği çikolata benzeri ılık bir maddeyi sürekli olarak birbirlerine ikram etmelerinden kaynaklanırmış. Bu madde üretildikçe küçük toplar halinde cildin üstüne çıkar ve başka bir kişiye verilmeyi beklermiş. Verilen her top kabul edilip yenildikçe kişi kendine değer verildiğini ve sevildiğini hissedermiş. Bir gün bu kasabaya bir cadı gelmiş. Verdiği ilaçlarla her türlü hastalığa şifa bulduğunu ve herkesi mutlu edebileceğini söylüyormuş. Kimse bu ilaçlardan almamış. Çünkü herkes zaten sağlıklı ve mutluymuş. Cadı ilaçlarını satamadığını gördüğünde ılık çikolata toplarından birini veren bir kişiye yaklaşarak kulağına, "*Yarın hiç gelmeyecekmiş gibi toplarını dağıtmaktan vazgeç. Benim geldiğim diyarda bir virüs tüm topların yok olmasına neden oldu. Artık kimsenin topu yok ve herkes hasta*" diye fısıldamış. Bunu duyan kişi endişelenmeye başlamış ve kendi kendine, "*Belki de tüm topları vermemeliyim. Ya hastalık buraya da gelirse?*" diyerek toplarını kendine ve ailesine saklamaya karar vermiş. Bir yandan da, "*Nasıl olsa ben vermesem de kimse fark etmez*" diyerek kendini rahatlatmış. Fark edemediği şey ise vücudun diğer salgıları gibi, üretilen tüketilmediği takdirde üretimin duracağı ve salgılamanın olmayacağı imiş. Bir süre sonra vücudu, ılık çikolata toplarını üretmez olmuş. Bunun üzerine çikolata toplarını öldüren virüsün kendi kasabalarına da geldiğini düşünerek bunu tüm kasabaya yaymış. Artık herkes kendi toplarını kendine saklamaya başlamış. Ancak bir yandan da giderek mutsuz, umutsuz ve sevgisiz olmuşlar. Kasabaya hastalık gelmiş. Cadı, satmak istediği ilaçları satma fırsatı bulmuş. Kendisi giderek zenginleşmiş ancak verdiği ilaçlar ve ürettiği çikolata benzeri toplar kimseye yarar sağlamamış. Bir gün kasabaya elinde kocaman bir torbayla bir başka kadın gelmiş ve torbasından ılık çikolata toplarını çıkararak insanlara karşılıksız dağıtmaya başlamış. Halk, kendisini topları öldüren virüs konusunda uyarmış ama o aldırmamış ve topları dağıtmaya devam etmiş. Haftalar geçmiş ancak torbadan çıkarılıp dağıtılan toplar azalmamış. İnsanlar ne oluyor da senin torbandaki toplar bitmiyor diye sorduklarında, "*Gördüğünüz gibi verdikçe artıyorlar*" diye yanıt vermiş. Kasaba halkı tekrar ellerinde kalan topları vermeye başlamış ve stoklar tükenmediği gibi giderek artmış ve insanlar tekrar eski sağlıklı, cömert ve mutlu konumlarına dönmüşler. Cadı ise dükkânı kapatıp şehri terk etmek zorunda kalmış. Dikkat et, aynı cadı senin yaşadığın yere de gelebilir!...

Özet açık: **Verdikçe stokların azalmaz, tersine artar. Sevgi verince azalan değil artan bir değerdir. Sevdikçe verir, verdikçe daha çok seversin. Vermek ve verileni sevmek ise sevileni değiştirir. Hepsinden önemlisi bu dünya biraz daha fazla sevgi ile daha anlamlı bir yer olabilir.**

Dördüncü Bölüm

Sadakatsizlik

1. BU BÖLÜM HEM SADAKATSİZLİĞE UĞRAYAN HEM DE SADAKATSİZLİĞİ YAPAN İÇİN YAZILDI

Kitabın bu bölümünü hem senin için hem de sadakatsizlik acısını yaşamış herkes için yazdım. İlişkilerde ve evliliklerde birçok özel sorun alanı var. Ancak sadakatsizlik bunlar arasında sık rastlanmasına karşın en az anlaşılanı. *Sadakatsizlik basit bir tanımla, mevcut birliktelik dışında üçüncü kişi/kişilerle yaşanan duygusal ve/veya fiziksel bir ilişki sonucu mevcut birlikteliğin beklentilerinin ya da standartlarının çiğnenmesi anlamına gelir.*

Aldatma ise sadakatsizlik sonucu kaçınılmaz olarak ortaya çıkan çeşitli yalanlar ya da dürüstlük sınırları dışında kalan söylem ve davranışları içerir. Görüyorsun sadakatsizlik ve aldatma terimlerini eşanlamda kullanmıyorum; çünkü kimse partnerini aldatmak amacıyla sadakatsizlik yapmıyor. Sadakatsizlik bir seçim, aldatma ise bu seçimi izleyerek ortaya çıkan sürecin kaçınılmaz bir parçasıdır.

Bu bölümde ister sadakatsizliğe uğrayan, ister sadakatsizliği yapan kişi olun kendinize yakın ve yararlı bulabileceğiniz bazı bilgiler edinebileceğinizi umuyorum. Genellikle sadakatsizliğe uğrayan kişiler profesyonel yardım arama davranışında bulunurlar ancak bu sadakatsizlik yapan kişilerin acı çekmediklerini ve yardıma ihtiyaçları olmadığını göstermez. Sadakatsizliğin yaşandığı birçok ilişkide eşler birlikte yaşamaya devam kararı aldıklarından, konuyu sadakatsizlik yapan kişilerin bakış açıları yönünden de ele almanın yararlı olabileceğini düşündüm. İster ayrılın, ister birlikte yaşamaya devam edin, sadakatsizliği anlamanın gelecekteki yaşamımızda daha az acı çekmenizi sağlayacağı ve belki de yaşamınızı eskisinden de anlamlı hale getireceğine inanıyorum. **Acı, onu araştıran ve anlayan kişiler için değeri biçilmez bir bilgidir.** Bu nedenle bu bölümü genel tutumun dışına çıkarak yalnızca sadakatsizliğe uğrayanlar için değil sadakatsizliği yapan kişiler için de yazdım.

Kitabın bu bölümünü partnerinizle birlikte okuyup birlikte anlamaya çalışmak tek başınıza çaba göstermekten daha yararlı olacaktır. Çünkü değişim ancak her iki partnerin ortak çabasıyla gerçekleşir ve anlam kazanır. Buna rağmen çeşitli nedenlerle birlikte çaba göstermek mümkün değilse, tek kişinin okuması hiç kimsenin okumamasından daha iyidir elbette. Unutmayın ki bu bölümü kendiniz ve daha önemlisi kendi ilişkileriniz için okuyorsunuz. Şimdiki ilişkiniz ya da daha sonraki...

Eğer halihazırda bir terapi süreci içindeyseniz, burada okuduklarınızı isterseniz terapistinizle konuşup, hangi bölümünün sizin yaşadığınız özel duruma daha iyi uyduğunu birlikte gözden geçirebilirsiniz.

Sadakatsizlik yalnızca evli çiftlerin yaşadıkları bir acı değildir elbette. Bu nedenle bu bölüm evli olsun ya da olmasın ilişkisini önemseyen tüm çiftler için yazılmıştır. Sıklıkla evlilik ilişkisine gönderme yapılıyor olması, yardım arama girişiminde bulunan çiftlerin çoğunun evli olmasındandır. Kitabın bu bölümünde eş ve partner aynı anlamda kullanılmıştır.

2. SADAKATSİZLİĞİN TANIMI

Sadakatsizlik birlikteliğin sonlanmasına neden olmalı mı?

Sadakatsizlik, iki partner arasındaki ilişkiyi tehdit edebilecek nitelikte başka bir ilişkinin varlığı olarak tarif edilebilir. Bu tehdit, tekeşliliğin fiziksel ya da duygusal boyutlarından birine ya da her ikisine birden yönelik olabilir. Başka bir deyişle sadakatsizlik, mevcut partner dışında, ikinci bir kişiyle kurulan duygusal ve/veya cinsel her türlü bağı içerir.

Yapılan çalışmalar boşanma nedenleri arasında sadakatsizliğin ilk üç sıra içinde yer aldığını göstermektedir. Terapistler sadakatsizliğin eşler arasındaki sorunlar arasında *sevgi bağının kaybı* ve *alkol bağımlılığı*ndan sonra en çok zorlanılan sorun olduğunu dile getirmektedirler.

Araştırmalar insanların yüzde 86-90'ının, sadakatsizliği, birlikteliğe yönelik ciddi bir tehdit olarak algıladıklarını göstermektedir. Buna rağmen boşanmış erkeklerin yüzde 40'ı ve boşanmış kadınların yüzde 44'ü evlilikleri sırasında cinsel sadakatsizlik yaptıklarını belirtmişlerdir. Daha önce sadakatsizlik yaşamamış olan pek çok kişi ileride bir sadakatsizlikle karşılaştıkları takdirde bunun tereddütsüz ilişkilerinin sonu olacağını dile getirmektedir. Ancak, gerçek yaşamda çiftlerin yüzde 60 ila yüzde 75'i sadakatsizliğe rağmen evliliklerine devam etmektedirler.

Başka bir deyişle Ayşe, arkadaşı Emel'in uğradığı sadakatsizliğe rağmen halen kocasıyla birlikte yaşamaya devam etmesini bir türlü anlayamadığını, bu nedenle Emel'i gurursuz ve kişiliksiz bulduğunu söyler. Hatta bu nedenle ondan soğur ve görüşmemeye başlar. Ancak şimdi kendi kocasının yaptığı sadakatsizliğe rağmen ayrılamayışından utanç duyduğunu ve Emel'i daha iyi anladığını dile getirmektedir. Bu noktada sorulması gereken soru şudur: **Sadakatsizlik her koşulda evliliğin sonlanmasına neden olmalı mıdır?**

Pek çok kişi için pek inandırıcı olmasa da sadakatsizlik sonrasında birlikte yaşamaya devam eden çiftlerden bazılarının ilişkileri sadakatsizlik öncesi dönemden daha da sağlıklı bir duruma gelebilmektedir. Bu, sadakatsizlik acısının verdiği bilginin partnerler tarafından ne kadar iyi anlaşıldığına, sadakatsizlik sonucu ortaya çıkan kriz döneminin ve sonrasındaki gelişmelerin partnerler tarafından nasıl yönetildiğine bağlıdır. Yaşanan kriz ve kriz sonrası dönemle ilgili zorlukların aşılmasıyla ilgili yapılabilecekler kitabın ilerleyen bölümlerinde detaylı bir biçimde aktarılacaktır. Ne var ki sadakatsizlik sonrası birlikte kalmayı tercih eden tüm çiftler aynı derecede şanslı olamamaktadır. Buna güzel bir örnek olarak Ayten'in öyküsünü anlatmak isterim sana.

Ayten'in Öyküsü

Ayten genç kızlığından bu yana eşinin tüm sadakatsizliklerine rağmen eşiyle birlikte kalabilmiş, şimdilerde elli yaşlarında bir kadındır. Kocası, evliliklerinin başlangıcındaki *ilk sadakatsizliğini hazır hissetmediği bir evliliğe kendini adamakla ilgili kaygıları ile açıklar.* Eşinin gebeliği sırasındaki *ikinci sadakatsizliğini karısının hamileliğine ve cinsel ilişki ile ona veya doğacak bebeğe zarar verme korkuları ile açıklar.* Bebeklerinin doğumundan sonraki üçüncü sadakatsizliğini *çocuk bakımının getirdiği sorumluluklara hazır olmayışı ile açıklar* ve bundan pişmanlık duyduğunu dile getirir. Çocuğu büyüyüp delikanlı olduğunda ortaya çıkan sadakatsizliğini, *orta yaş krizi ile;* oğlu trafik kazası geçirdikten sonraki sadakatsizliği ise *yaşadığı depresyonla açıklar.* Son sadakatsizliğini ise *gerçek aşkı bulmasıyla açıklamaktadır.*

Ayten şimdilerde yalnız yaşayan dul bir kadındır!...

3. SADAKATSİZLİK TİPLERİ (TEMALARI)

Seninle sadakat üzerine bir araştırma yaptığımızı varsayalım. Araştırmaya katılanlara, "*Sadakat mutlu ve başarılı bir evlilik için çok önemli bir ilkedir*" ifadesine ne oranda katıldıklarını sorsak ne yanıt alırdık? Eminim araştırmaya katılanların büyük bir bölümü bu ifadeye, "Tamamen katılıyorum" şeklinde yanıt verirlerdi. Peki, birçok insan sadakatsizliğin evlilik üzerindeki yıkıcı etkilerini bilip kabul ettiğine göre, nasıl oluyor da sadakatsizlik yapabiliyor?

Evlilik dışı ilişkiler evlilikte bir şeyler yolunda gitmediği için mi oluyor yoksa evlilik dışı ilişkiler nedeniyle mi evlilik yolunda gitmemeye başlıyor? Bu sorunun net bir yanıtı olmamakla beraber şunu söylemek yanlış olmaz: **Sadakatsizliğe kabul edilebilir iyi bir neden bulmak neredeyse mümkün değildir. Ancak tüm sadakatsizliklerin benzer olduğunu ve tümünün arkasındaki motivasyonun aynı olduğunu söylemek de yanlış olur.** Sadakatsizliği belirleyen farklı temalar vardır. Sana bunlardan bazılarını aktarmak isterim:

a. **Yeni bir yaşama kapı açan sadakatsizlik:** Burada sadakatsizliği yapan kişi, içinde bulunduğu ilişkiye bağlılığını kaybetmiştir. Partnerine artık bu ilişkiye devam etmek istemediğini açıkça söylemekte zorluk çekmekte ve yeni bir ilişki aracılığıyla yeni bir yaşama kapı açmaktadır. Sadakatsizliğin ortaya çıkması sadakatsizlik yapanı rahatsız etmez; çünkü söyleyemediklerini dolaylı olarak davranışlarıyla dile getirmiş ve rahatlamıştır.

b. **Üç bacaklı sadakatsizlik:** Evlilik ilişkisinin normalde iki bacağı vardır. Evlilik içindeki sorunlar ve sıkıntılar arttıkça iki bacak giderek bu yükü taşıyamaz hale gelebilir. Dengeyi koruyabilmek için sadakatsizliğin paylaşıldığı kişi üçüncü bir bacak olarak devreye girer. Burada sadakatsizliği yapan kişi için eşi ile olan ilişkisi ne tamamen kopup gidecek kadar kötü ne de kalacak kadar iyidir. Sadakatsizliği yapan kişi, sadakatsizliği paylaştığı kişiye çocukları ve sorumlulukları nedeniyle evliliğinden vazgeçemeyeceğini söyler çoğu kez. Sadakatsizliği yapan kişinin hem eşinin hem de sevgilisinin taşıdığı farklı özelliklere ihtiyacı vardır. Daha doğru bir söylemle, her ikisi de hayatında kalsın istemektedir. Ona göre evde yaşanan sorunlardan uzaklaşma ve evliliğin her şeye rağmen devamı ancak bu ikinci ilişki sayesinde sağlanmaktadır. Genellikle uzun süren bir sadakatsizlik türüdür. Çoğu zaman sevgili konumundaki kişinin talep ve beklentilerinin giderek artması ve kendini değersiz hissetmesi nedeniyle tepki vermesi sonucu ya biter ya da ortaya çıkar. Bazen sadakatsizliğin ortaya çıkmasına rağmen hem evlilik hem de evlilik dışı ilişki bir süre daha devam edebilir.

c. **İntikam amacıyla yapılan sadakatsizlik:** Genellikle daha kısa yaşanan bir sadakatsizlik türüdür. Evlilik ilişkisi içindeki eşlerden birinin incinmesi ve acı çekmesi sonucu eşini aynen kendisinin incindiği gibi incitmek amacı taşır. Bazen sadakatsizlik yapılırken böyle bir amacın varlığı fark edilmez ancak yapıldıktan hemen sonra pişmanlık duygusu oluşturabilir. Sonuçta kendisi de affedilmez bir şey yapmıştır. Genellikle geçmişte yaşanmış bir sadakatsizliğe duyulan öfkenin zamanında yeterince ifade edilmemiş olması ya da yıllar önce kendisine yapılan bir sadakatsizliğin daha sonradan keşfedilmesini izleyerek ortaya çıkar. İhanete uğrayan partnerin kendilik saygısı düşmüştür ve intikam sadakatsizliği ona, hâlâ beğenilir, çekici ve istenen biri olduğunu hissettirerek azalmış kendilik saygısından kurtulmasında yardımcı olur. Bazen tek gecelik olan bu sadakatsizlik, eşe itiraf edilebilir. Amaç misilleme yapmak ve acı çektiren kişiye acı vermektir.

ç. **Kendini yeniden fark ettirmek amacıyla yapılan sadakatsizlik:** Bu tür sadakatsizlikler ölüm amacı taşımayan intihar girişimleri gibidir. Kısa sürer ve hatta cinsel yakınlaşma içermeyebilir. Amacı, evlilik içinde ihmal edildiği mesajını vermek ve diğer eşin bu mesaja yönelik sağırlığını ve körlüğünü ortadan kaldırmaktır. Aslında evlilik içinde ihmal edilen kişi çeşitli gereksinmelerinin fark edilmesini sağlamak için ikinci bir kişiyi kullanmaktadır. Çoğu kez kıskandırma ve öfkelendirme aracılığıyla kaybedilen ilginin yeniden kazanılacağı umulmaktadır. Eş tarafından duyulmayan ve karşılanmayan gereksinimlerden biri de seks olabilir. Böyle bir durumda ikinci kişiyle paylaşılan ve eşe, amaçlı olarak fark ettirilen bir gecelik ilişki, bazen bu ölüm amacı taşımayan intihar girişiminin ölümle sonuçlanmasına neden olabilir. Çünkü istenen, bu evlilikten vazgeçmek değil, yalnızca daha fazla önemsendiğini görebilmektir. Eşler bu durumun bir ihmal sonucu ortaya çıktığını fark eder ve birbirlerinin gereksinmelerine daha duyarlı olabilirlerse bu tür sadakatsizlikler göreceli olarak daha kolay çözümlenebilir. Kısa süreli yaşanan ve uyarı niteliği taşıyan bu tür bir sadakatsizlik diğer eş tarafından görmezden gelinirse, ardından başka tür sadakatsizlikler gelebilir.

d. **Yakın ilişkilerden korkmaya bağlı olarak gelişen sadakatsizlik:** Sık tekrarlayan bir sadakatsizlik türüdür.

Daha çok evlilik dışı ilişkilerde görülür. Burada kişi kendini ilişkiye bırakmaktan korkmakta, birine yakın olmak ona duygusal olarak tehlikeli gelmektedir. Bir yandan yakın ilişkilere gereksinim duymakta diğer yandan bu tür ilişkilerin içinde yutulmaktan korkmaktadır. Bu korkular yakın ilişkilerini sabote etmeleri ile sonuçlanır. Birine fazla yakınlaştıklarında kontrolü kaybetmekten korkarak geri kaçar ve kendilerine yeni bir sevgili edinirler. Ancak bir süre sonra terk ettikleri ilişkiyi ve kişiyi yeniden kazanmaya gayret ederler. Bu tür sadakatsizlik genellikle ilişkide karşı tarafın beklentilerinin arttığı zamanlarda ortaya çıkar. Beklentinin artması sadakatsizlikler aracılığıyla artık tehlikeli gibi algılanan ilişkiden kaçma ve kaçınma davranışları ile sonlanır. Bu tür kişilerin kendileriyle ilgili farkındalığı artmadıkça onlarla uzun ve anlamlı ilişkiler kurmak neredeyse imkânsızdır.

e. **Fırsatçılık ya da deneysel amaç taşıyan sadakatsizlik:** Deneysel sadakatsizlik, cinsellik ve seks ile doğrudan bağlantılı bir sadakatsizlik türüdür. Cinsel deneyimi daha sınırlı kişilerin bir başka kişiyle yapılan sekse yönelik merakları bu tür sadakatsizliklerin temel nedenidir. Cinsel deneyimleri fazla olan kişilerde ise, "Onunla seks nasıl olurdu?" şeklindeki bir meraktan kaynaklanabilir. Fırsatçılık bağlamında sadakatsizlik biraz daha farklıdır. Örneğin birbirlerini iyi tanıyan ancak birlikte olmayı daha önce düşünmemiş kişilerin fazla miktarda alkol tüketimi sonunda cinselliği paylaşmaları ya da evden uzakta bir mesleki toplantının sosyal gecelerinden birinde birbirleriyle yakınlaşan iki meslektaşın sadakatsizliği paylaşmaları gibi.

Şimdi, "Benim yaşadığım sadakatsizlik bunların hiçbirine uymuyor" diyebilirsin. Haklısın. Çok çeşitli sadakatsizlik türleri var ve ben yalnızca sana, sadakatsizliğe götüren değişik temalar olabileceğini anlatmaya çalıştım. Tabii ki sadakatsizliğin daha birçok farklı biçimi var.

4. SADAKATSİZLİĞİN ANLAMINI KAVRAMAK

Sadakatsizliğin açığa çıkmasını izleyen dönemde sadakatsizlik acısının yanı sıra oluşturduğu kayıpları da iyi anlamak gerekir. Sadakatsizliğe uğramış bir hastam acısını eşine şu şekilde dile getirmişti: *"On altı yaşındayken tecavüze uğradım. Bu tecavüz senin bana yaşattığın sadakatsizlik acısı yanında çok önemsiz kalıyor; çünkü tecavüzcü tanımadığım yabancı biriydi. Oysa yaşadığım sadakatsizlik, en iyi tanıdığım ve en iyi dostum olduğunu zannettiğim kişi, yani senin tarafından yapıldı."*

Sadakatsizliğe uğramış bir başka hastam ise yaşadığı kayıpları şöyle dile getiriyordu: *"Seninle kalmaya karar versem bile eski güzel ilişkimiz artık asla geri gelmeyecek. Çünkü ben artık eski ben değilim. Kimliğimi ve sana özel olduğum duygusunu kaybettim. Güven duygusunun ne olduğunu onu kaybedince daha iyi anladım. Bazı şeylerin anlamı kaybedildiğinde anlaşılıyor. Umarım sen de anlarsın."*

Her iki hastamın da son derece güzel biçimde belirttiği gibi sadakatsizlik ve takip eden aldatmalar, insanın evren içindeki önemini belirleyen, ona güven sağlayan ve kendilik saygısını artıran *temel varsayımların* çiğnenmesine neden olur. Bu temel varsayımlardan biri de; içinde yaşanılan dünyanın ve dolayısıyla içinde olunan ilişkinin güvenilir olduğuna ilişkin varsayımdır.

Belki şu anda içinden, *"Hangimiz içinde yaşadığımız dünyanın güvenilir ve adil olduğunu düşünecek kadar saf olabiliriz?"* diye geçiriyor olabilirsin. Aslında farkında olmasak da hepimiz içinde yaşadığımız dünyanın güvenilir olduğuna ilişkin bir inanç taşırız. Çünkü ne zaman kendimize yönelik adil olmayan bir olayla karşılaşsak, ilk tepkimiz, *"Ama bu haksızlık! Bu adil değil!"* biçiminde olur. Dünyanın adil olmadığına gerçekten inansaydık ilk tepkimizin, "Ama bu haksızlık!" şeklinde olmaması beklenirdi. Öyle ya, haksızlıkların egemen olduğu bir dünyada herhangi bir haksızlıkla karşılaşmanın yalnızca sıradan bir olay gibi algılanması beklenmez mi? İşte bu nedenle ki sadakatsizlik ve aldatmalar insan yaşamının en temel varsayımlarından biri olan güven duygusunun yitirilmesine ve ağır bir travma gibi algılanmasına neden olur.

Yaşanan travmatik olay insanın günlük deneyimlerinin dışında kaldığında bireyin travmaya anlam vermesi güçleşir ve travmaya anlam verebilmek için bazen travmanın anlamı çarpıtılabilir. Hatta birey, oluşan travmadan kendini bile sorumlu tutabilir. Sana söylediklerimi daha net ifade etmeye çalışayım. **Gece on ikiden sonra üzerinde mini etek olan bir kadının, göreceli olarak ıssız bir yerden geçerken tecavüze uğradığını varsayalım. Dünyanın güvenilir bir yer olduğuna inandığı için kötülüklerin kimsenin başına durup dururken (kendi hatası olmaksızın) gelmeyeceğine inanan bu kadın, oluşan tecavüzü nasıl anlamlandıracaktır? Belki o zamana kadar bildiklerinin yanlış olduğunu, aslında dünyanın güvenilir bir yer değil, tehlikelerle dolu, güvenilmez bir mekân olduğunu düşünecek ve yaşadığı dünya ile ilgili temel inanışlarını değiştirmeyi deneyecektir.** Ancak bu, uyum sağlanması oldukça güç bir değişim olur. Artık kimseye güvenmeyecek, yalnız başına dışarıya çıkamayacak ve tüm yaşamını tehlikeli bir dünyanın nereden geleceği belirsiz tehditlerine göre ayarlayacaktır. Böyle bir yaşam biçimi oldukça zorlayıcı olduğundan travmayı yaşayan bu kadın, dünya ile ilgili temel varsayımlarını değiştirmek yerine, yaşadığı olayın anlamını çarpıtarak temel varsayımlarını korumayı tercih eder. Başka bir deyişle, dünyaya küsmeden travmaya uyum sağlayabilmek için, **"Belki dünya hâlâ güvenilir bir yer. Hata bende. Ben uygun olmayan bir zamanda, uygun olmayan bir yerden, uygun olmayan bir giysi ile geçerek bu olayın oluşmasına zemin hazırladım"** şeklinde yorumlar yapacaktır.

Örnekte görüldüğü gibi buradaki kadın, yaşamı boyunca geliştirdiği temel varsayımlarını değiştirmek ya da sorgulamak gibi zahmetli bir işlem yerine, mevcut tecavüzden kendini sorumlu tutmakta ve yaşadığı olayın anlamını çarpıtarak travmasını yaşamının içine daha kolay entegre etmektedir. Bu tarzdaki bir bilgi işlemleme, hem yanlış hem de işlevsel olmamasına karşın yaşanılana anlam vermeyi kolaylaştırmaktadır. **"Ben uygun olmayan bir zamanda, uygun olmayan bir yerden, uygun olmayan bir giysi ile geçerek bu tecavüzün oluşmasına zemin hazırladım!"** biçimindeki bir çıkarsama aslında yaşanılanla hiç alakası olmayan son derece uygunsuz bir çıkarımdır. Çünkü hepimizin istediğimiz zaman, istediğimiz yerden, istediğimiz giysi ile geçmek gibi bir özgürlüğü vardır. Daha da acıklı olanı, bu yeni senaryonun tecavüzcünün senaryosuyla uyum içinde olmasıdır. Çünkü tecavüzcü de büyük olasılıkla, **"Eğer bu saatte, bu yerden, bu elbiseyle yalnız geçmiyor olsaydın bu tecavüz gerçekleşmezdi!"** şeklinde düşünmektedir.

İşte, insanların kendi başlarına gelenlerden kendilerini sorumlu tutmaları ya da tutulmaları, ilk travmanın etkisini henüz atlatmadan ikinci bir travmaya daha maruz kalmalarına neden olmaktadır. Bu nedenle, sadakatsizliğin oluşturduğu travmanın doğru anlaşılması çözüm için temel bir kuraldır. Aksi takdirde, yaşanılan ve yaşatılan sadakatsizliğe yalnızca neden bulma çabasıyla yetiniriz. Oysa sadakatsizliği anlamakla sadakatsizliğe iyi nedenler bulmak, birbirlerinden tamamen farklı şeylerdir. Anlamak ve neden bulmak arasındaki farklara kitabın ilerleyen bölümlerinde daha geniş yer vereceğim.

5. SADAKATSİZLİĞİN YIKICI ETKİLERİ

Şüphesiz her sadakatsizlik ilişki üzerinde onarımı güç yaralar açar. Sadakatsizliğin birliktelik üzerindeki olumsuz etkisi:

- **a.** *Sadakatsizlik öncesi dönemde ilişkinin niteliğine*
- **b.** *Sadakatsizliğe uğrayan eşin kişilik yapısına, sadakatsizliği algılayış biçimine yani sadakatsizliğe ilişkin inanç ve düşüncelerine*
- **c.** *Sadakatsizlik yapan eşin sadakatsizlik sonrasındaki tutum ve davranışlarına*
- **ç.** *Çevresel desteklerin miktarına bağlı olarak değişiklik gösterir.*

Sadakatsizlik eşlerin değişik yaşam alanlarını farklı düzeylerde etkiler. Sadakatsizliğin evlilik, cinsel yaşam ve çocuklar üzerindeki etkilerinin yanı sıra yaşanılan sosyal çevreden alınan değer ve destek üzerine de etkileri olur. Bu etkileri birer kayıp gibi düşünmek mümkündür.

6. SADAKATSİZLİĞE UĞRAYAN PARTNERİN KAYIPLARI

"Sadakatsizliğe uğradığımı öğrenmemin üzerinden haftalar geçti. Sanki her şeyi bugün öğrenmiş gibiyim. Var olan gözyaşlarımın tümünü döktüm sanıyordum ancak evimde ve işyerimde hâlâ kapıyı kapatıyor ve ağlamaya devam ediyorum. Geceler bir kâbus gibi... Sürekli gözümün önüne kocam ve ilişkide olduğu kadın geliyor. İğreniyorum, kusmak geliyor içimden. Uyuyamıyorum. Aralarında olanları düşünmemeye çalıştıkça daha da çok düşündüğümü fark ediyorum. Düşüncelerimi kontrol edemiyorum. Her sabah çıldırmamış olduğuma şaşırarak kalkıyorum yatağımdan. Gündüzleri yaptığım hiçbir işe konsantre olamıyorum. Yapmam gerekenleri unutuyor, çevremdekilere son derece soğuk ve kötü davranıyorum. Bazen onu kovmak geçiyor içimden. Bazen de elimi tutup, 'Hepsi rüyaydı, ben yalnız seni sevdim' demesini bekliyorum. Hiçbir konuda ona güvenmiyorum artık. O benim tanıdığım ve sevdiğim adam değil ki... Telefonlarını, kredi kartı dökümlerini, e-postalarını kontrol ediyorum. Değişen yalnızca o değil. Masumiyetini, güvenini, inançlarını, gelecek duygusunu, umutlarını ve hatta kimliğini kaybeden benim aslında... Yaşıyor olmanın anlamı var mı diye soruyorum bazen kendi kendime..."

Eşler sadakatsizliğe rağmen birlikte kalmaya karar verdiklerinde, somut bir ilişki kaybı söz konusu olmasa da ilişkiye atfedilen olumlu nitelikler kaybolabilmektedir. Sadakatsizlik partnerlerin her ikisini de değiştirmekte ve böylelikle ilişkinin kendisi değişikliğe uğramaktadır. Bu nedenle bazı terapistler sadakatsizlik sonrasındaki ilişkiyi yas tutmayı gerektiren bir kayıp süreci gibi algılarlar. Güven üzerine kurulmuş eski ilişki artık ölmüştür ve yası tutulacaktır. Dolayısıyla sadakatsizliğin ardından yaşanan süreç tıpkı sevilen birinin ölümünü izleyen süreç gibi şaşkınlık, şok, inkâr, öfke, umutsuzluk, çaresizlik, üzüntü gibi evreler içerebilir.

Sadakatsizliğe uğrayan eşin yaşadığı kayıplar şöyle özetlenebilir.

A. Kimlik kaybı: *"Artık eski ben değilim."*

Sadakatsizlik öncesinde kendinizi bağımsız, yeterli, eğlenceli, başarılı, sevecen, çekici ve aranan biri olarak tanımlarken sonrasında bağımlı, yetersiz, güvensiz, kederli, kıskanç, öfkeli, kontrolden çıkmış, yalnız, istenmeyen biri gibi algılamanız az rastlanan bir durum değildir. Bazen oluşan bu kimlik kaybı, en az, yaşanan sadakatsizlik kadar acı verebilir. Burada sadakatsizliğe uğrayan eş şöyle bir soru sormaktadır: *"Eğer sen benim tanıdığım kişi değilsen ve beraberliğimiz bir yalan ise benim bu ilişkideki yerim ne?"*

B. Özel olma duygusunun kaybı: *"Senin için özel olduğumu sanıyordum. Şimdi kolayca gözden çıkarılabilir olduğumu anlıyorum."*

Burada sadakatsizliğe uğrayan eş âşık olma döneminde inandığı, "Birbirimiz için yaratılmışız, birbirimizin ruh ikiziyiz, kimse birbirimizin yerini dolduramaz" şeklindeki düşüncelerinin bir yanılsama olduğunu fark etmekte ve ilişkilerinin özel olduğuna ilişkin inancını kaybetmektedir.

C. Kendilik saygısının kaybı ve bu süreçte eşini yeniden kazanabilmek için inanılan değerlerden vazgeçme: *"İlişkimizi devam ettirebilmek ve onun eşimi elimden almasını engellemek için gereken her şeyi yapacağım."*

Burada sadakatsizliğe uğrayan eş, kendi değerlerine sadakatsizlik yapmakta ve normalde yapmayacağı pek çok şeyi, "Eşimi tekrar kazanabilirim" düşüncesiyle yapmakta ve eşinin ilişkide olduğu partnerle bir tür yarış ve rekabet içine girmektedir.

Ç. Söylenen yalanlara inandığı ve sadakatsizliği görmezlikten gelmeye yönelik çabalar gösterdiği için hissedilen kendine yönelik öfke ve suçluluk: *"Nasıl bu kadar aptal olabilirim, onun yalanlarına nasıl da kolaylıkla inandım?"*

Burada sadakatsizliğe uğrayan eş, sadakatsizlikle ilgili şüphe oluşturabilecek ipuçlarını görmezden geldiği için kendine kızmakta ve geçmişte eşini kaybetmeyi göze alamadığı için kendini korkak ve değersiz hissetmektedir. Buradaki suçluluk ve kendine yönelik öfke, sadakatsizliğe uğrayan pek çok kişinin hissettiği bir duygu olmakla birlikte unutulmamalıdır ki tüm şüpheler gerçekçi değildir ve şüphelerimiz her zaman doğrulanmaz.

D. Düşünce süreçleri üzerinde kontrol kaybı: *"Bu düşüncelerden nasıl uzaklaşabilirim? Aynı şeyleri düşünmekten kendimi alamıyorum. Düşüncelerimi kontrol edemiyorum."*

Burada sadakatsizliğe uğrayan kişi sürekli aynı konuları düşünmekte, düşüncelerini durdurmaya çalıştığında ise daha da çok düşündüğünü fark ederek kontrol edemediği düşünceleri nedeniyle çıldıracağından korkmaktadır. Sık sık, *"Bana iş seyahatinde olduğunu söylediği zaman demek onunla birlikteydi. Bizim yatak odamızda gizli gizli telefonla konuştuğunda demek onunla sohbet ediyordu. Sekreteri için aldığımızı zannettiğim kolye demek onun içindi"* gibi düşünceler içinde acı çekmekte ve bu düşünceler nedeniyle hiçbir iş yapamaz duruma gelmektedir. Oysa düşüncelerin çeşitli istenmeyen görüntüleri çağrıştırması son derece doğal sonuçlardır. Düşünceleri durdurmaya yönelik çabaların ise aynı düşünceleri artırdığı bilinen bir başka gerçektir.

E. Tekrarlayan ve hoşa gitmeyen davranışlar üzerinde kontrol kaybı: *"Bu kontrolleri yapmamam gerektiğini biliyor ancak buna rağmen kendimi kontrol edemiyor olmamdan nefret ediyorum."*

Burada sadakatsizliğe uğrayan kişi tekrar aldatılmamak için refleks bir biçimde ve tekrarlayıcı bir şekilde partneriyle ilgili kontrol davranışları sergilemektedir. Onun e-postalarına girmekte, kredi kartı dökümünü incelemekte, işyerini sürekli olarak aramakta, giysilerini, cüzdanını, arabasını kontrol etmektedir. Hatta onu izlemek için dedektif tutmak gibi girişimlerde bulunmakta, bir yandan bu yaptıklarından rahatsızlık duyarken diğer yandan, "Beni kim dedektif yaptı?" gibi düşüncelerle bu tür davranışlara devam etmektedir. Bu tepkiler anlaşılabilir olmakla birlikte kaybolan güveni yerine koyamamakta, ayrıca kişinin kendine duyduğu saygıyı da azaltmaktadır. Daha da kötüsü tekrarlayan bazı davranışlar pişmanlık duyulacak boyutlara ulaşabilmektedir bazen.

Filiz Hanım eşinin sadakatsizliğinin ortaya çıktığı günün ertesinde yaşadıklarını şöyle dile getirmişti: *"Aldatıldığımı öğrendiğim günün gecesi bir bara gittim ve adını bile bilmediğim bir yabancıyla hiçbir önlem almadan cinsellik yaşadım. Ertesi gün en yakın arkadaşlarımdan birinin eşiyle flört ettim. Pastanede yan masada oturan adamla tanışıp, evine gittim. Bütün bunları düşündüğümde ne kadar ucuz davrandığımı fark ediyor ve kendimden utanıyorum. Bu utancım eşimin bunları hak etmediğinden değil, kendime yaptığım haksızlıklardan kaynaklanıyor. Kendimi bir hiç gibi hissettiğim için başkalarına da bir hiç gibi davranıyordum."* Yaşanılan acı düşünüldüğünde bu tür davranışları anlamak mümkün olabilse de, bunun aslında acıdan kaçmaya yönelik bir girişim olduğu söylenebilir. Oysa **acı bilgidir ve kaçmak yerine acıyla yüzleşmek onun kabul edilmesini kolaylaştırır. Ancak acıyla yüzleşmeyi izleyerek, acının geride bırakılabilmesi için gerekli aşamalardan birisi tamamlanmış olacaktır.**

F. Adalet ve kontrol duygusunun kaybı: *"Yaşam artık anlamlı gelmiyor, hiçbir şey ve hiç kimse güvenilir değil. Hiçbir şey kontrolümde değil."*

Beklenmedik biçimde ortaya çıkan sadakatsizlik travması bireyin yaşadığı dünyaya güvenini sarsmakta ve dünyanın güvenilir bir yer olduğuna ilişkin inancını altüst etmektedir. O zamana kadar yaşamının büyük oranda kendi kontrolünde olduğunu düşünen kişi yaşam olayları üzerinde ne kadar az kontrolü olduğunu görmekte ve böylelikle mutluluğun sandığı gibi hep kendi kontrolünde olmadığını görmektedir. "Eğer şunu yaparsam şöyle olur" şeklindeki tahmin edilebilirlik kavramı anlamını yitirmekte ve birey yaşamı üzerindeki kontrolünün sınırlılığı gerçeği ile yüz yüze gelmektedir. Daha önce inanılan, *"Evliliğimin nasıl gideceği tamamen bana bağlı"*, *"Eğer eşime sadakatli davranırsam o da bana sadık kalır"*, *"Eşimi nasıl mutlu edeceğimi gayet iyi bilirim"*, *"Ona güvenim sonsuz"* biçimindeki düşünceler son derece anlamsız gelmeye başlar. Böylelikle kişi ya dış dünyanın kendi inandığı ilkelerle işlemediğine inanacak (dış dünyaya yönelik güvensizlik) ya da kendisinin iyi şeylere layık olmadığını (içdünyaya yönelik güvensizlik) düşünecektir. Oysa her ikisi de aşırı uçta düşünceler olup çeşitli uygunsuz genellemeler içermektedir. Dünya yalnızca kötü tesadüflerden ibaret değildir. Bizler ise melek olmasak da o kadar da kötü sayılmayız. Başka bir deyişle, "kontrol" ne tamamen var olan ne de tamamen yok olan bir kavramdır.

G. Başkalarıyla kurulan bağın kaybı: *"Benim yanımda, beni destekleyen kim var?"*

Sadakatsizliğin oluşturduğu utanç duygusu, herkesin sizinle ilgili konuşacağını, sizinle içten içe dalga geçeceğini ve böylelikle aşağılanacağınızı düşündürebilir. Bir yandan yaşadığınız acıyı kimseyle paylaşmamak, içinizde tutmak isterken diğer yandan bu acıyı tüm dünyaya ve özellikle sevdiklerinize duyurup onların öykünüzü dinlemelerini ve size destek vermelerini isteyebilirsiniz. Aile büyüklerinizle ya da varsa çocuklarınızla konuyu paylaşmak bir yandan bir ihtiyaç olarak belirirken diğer yandan gelecekle ilgili çeşitli riskler oluşturabilir. *"Eğer aileme anlatırsam bundan sonra tüm aileyi bir araya getirebilir miyim? Ailemin konuyu öğreniyor olması ve eşime öfkelenmesi eşimi temelli kaybetmeme neden olabilir mi? Bir çocuk gibi tekrar aileme sığınmam uygun olur mu? Çocuklarım mevcut durumun ciddiyetini anlayacak kadar olgunlaştılar mı? Öğrenirlerse ruh sağlıkları olumsuz etkilenir mi? Kendi ilişkileri olumsuz etkilenir mi?"* gibi sorular, insanlara kendinizi açmanıza engel olabilir. Aslında gerçekten de durumun herkes tarafından bilinir bir hale gelmesi ilişkinizin daha çok zarar görmesine neden olabilir. Belki de en uygun tutum konuyu bir terapistle gözden geçirmektir. Bu noktada terapistin sizi anlayıp anlayamayacağına ya da olumsuz yargılayıp yargılamayacağına ilişkin kaygılar da taşıyabilirsiniz. Bir hastam eşinin art arda yaşattığı sadakatsizliklerden yalnızca bir tanesini aktarmış ve daha sonra diğerlerini anlatmama nedenini, *"Eğer hepsini anlatsaydım beni karar vermeye zorlar ve büyük olasılıkla boşanmamı önerirdiniz"* diye açıklamıştı.

Eğer sadakatsizlik arkadaşlarınız tarafından öğrenildiyse onların niçin sizi eskisi gibi telefonla aramadıklarını ya da çeşitli yerlere eskiden olduğu gibi neden davet etmediklerini düşünüyor olabilirsiniz. Kimsenin size yeterince destek vermediğine inanmaya başlayabilirsiniz. Oysa pek çok arkadaşınız size yardım etmek ve sizi rahatlatmak istiyor olabilir. Ancak büyük olasılıkla ne söyleyeceklerini ve konuyu nasıl açacaklarını bilemiyor olabilirler. Cenazelerde bile ne söyleneceğine ilişkin pek çok kalıp varken sadakatsizlikle ilgili ne söylenebileceğine ilişkin yalnızca çekinceler vardır. Sizin onlardan uzak duruşunuz ise onlara bu konuyla ilgili konuşmak istemediğinizi düşündürebilir. Böylelikle eski dostlarınızı yanınıza almak ancak onları yaşamınıza davet etmekle mümkün olacaktır.

H. Amaç ve yaşama isteğinin kaybı: *"Bazen arabamla eve dönerken yoldan çıkmak ve bu acıyı sonlandırmak istiyorum."*

Yaşamda çok az şey, tamamen güven üzerine kurulu olduğu varsayılan bir ilişkinin sadakatsizlikle kesişmesinden daha acı verici gelir. **Unutmayın ki aslında öldürmek istediğiniz kendiniz değil, acınızdır.** Acı yaşamın vazgeçilmez bir parçasıdır ve tatsız bir duygu olmakla birlikte her duygu gibi sınırlı bir ömrü vardır. Şimdi inandırıcı gelmese de zaman içinde bu kararı vermediğiniz için memnun olacaksınız.

Sadakatsizliğe uğrayan kişinin sadakatsizliği algılayış biçimi, onun sadakatsizliğe verdiği duygusal tepkileri de belirler. Hatırlarsan bu kitabın başında, *"Düşüncelerin neyse hayatın da odur"* demiş ve duyguları belirleyenin yaşantılar değil yaşantılara verilen anlamlar olduğunu söylemiştim. Sadakatsizlikte de durum aynıdır. Eğer yaşanan sadakatsizlikten kendinizi sorumlu tutarsanız yaşayacağınız duygu *suçluluk* olur. Bu duygu sizin sadakatsizliğin gerçek nedenlerini anlamanızı engeller.

Eğer yaşanan sadakatsizliği eşinizin sizi gözden çıkarıp, değersizleştirmesi olarak algılarsanız o zaman yaşanılan duygu öfke olur. Öfke ise resmin bütününü görmenizi engeller. Aşağıdaki tabloda sadakatsizliğe uğrayan eşlerin sadakatsizliği algılayış biçimlerinin kendileriyle ilgili hangi türden duygulara neden olduğu özetlenmiştir. Olay ya da yaşantının (sadakatsizliğin) ardından ortaya çıkan şey duygular gibi görünse de, aslında duyguyu belirleyen olayla ilgili düşünceler ve yaşanana verilen anlamlardır.

A (Olay)	**C (Duygu)**	**B (Anlam-çıkarma düşünceler)**
SADAKATSİZLİK	Suçluluk	Kendini sorumlu tutma: "Onu ihmal ettim." (Kendini suçlama hem sadakatsizlik hem de sadakatsizlikten kendini sorumlu tutma nedeniyle kişinin iki ayrı travmaya uğramasına neden olur.)
SADAKATSİZLİK	Öfke	"Erkekler bunu hep yapar" diyenlere inanmamak ve tüm emeklerinin boşa gittiğini düşünerek kendini "aptal" olarak değerlendirmek
SADAKATSİZLİK	Güvensizlik	Kişiye genelleme: "Yine yapacak." Aileye genelleme: "Zaten aynı şeyi babası da annesine yapmıştı."

A (Olay)	C (Duygu)	B (Anlam-çıkarma düşünceler)
SADAKATSİZLİK	Pişmanlık	"Çoktan bitmeliydi."
SADAKATSİZLİK	Çökkünlük	"Bir eş olarak yetersizim." "Sevgilisinin bana üstün yönleri olmalı."
SADAKATSİZLİK	Utanç	"Başkaları beni değersiz ve gurursuz olarak değerlendirecek." "Ayrılmalıyım ama yapamıyorum."

7. SADAKATSİZLİĞİ YAPAN PARTNERİN KAYIPLARI

"Her şeyi berbat ettiğimin farkındayım. Bunun için gerçekten üzgünüm. O böyle bir sadakatsizliği hiçbir zaman hak etmedi. Başka biriyle beraber olmamın kendi ilişkimin geleceğini böylesi bir tehlike içine sokacağı aklımın ucundan bile geçmezdi. Ben de diğerleri gibi sıradan bir ilişki yaşar ve bitiririm sanmıştım. Bu ilişkinin evliliğimize böylesine olumsuz bir yansıması olabileceğini hiç düşünmemiştim. Çünkü bu ilişki, yanlış bile olsa, karıma olan sevgimle hiçbir alakası yoktu. Şimdi bu durumu nasıl düzelteceğimi bilemiyorum. Düzeltmek için yaptığım hiçbir şey işe yaramıyor. O sürekli bu konuyu konuşmak istiyor, bense istemiyorum. Çünkü her konuştuğumuzda daha çok üzülüyor ve öfkeleniyor. Konuşmadığımda; onu anlamadığımı, yaşanan olayı önemsemediğimi zannediyor. Yani ne yaparsam yapayım işe yaramıyor. Hep aynı şeyleri konuşup duruyoruz. Onun bana olan

güvenini kaybetmesini anlıyorum. Ama benim de kayıplarım var. Eşimin, çocuklarımın, aile büyüklerinin güvenini ve saygısını kaybettim. Hep suçlu psikolojisiyle dolaşıyorum. İnsanlardan kaçıyor, kimseyi görmek istemiyorum. Utancımı ve üzüntümü göremiyor. Her suçun bir bedeli var. Nereye kadar bedel ödemek zorunda kalacağım?"

Görüldüğü gibi, sadakatsizliği yapan da zaman zaman sadakatsizliğe uğrayan gibi üzüntü ve çaresizlik yaşayabiliyor. Tabii, ilişkisine, evliliğine değer veriyor ve ilişkisini kaybetmek istemiyorsa. Sadakatsizliği yapan partnerin çoğu kez göz ardı edilen duygu ve endişeleri şöyle özetlenebilir:

1. ***Şaşkınlık:*** "Nasıl bu duruma geldim? Mevcut krizi nasıl atlatabiliriz? Bir gün her şeyin açığa çıkacağını ve onu böyle üzebileceğimi hiç düşünmemiştim. Nasıl böyle bir hata yaptım?"
2. ***Çaresizlik:*** "Özür dilemek ve üzüntümü dile getirmek dışında ne yapabilirim ki? Niye özrümü kabul etmiyor? Niye bir daha asla böyle bir şey yapmayacağıma inanamıyor?"
3. ***Belirsizlik:*** "Yaşanan bu olayı ne zaman geride bırakacak? Nereye kadar böyle devam edecek? Beraberliğimiz devam edecek mi? Ya o da beni aldatmaya karar verirse?"
4. ***Öfke:*** "Bu olayın tek sorumlusu ben değilim. Evet, sadakatsizliği ben yaptım ama ilişkimiz de çok sağlıklı sayılmazdı. Bana ihtiyaç duyduğum ilgi ve sevgiyi uzun zamandır göstermiyordu. Tüm suçu üstlenmekten yoruldum. Artık dayanamıyorum."
5. ***Yalnızlık:*** "Sadakatsizlik öncesi kendimi yalnız bırakılmış hissederdim. Şimdiki yalnızlığımın yanında o zamanki yalnızlık hiçbir şey değilmiş. Kimse benim yanımda değil.

Ama pek çok kişi ona destek veriyor. Nereye kadar buna dayanabileceğimi bilmiyorum."

6. ***Suçluluk ve Utanç:*** "Benimle her konuştuğunda, kendimi duyarsız, değersiz, ahlaksız, sahtekâr gibi hissediyorum."

7. ***Umutsuzluk:*** "Bana söylediklerini hak ettiğimi düşünüyorum, buna rağmen beni affetmesini ve yaşantımıza eskisi gibi devam edebilmeyi çok isterdim. Ama sanırım bu asla gerçekleşmeyecek."

Bu noktada önemli olan, umudu kaybetmeyip sabırlı olabilmektir. Size ve eşinize neler olduğunu anlamadan sorunu geride bırakamazsınız. Sadakatsizlik travmasını geride bırakabilmek, öncelikle eşinizin neler yaşadığını ve hissettiğini hiçbir savunma/gerekçe sunmadan dinleyip anlamakla başlayan bir süreç gerektirir. Bu süreçte öncelikle:

1. **Eşinizin yaşadığı deneyimi daha iyi anlamaya çalışın.** *"Ne hissettiğini daha iyi anlamak istiyorum. Çok öfkelendiğinde seni dinleyebilmek benim için zor oluyor. Bu seni dinlemek istemediğimden değil, kendimi çaresiz hissettiğimden. Sen kendini kapattığında ve sessizliğe gömüldüğünde aklından geçenleri sormak bana çok zor geliyor. Oysa ancak seni iyi anlayabilirsem, ne yapmam gerektiği konusunda daha çok fikir sahibi olabilirim. Birlikte deneyebiliriz"* şeklinde bir ifade söylenmesi güç olsa da, söylendiğinde işe yarayabilir. Eşinizin/partnerinizin yaşadığı kayıpları bu bölümün daha önceki kısımlarında okudunuz. Bu kayıpları göz önünde bulundurarak onunla konuşmayı deneyin.

2. **Geleceğe yönelik önemli kararları hemen almayın.** Yalnızca yaşanan sürece odaklanın. Siz ya da eşiniz, bu aşamada beraberliği devam ettirip ettirmemek konusunda bir karar vermek zorunda değilsiniz. Zamanınızı ve enerjinizi sadakatsizliğin oluşturduğu kayıpları anlamaya yöneltin. Bu sürecin sonunda ayrılmaya ya da birlikte kalmaya karar verebilirsiniz. Ancak hangi karar verilirse verilsin, yaşadıklarınızdan bir anlam çıkarmak yaşamınızın daha sonraki sürecine katkı sağlayacaktır.

3. **İlişkinize daha fazla zarar vermeyin.** Bu çaba sürecin en zor bölümü olabilir. Her ikiniz de duygularınızın yoğun olduğu bir dönemdesiniz. Tartışmaların boyutlarının onarılamayacak bir düzeye gelmesine izin vermeyin. Konuştuklarınız oluşan duyarlılık nedeniyle kolaylıkla yanlış anlaşılabilir. Atak ve karşı atak, suçlama ve karşı suçlama bu dönemde en sık görülen davranış biçimleri olmaktadır. Bu bölümün ilerleyen kısımlarında konuşurken dikkat edeceğiniz noktalar üzerinde daha ayrıntılı bilgi edineceksiniz. Şimdilik şu gerçekleri hep göz önünde bulundurmanız son derece önemli olabilir:

   a. **Sabırlı olun:** Sorunları çözme ya da geride bırakma konusunda aceleci davranırsanız hayal kırıklığı yaşarsınız. Göstereceğiniz tepkilerin her zaman mantıklı olacağını zannediyorsanız, ne kadar ciddi bir yanılsama içinde olduğunuzu zamanla göreceksiniz.

   b. **Hep gerçeği söyleyin:** Devam eden yalan, eksik doğrular ve aldatmalar yaptığınız sadakatsizlikten çok daha olumsuz sonuçlar doğurabilir, bunu unutmayın. Ancak tüm ayrıntıları aktarmak durumunda da değilsiniz.

Çünkü bu da ilişkinizi olumsuz etkileyebilir. Ama bir şeyler söyleyecekseniz hep doğruyu söyleyin. Eğer eşiniz yanıtlamak istemediğiniz bir şey soruyorsa, "Bunun, senin için önemli olduğunu anlıyorum. Ben de daha fazla gizlilik ve yalan içinde olmak istemiyorum. Ama şimdilik bu konuyu seninle konuşmaya hazır değilim. Daha sonra konuşabilir miyiz?" şeklinde bir yanıt daha uygun olabilir. Sadakatsizliği eşinizle konuşurken hangi konularda ayrıntı vermemenin daha uygun olacağı ilerleyen bölümlerde aktarılacaktır.

c. **Güvenli olun:** Eşinize veya kendinize güvenmekten çok, bu sürecin gerekliliğine güvenin. Krizi sağlıklı biçimde atlatmadan sorunu geride bırakamazsınız. Eğer her ikiniz de ilerleyen bölümlerde anlatılanları uygulama konusunda yeterince çaba gösterirseniz, bu sürecin sonunda kendinizi daha az öfkeli, daha az incinmiş hissederek sadakatsizliği geride bırakma aşamasına daha hazırlıklı olursunuz.

8. BİRLİKTE GELECEĞİMİZ OLABİLİR Mİ?

Bu soru sadakatsizliğin açığa çıkmasını izleyerek sorduğunuz ve yanıtını tam olarak bilemediğiniz en kritik sorulardan biridir. Güven ve sevgi üzerine kurulu mutlu bir beraberlik yeniden oluşturulabilir mi? Birbirinizi geliştiren, birlikte olgunlaşmanızı sağlayan, mutlu bir beraberlik gerçekleşebilir mi? Bu soruların yanıtı:

BELKİ...

Sadakatsizliği takiben birlikte yaşama kararı veren çiftlerin oranı sanılandan yüksektir. Yüzde 60-75 arasında değişen bu oranın içinde güven ve mutluluk üzerine kurulu bir ilişkiyi yeniden sağlayabilen çiftlerin yanı sıra acı çeken ve güven duygusunu tekrar yakalayamayan mutsuz çiftler de vardır. Şu anda birlikteliğinizin devamı ile ilgili nasıl bir karar vereceğinizi bilememeniz şaşırtıcı değildir. Ancak birlikte kalıp mutlu olmayı başaran çiftler incelendiğinde şu üç önemli görevi başarıyla tamamladıkları gözlenir:

1. Acı veren duyguları azaltmak için elden gelen her şeyi yapmak.
2. Sadakatsizliğin nasıl oluştuğunu iyi anlamak.
3. Birlikte ileriye doğru adım atabilmek konusunda ortak kararlar alabilmek.

Sadakatsizliğin ortaya çıkmasını izleyen dönemde öncelikle yukarıdaki ilk göreve odaklanmak gerekir. Çünkü sadakatsizliğin nasıl oluştuğunu her iki eşin de iyi anlayabilmesi için öncelikle yaşanan kriz döneminin atlatılması gerekir. Kriz döneminde sık sorulan sorulardan bazıları şunlardır. Bu dönemde:

- Birbirimize dokunmalı mıyız? Onun dokunmasına izin vermeli miyim?
- Birlikte yatmaya ve cinsellik yaşamaya devam etmeli miyiz?
- Durumu daha kötüye götürmeden sadakatsizliği konuşmayı nasıl başarabiliriz?
- Eşimin sadakatsizliği paylaştığı kişiyle ilgili ne yapmam gerekir?
- Çocuklarıma ve ailenin diğer bireylerine neyi anlatıp neyi anlatmamalıyım?
- Çevremdeki insanların bana bakışlarından beni acınacak biri gibi algıladıklarını fark ediyorum. Bununla nasıl başa çıkabilirim?

Ancak bu gibi soruları ve sorunları bir miktar ele aldıktan sonra ilişkinizi sadakatsizliğe götüren risk etkenlerini anlamaya yönelebilirsiniz. Korkmayın... İlişkiyi sadakatsizliğe götüren risk etkenlerini anlamak, sadakatsizliğe iyi nedenler/gerekçeler bulmak anlamına gelmez. Tabii ki sadakatsizliğin hiçbir iyi gerekçesi olamaz. Amaç; ilişkinizi dış/çevre sel uyaranlardan olumsuz etkilenecek duruma getiren risk etkenleri varsa bunları saptamak ve geleceğe yönelik önlem almaktır. Bunu, evi soyulan bir çiftin soygunu kolaylaştıran risk etkenlerini birlikte gözden geçirme çabasına benzetebilirsiniz. Suçlu tabii ki hırsızdır ancak hırsızın işini kolaylaştıracak bir şeyler yapmış olabilir misiniz?

Filiz, tüm acısına rağmen sadakatsizlik sürecini dikkatlice gözden geçirdiğinde, sadakatsizlik öncesinde, eşinin duygusal olarak kendisine eskisi gibi sıcak davranmadığını gösterecek çeşitli işaretler olduğunu fark ettiğini söyler. Ancak Ahmet'e böyle bir düşüncesi olduğunu söylemekten çekinmiş ve korkularını açmamayı tercih etmiştir. Düşüncelerini ya da endişelerini açarsa, partneri tarafından "paranoyak" bir kadın olarak damgalanacağından ve eşinin öfkeli bir tepki vermesinden korkmuş ve her şeyin yolunda gittiğine inanmayı tercih etmiştir.

Bu tutum, "enerji ekonomisi" yönünden son derece anlaşılır bir davranıştır. Beraberliğiniz güven üzerine kurulu ise eşiniz size bir şey söylediğinde, söylenenlerin doğruluğunu değerlendirmek için durup düşünmek istemezsiniz. Bu yorucu ve şüpheci bir tutum olur. Eve gelmekte gecikip, bunun bir iş toplantısının uzamasından kaynaklandığını söylediğinde, onun bir başka yerde olabileceğini düşünmek ve kontrol etmek istemezsiniz. Söylenenleri olduğu gibi kabul etmek, birlikteliğinizin güven üzerine kurulmasını sağlayabilmek için gerekli bir adımdır. Bu, sizin saf ya da aptal olduğunuzu değil, güven üzerine kurulu bir ilişkiye verdiğiniz değeri gösterir. Ortada görünür bir kanıt yokken, eşinizi rahatsız etmemek adına aklınıza gelen kaygı verici soruları gömer ve küçük ipuçlarını görmezlikten gelirsiniz. Bu anlaşılır bir tutum olmakla birlikte sadakatsizlikle karşılaştığınızda bu kadar saf ve iyi niyetli davrandığınız için kendinize, iyi niyetinizden yararlandığı için de eşinize öfke duyabilirsiniz.

Ahmet ile Filiz, sadakatsizliğe kapı açan risk etkenlerini gözden geçirirlerken ileriye yönelik şöyle bir karar alırlar: Filiz eşinin değişen tutumlarına yönelik endişelerini onun kendisine kızmasından korkarak gömmek yerine Ahmet'i suçlamadan "ben dili" ile *("Bu ara benden uzaklaştığını hissediyorum. Konuşmamız gereken bir şeyler var mı bilmiyorum")* aktaracaktır. Ahmet ise eşinin sorularına öfkelenmeden ve onu yargılamadan samimiyetle yanıt verecektir. Sadakatsizliği anlamaya ve tekrarını önlemeye yönelik bu ve benzeri anlaşmalar, Ahmet ve Filiz'in birbirlerinden korkmadan ve birbirlerini suçlamadan endişelerini dile getirmelerini sağladığı gibi iletişimlerini kolaylaştırarak birbirlerinin yaşamında olup bitenlerden haberdar olmalarını da sağlar. Basit bir anlaşma gibi görünse de, güven sağlanmıştır. Beraberce ileriye adım atabilmek için bu tür kararlar almak şarttır. Birlikte ileriye adım, sadakatsizliğin gereksiz detaylarını konuşmaktan çıkıp yaşanan ana odaklanabilmek ve tekrar geleceği planlayabilmek ya da hayal edebilmek anlamına gelir. Sadakatsizlik belki unutulmayacaktır, ancak yaşamınızı tamamen kontrol altına da alamayacaktır.

Özetle, tüm acılara rağmen birlikte kalmayı tercih eden ve sorunları aşmak için el ele veren çiftlerin bir kısmı, eskisinden daha sadık ve daha sevecen olabilmekte ve yeni ilişkileri kendilerini eski ilişkilerinden çok daha fazla tatmin edebilmektedir.

9. SADAKATSİZLİĞİN OLUŞTURDUĞU ACIYI GERİDE BIRAKMAKTA ÜÇ AŞAMA

Acı, onu derinlemesine araştıran ve anlayan için muhteşem bir bilgidir. Sana yaşamında önem verdiğin değerler olduğunu gösterir çünkü ancak önem verirsen acı çekersin. Acıyı geride bırakma yolculuğu ise çoğu kez dikenli ve zahmetli bir sürecin tamamlanmasını gerektirecektir. Bu süreç genellikle şu üç aşamadan geçer.

1. ***Krizin aşılması aşaması:*** *İlişkiye daha fazla zarar vermemek için yapılması ve yapılmaması gerekenlerin saptanması.*
2. ***Sadakatsizlikten anlam çıkarma aşaması:*** *Anlaşılamayana anlam verme süreci.*
3. ***İleriye doğru adım atma:*** *Kabul ve affetme.*

10. KRİZİN AŞILMASI AŞAMASI:
İlişkiye Daha Fazla Zarar Vermemek İçin Yapılması ve Yapılmaması Gerekenlerin Saptanması

"Günlük yaşama nasıl devam edeceğiz?" Doğrudan sorulmasa da sadakatsizlik deneyiminden geçen eşlerin akıllarına gelen ilk sorulardan biridir bu. Her şeyden önce sadakatsizlik, yaşamın sıradan travmalarından çok daha ağır yaşanan bir kriz dönemi oluşturduğundan, birey ve çiftin sorun çözme becerilerini azaltır. Bu nedenle öncelikle **krize müdahale** etmek gerekir.

Sadakatsizliğin açığa çıkmasını izleyerek yaşamın günlük akışı değişir ve partnerler birbirlerine nasıl davranacaklarını bilemezler. Birlikte yemek yeme, çocukların bakımı, faturaların ödenmesi gibi sıradan aktiviteler nasıl yapılacak ve olumsuz duyguları kontrol ederek günlük konuşmaları devam ettirebilmek nasıl becerilecektir? En önemlisi ilişkiye daha da fazla zarar vermemek için neler yapılmalı, neler yapılmamalıdır? Eşler ya da eşlerden biri şu üç tutumdan birini sergiler çoğu kez:

- **a.** Hiçbir şey olmamış gibi davranarak yaşananları hızlıca geride bırakma çabaları.
- **b.** İlişkilerinin sonlanmasından korkarak daha yakın olma gayretleri. Birlikte geçirilen zamanın hatta cinsel ilişkinin sıklığının artırılması. Başka bir deyişle, daha önce eksikliği fark edilen her şeyi hızlıca ilişkiye sokma çabaları.
- **c.** Birbirlerinden uzak durmaları gerektiğini düşünerek, birbirlerini görmezlikten gelme çabaları. Evin değişik bölümlerinde oturma ya da öfke azalıncaya kadar bir başka yerde yaşama girişimleri.

Bazen kısa süreli bir ayrılık, sonu gelmeyen tartışmaları azaltmak ve her şeyin tükenmesine neden olabilecek şiddet davranışını önleyebilmek yönünden yararlı olabilir. Ancak çoğu kez güvensizliğin artmasını, partnerlerin birbirlerinden iyice kopmasını ve devreye giren üçüncü kişinin sadakatsizlik yapan eşe ulaşmasını kolaylaştırır.

Bu aşamada yapılması gereken en önemli şey, durumu olduğundan da kötüye götürmemek için gerekli önlemlerin alınmasıdır. Bunu başarmak için atılması gereken en önemli adım ise çeşitli sınırların iyi çizilmesidir. Bu sınırlar siz ve eşiniz arasındaki sınırlar, siz ve eşinizle aranıza giren kişi arasındaki sınırlar, siz ve eşinizle sadakatsizliği bilmesi ya da bilmemesi gereken kişiler arasındaki sınırlardır. Siz ve eşiniz arasındaki sınırların netleştirilmesi, ilişkiye daha fazla zarar vermeden günlük yaşama devam edebilmek yönünden çok önemlidir.

Siz ve eşiniz arasındaki sınırlar: Sadakatsizliği konuşmakta kurallar

Terapist: *Sadakatsizlikler söz konusu olduğunda sadakatsizlik yapan, olağandışı hiçbir şey yokmuş gibi davranmak ister ço ğu kez. Bu, sık rastlanan ve sorunu küçültmeye çalışan bir davranış biçimidir. Ancak böyle bir tutumla sorunlar küçülmez. Kaan Bey, eşiniz Jale Hanım bu bağlamda, sizinle üçüncü kişi arasında geçen her şeyi tamamen doğru olarak bilmek istiyor. Onun sorularına cevap vermeye hazır mısınız?*

Kaan: *Emin değilim. Aslında biz bu konu hakkında o kadar çok konuştuk ki!... Sanırım bu olayı asla geride bırakamayacağız. Eşim hep detay istiyor ve söylediklerime inanmıyor.*

Terapist: *Anladığım kadarıyla bu konuyu yeterince konuştuğunuzu ve bu nedenle daha fazla konuşmanın bir yarar sağlayıp sağlayamayacağından emin olmadığınızı söylüyorsunuz. Jale Hanım, yeterince bilmediğiniz ve daha detaylı öğrenmek istediğiniz herhangi bir şey var mı?*

Jale: *Aslında Kaan, olup bitenle ilgili doğruları hiçbir zaman söylemedi. Başka bir ilişki içinde olduğunu fark edip konuşmayı denediğimde, "Böyle bir şey yok!..." dedi. Daha sonra ilişkinin varlığı ortaya çıktı. Ardından "Cinsel bir ilişki olmadı" dedi. Alkol içtiği bir gün zorladığımda cinsel ilişkisinin de olduğunu söyledi. Geçen gün ikisini birlikte bir restoranda yemek yerken gördüm. Ona nasıl inanabilirim?*

Terapist: *Yani bu tür inkârlar ve ardından gerçeğin farklı bir biçimde ortaya çıkışı sizin Kaan'a güven duymanızı engelliyor, öyle mi?*

Jale: *Evet. Artık güvenemiyorum.*

Terapist: *Kaan Bey, eşinizin söylediğini duydunuz. Sanırım eşinizin öğrenmek istediği konuları açıklıkla ve dürüstlükle anlatmak, aranızdaki güvenin yeniden oluşmasında bir ilk adım olabilir. Ne dersiniz?*

Kaan: *Bu ilişki yanlıştı, kabul ediyorum. Onu üzdüğüm için de gerçekten üzgünüm. Doğruları söylemedim çünkü konuştukça onu daha çok üzeceğimi düşündüm. Aslında onu korumak adına söylediğim yalanların benim aleyhime dönebildiğini şimdi daha iyi anlıyorum. Eğer ikimizin birlikteliğine bir yararı olacaksa, bundan sonra tamamen doğruları söylemeye hazırım.*

Terapist: *Evet. Gerçekten de eşinizi üzmemek için verdiğiniz yanıltıcı cevaplar, onun size olan güvenini daha da çok sarsmış olabilir. Doğru anladıysam eşinizin sorduğu tüm sorulara yanıt vermeye hazır olduğunuzu söylediniz.*

Kaan: *Evet, eşimin güvenini yeniden kazanabilmek için daha önce konuştuğumuz her şeyin üstünden gerekirse tüm detaylarıyla gitmeye hazırım.*

Terapist: *(Jale'ye dönerek) Eminim buna siz de sevinmişsinizdir. Ancak size soru sormaya başlamadan önce size bazı önerilerde bulunmak isterim.*

Jale: *Anlayamadım, ne tür öneriler?*

Terapist: *Bilmek istediğiniz her şeyi sorabilirsiniz. Ancak bazı sorular ve onlara verilen yanıtlar sorunun çözümünden çok büyümesine neden olabilir. Bugüne kadar benzer deneyimlerden geçmiş çiftlerle çalışırken iki tür soru biçiminin yarardan çok zarar getirdiğini gördüm. Bunlardan biri eşinizle üçüncü kişi arasında yaşanan cinselliğin ayrıntıları. Öğrenilen bu ayrıntılar daha sonraları gözünüzün önüne istenmeyen görüntüler şeklinde gelip sizi olumsuz etkileyebiliyor. Bu da, sorunun çözümüne yardımcı olmuyor. İkinci bir konu da, insanların ve özellikle erkeklerin hangi gün, hangi saat, hangi yer gibi ayrıntıları hatırlamadaki güçlükleri. Hatırlayamadıklarında veya yanlış hatırladıklarında inandırıcılıkları azalıyor ve yanlış anlaşılma olasılıkları artıyor. Bu tür sorular sormamak kendinizi engellenmiş hissetmenize neden olur mu?*

Jale: *Hayır, yaşanan seks ile ilgili ne söylemek istediğinizi gayet iyi anlıyorum. Zaten o anlatmadan da benim gözümün önüne pek çok rahatsız edici resim geliyor. Diğer konuyla ilgili olarak da Kaan, hatırladıklarını bana dürüstlükle söylesin yeter...*

Sadakatsizliği konuşmak yaşanan acının ifade edilebilmesini sağlar: *"Bunu bana nasıl yaparsın?"* sorusu bir soru olmaktan çok yaşanan acının ifadesidir. Sadakatsizliği konuşmak, kaybolan güven duygusunun yeniden oluşturulabilmesi yönünde bir şans olup olmadığını anlamaya yarar: *"Bana olan sevgini tamamen kaybettin mi? Beraberliğimizin senin için herhangi bir değeri var mı?"* gibi sorular konunun konuşulması ve anlaşılmayana anlam kazandırabilmek yönünden büyük önem taşır. Bazı çiftler sadakatsizliği konuşmamayı tercih edebilir çünkü sadakatsizliği konuşmak, acı oluşturmasının yanı sıra korkutucu da olabilir. *"Partnerime ne kadar çok anlatırsam yalan söylediğimi o kadar çok anlayacak"* ya da *"Onu anlatmaya ne kadar zorlarsam duyduklarım ondan ayrılmamı o kadar kolaylaştıracak ve ben bu ayrılığa henüz hazır değilim"* şeklindeki kaygılar sadakatsizliğin konuşulmasını engelleyebilir.

Ayşe sadakatsizliğini itiraf ettiğinde, Ümit bunu duymaktan çok rahatsız olduğunu, çok incindiğini ancak Ayşe'yi affetmeye çalışacağını belirtir. Ümit ayrıca her ikisinin de bu konuyu düşünmemeye çalışmasını ve yaşanmamış kabul edilmesini de önerir. Ancak aylar sonra tutumunu değiştirir ve her şeyi öğrenmek için Ayşe'yi sıkıştırmaya başlar. *"Eşinin sadakatsizliği paylaştığı kişi kimdir? Yataktayken neler yapmışlardır? Onunla seks daha mı tatmin edici olmuştur?"* sorularının yanıtlarını aldıkça giderek bu konudan başka hiçbir şey düşünemez hale gelir Ümit. Ancak terapiste geldiklerinde neyi konuşup neyi konuşmamaları gerektiğini daha iyi anlar.

Eşlerin sadakatsizliği hiç konuşmadan başarıyla geride bırakabilmeleri sık rastlanan bir durum değildir. Bu nedenle mutlaka konuşmak gerekir ancak konuşmanın ne kadar sürdürüleceği ve hangi konuları içerip hangilerini içermemesi gerektiği iyi belirlenmelidir. *"Eşinin evlilik dışı ilişkisi ne zaman başlamıştır? Onu ne kadar zamandır tanımaktadır? İlişkiyi kim başlatmıştır? İkisinden biri bu ilişkiyi sonlandırma çabasında bulunmuş mudur? Böyle bir çabada bulunulmuşsa bitirememenin nedeni ne olmuştur? Aralarında duygusal bir bağ var mıdır? Varsa boyutu nedir? Cinsel yakınlaşma olmuş mudur? Olduysa cinsel yolla bulaşan hastalıklar yönünden koruyucu bir önlem alınmış mıdır? İlişki tamamen sonlanmış mıdır? Bittiyse niçin ve ne zaman bitmiştir? Kim bitirmiştir? Bitirme kararı aldıklarından bu yana bir görüşme olmuş mudur? İleride tekrar görüşmeyi engellemek yönünden herhangi bir önlem alınmış mıdır? Üçüncü şahıs ne istemektedir? Eğer terk edilen üçüncü şahıs ise kendi ilişkilerine daha fazla zarar verebilir mi? Varsa onun eşi durumu biliyor mudur? Herhangi bir şiddet tehdidi söz konusu mudur? Bu ilişki iş yaşamı veya yasal yönden sorunlar oluşturabilir mi? Bu ilişkiyi başka kimler bilmektedir? Varsa ne kadarını bilmektedirler ve nasıl öğrenmişlerdir?"* gibi sorular yanıtlanması gerekebilecek sorulardır.

Sadakatsizliğin paylaşıldığı kişinin kim olduğunun söylenip söylenmemesi kararı, sadakatsizliğe uğrayan partnerin olası tepkileri göz önünde tutularak verilmelidir. Bu konuda profesyoneller arasında tam bir fikir birliği olmamasına karşın kanımca, üçüncü şahsa yönelik bir şiddet olasılığı söz konusu olduğunda isimden söz etmemek daha uygun olabilir. Doğal olarak, sadakatsizliğin paylaşıldığı üçüncü şahıstan kendi ilişkinize yönelen tehdidin boyutlarını saptamak amacıyla onunla ilgili daha ayrıntılı bilgi sahibi olmak isteyebilirsiniz. *"Bu şahıs kimdir? Aynı işyerinde midir? Evli midir? Eşinize kolay ulaşabilecek bir konumda mıdır? İlişkiyi devam ettirebilmek için yapabileceği şeyler neler olabilir?"* gibi sorular bu bağlamda sorulması uygun sorular olabilir.

Sadakatsizlikle ilgili olarak konuşmanın konuşmamaktan daha zararlı olabileceği tek konu, sadakatsizliğin paylaşıldığı kişi ile yaşanan seksin –eğer yaşandıysa– ayrıntılarıdır. Ayşe ile Ümit örneğinde olduğu gibi... Ümit'in eşinin yaşadığı seksin ayrıntılarını öğrenmesi, sıkıntısını azaltmamış tersine artırmıştır. Ancak neyin konuşulup neyin konuşulmayacağını bilmek, konuşmanın daha az hararetli olmasını sağlayamayabilir her zaman. Konuşmanın içeriğinden çok biçimi ile ilgili sorunlar yaşandığında ve özellikle iletişimin sıklıkla kilitlendiği noktalarda bu kitabın "Eşler Arası İletişim ve İletişim Becerileri" bölümünün yeniden gözden geçirilmesi yarar sağlayabilir.

"Bu sadakatsizliği niçin yaptın?" yanıtı verilmesi güç sorulardan biridir. Ancak sadakatsizliğe uğrayan eşlerin sıklıkla sordukları bir soru olarak gündeme gelir. Ne var ki tekrarlayan ve uzayan konuşmalara rağmen bu sorunun yanıtı ile ilgili tatmin edici bir sonuca ulaşmak genelde zordur. Bu zorluğun en önemli nedenlerinden biri, sadakatsizlik yapan kişinin kendisinin de çoğu kez bu sorunun yanıtını tam olarak bilmemesindendir. Sorunun yanıtını bulmak için yapılan baskılar yanlış ya da eksik açıklamalara neden olabilmekte ve ilerleyen dönemde resmin tamamının görülmesini güçleştirebilmektedir. Ayrıca partneriniz, *"Niçin?"* sorunuza verdiği yanıtın sizi rahatlatmayacağını ya da tatmin etmeyeceğini düşünmekte ve bu nedenle bu konuyu konuşmak istememektedir. Daha da önemlisi hiçbir neden sadakatsizliği hoşgörüyle karşılamak için yeterince iyi bir neden olmayacaktır. Üstelik partneriniz, sadakatsizlik öncesindeki ilişkinizin yeterince tatmin edici olmadığını söylerse, bunun sizi daha da çok üzeceğini düşünmektedir. Bazıları ise yaptıkları sadakatsizlikten belirgin bir utanç duymakta ve "Niçin?" sorusuna yönelik bir açıklamaları olmadığından eziklik hissetmekte, hatta depresyona girerek süreci daha da çıkmaza sokabilmektedirler. Tüm bu nedenlerle *"Sadakatsizlik niçin yapıldı?"* sorusuna odaklanmanın bu ilk aşamada yararlı olmayacağı, hatta yorucu ve zorlayıcı olacağı kanaatindeyim. Bu sorunun yanıtını sadakatsizliği geride bırakmanın ikinci aşamasında aramak daha uygun olacaktır. Üçüncü aşamanın sonunda ise sorunun daha net bir yanıt bulacağı kanısındayım.

Sadakatsizlik üzerine eşlerden biri her gün konuşmak isterken, diğerinin hiç konuşmak istemediği durumlarda **zamanlama** tekniğinin yararlı olabileceği görüşündeyim. Zamanlama tekniği, eşler arasında belirli bir konunun konuşulup konuşulmaması konusunda belirgin uzlaşmazlık olduğunda kullanılan bir yaklaşımdır. Sadakatsizlik söz konusu olduğunda, sadakatsizliğe uğrayan eş, en azından başlangıçta bu konuyu sıklıkla konuşmak ister. Çünkü pek çok şeyi anlayamamıştır. Buna karşın aynı konu, sadakatsizlik yapanın konuşmak istemediği bir konudur çoğu kez. Çünkü her konuşmanın kendisine ve eşine daha çok acı verdiğini düşünmekte, ilişkinin daha çok yara almasından korkmaktadır. Ayrıca o ana kadar söyledikleri dışında söyleyebileceği bir şey kalmadığına da inanmaktadır. Bu koşullarda sadakatsizliğe uğrayan her fırsatta acısını dile getirirken sadakatsizlik yapan, *yine aynı konu açılacak* korkusu ile sürekli huzursuz olmaktadır. Seyredilen bir film, okunan bir gazete haberi, konuşulan birçok şey sadakatsizlik konusunun yeniden gündeme gelmesine neden olabilmektedir. Sadakatsizlik yaşantısı hemen geride bırakılamaz çünkü geride bırakılabilmesi için bu yaşantının her iki eş tarafından anlaşılmış ve kabullenilmiş olması gerekir. Kabul konusuna kitabın ilerleyen bölümlerinde daha geniş yer verilecektir. Bu koşullarda eşlerden birinin hiç konuşmak istemediği, diğerinin ise sürekli konuşmak istediği bir konu vardır: Sadakatsizlik... Yapılacak en iyi şey konuyu yalnızca haftanın belirli günlerinde ve belirli saatlerinde konuşma kararı almaktır. Örneğin, konu yalnızca salı ve perşembe günleri akşam 20.00 ile 21.00 arasında konuşulacaktır. Böyle bir karar bir bakışta oldukça mekanik, anlamsız görünebilir. Ancak her iki eşe de yarar sağlayan bir yanı vardır. Sadakatsizliği yapan için konunun, belirli gün ve saatlerde konuşulması son derece rahatlatıcıdır. Çünkü konu artık günün herhangi bir zaman diliminde beklenmedik biçimde gündeme gelmeyecektir. Bu durum, belirsizliği ortadan kaldırarak onun ev içinde daha huzurlu olmasını sağlar. Sadakatsizliğe uğrayan eş ise konuyu sürekli açmasına rağmen bir türlü istediği yanıtları alamamaktan, yeterince iyi dinlenilmemekten kurtulacaktır. Çünkü anlaşma gereği, belirlenen gün ve saatlerde kendisini anlamaya çalışan, sorularına yanıt veren bir eş bulacaktır. Her gün konuşup yeterince dinlenilmemek yerine, haftanın iki günü birkaç saat kendisini dinleyen birini bulmak onun için de daha tatmin edici olabilir. Görüldüğü gibi amaç; kontrolden çıkmış gibi görünen bir konunun, belirli zaman dilimi içinde sınırlandırılarak yeniden kontrol edilebilir bir konuma getirilmesidir. Sadakatsizlik yapan, haftanın yedi günü yerine yalnızca haftanın iki günü birkaç saat konuyu konuşmak durumunda olmakta ve böylelikle daha az gerginlik hissetmektedir. Sadakatsizliğe uğrayan ise haftanın yedi günü konuşmak isteyip, konuşamadıklarını haftanın birkaç saatinde kendisini dinlemeye hazır bir eşle paylaşma fırsatı bulmaktadır. Yedi gün, amacına ulaşmayan bir söylemde bulunmak yerine, iki gün amacına ulaşan bir paylaşım ona da daha anlamlı gelebilir.

Siz ve eşinizle, sadakatsizliğin paylaşıldığı üçüncü kişi ve diğer önemli kişiler arasındaki sınırların çizilmesi

"Eşinin ilişkide bulunduğu kişiyle ilgili ne yapmalısın? Bu kişiyle görüşmeli misin? Görüşeceksen yalnız mı yoksa eşinin varlığında mı görüşmelisin? Yoksa bu işi tamamen eşine mi bırakacaksın? Tekrar görüşmelerini engellemek için gerekirse eşinin işini değiştirmesini isteyecek misin?"

Haklısın güven duygusunun yeni baştan oluşturulabilmesi için diğer ilişkinin bittiğinden emin olmak, gerekirse eşinden işyeri değişikliği yapmasını istemek anlamlı olabilir. Ancak yine de iyi düşünmelisin.

Nalan eşi Berk'in aynı işyerinde çalışan Arzu ile yaşadığı sadakatsizliği aklından çıkaramamaktadır. Berk ilişkilerinin bittiğini ve artık görüşmediklerini söylediği halde Nalan için bu açıklama yeterli olmaz. Berk çalıştığı işyerindeki bölümü değiştirir ve böylelikle Arzu'yu yalnızca ayda bir kez yapılan toplantılarda görmektedir.

Nalan eşine güvenmeye gayret etse de Arzu'ya güvenemediğini fark eder. Sıkıntısı devam etmektedir ve annesiyle konuyu paylaştıktan sonra eşinden bu şirketten ayrılmasını ister. Berk başlangıçta buna itiraz etse de eşini ve çocuğunu kaybetmemek için işyerinden ayrılır. Yeni işyerindeki konumu eskisi gibi prestijli değildir ve eski işyerinden aldığı paranın çok daha azını kazanmaktadır. Giderek Nalan'ı kendisini bu konuma soktuğu için suçlamaya başlar. Nalan ise aile gelirlerinin düşmesine neden olduğunu düşünerek biraz da eşinin yönlendirmesiyle çalışmaya başlar. Küçük kızlarını yuvaya verirler. Oysa Nalan, okul dönemine başlayıncaya kadar kızının yanında olmak istediği için eski işinden ayrılmıştır. Giderek kocası Berk'e öfke duymaya başlar. Eşinin yalnızca kendisine değil küçük kızlarına da ihanet ettiğini düşünmektedir. Bir yıl sonra boşanma kararı alırlar.

Nalan ve Berk iyi bir karar verdiler mi? Berk ile Arzu'nun karşılaşma sıklığı Nalan'ın kendisini daha güvenli hissetmesini sağlayabilecek bir başka şekilde düzenlenebilir miydi? Nalan konuyu annesine açmasaydı ve annesi, "Eşinin işyerini değiştirmesi tek çözüm" dememiş olsaydı öykü farklı olur muydu? Nalan evliliğini kurtarmak istiyordu ve bu konuyu güvendiği biri ile konuşmak istemişti. Ancak konuyu annesine açması gerekli miydi?

Sadakatsizlik sizi ve eşinizi doğrudan, çevrenizdekileri ise dolaylı olarak etkiler. Sadakatsizlik deneyiminden geçen eşler, konuyu kimlere hangi oranda açacaklarına ve onlardan nasıl bir yardım isteyeceklerine iyi karar vermelidirler.

Sadakatsizlik kiminle, nereye kadar paylaşılmalı?

Sadakatsizliğin kiminle paylaşılacağı, paylaşma arzusunun hangi amaca yönelik olarak ortaya çıktığına bağlıdır. Konuyla ilgili deneyimi olan profesyonellerin bir kısmı durumun çocuklarınız tarafından nasıl olsa öğrenileceğini düşünerek sizlerin onlara anlatması gerektiğine inanırlar. Bazıları ise çocukların ailenin bir parçası olmaları nedeniyle, durumu öğrenmelerinin bir hak olduğuna inanır. Bu görüşler zaman zaman doğru olabilse de her durumda geçerli değildir. Çocuklar ailenin üyesi olsalar da sadakatsizlik ikinizi ilgilendiren özel bir meseledir. Çoğu kez mevcut durumu başkaları öğrenmediyse çocukların da öğrenmesi gerekmez. Cinsel yaşamınızdaki sorunları kendinize sakladığınız gibi eğer isterseniz sadakatsizliği de kendi içinizde tutabilirsiniz. Ancak sadakatsizlik pek çok kişi tarafından öğrenildiyse, çocuklarınız başkalarından duymadan sizlerin bilgi vermesi daha uygun olabilir.

Sadakatsizlik sonrası dönemde gerginlik, tartışma ve kavgalar çok belirginse, çocukların durumdan kendilerini sorumlu tutmamaları için konuyu onlara sizlerin açması yararlı olabilir. Eğer konuyu çocuklarınıza açma kararı verirseniz, anlatacaklarınızı onların yaşlarına ve gelişim dönemlerine uygun biçimde aktarmanız yerinde olur. Ne anlatacağınız kadar, nasıl anlatacağınız da önemlidir. Yedi yaşındaki çocuğunuza, *"Babanın Arzu Hanım'la evlilik dışı bir ilişkisi var"* demek yerine, *"Babanın yaşamında çok değer verdiği bir başka kişi olduğundan, biz evliliğimize devam edip etmeyeceğimizden henüz emin değiliz"* şeklinde bir açıklama yapmak daha uygun olabilir. Ne olup bittiğini tam olarak anlayamayacak kadar küçük bir çocuğa, *"Ben ve baban birbirimizle çok iyi geçinemiyoruz. Birlikte çok mutlu değiliz"* şeklinde bir açıklama yapmak yerinde olabilir. Asla yapılmaması gereken tek şey, sadakatsizliği yapan eşi cezalandırmak amacıyla diğer eşin çocukları yanına çekme çabasıdır. Çocuklarınızla bu konuyu konuşurken eşinizle birlikte konuşmayı deneyin. Ayrı ayrı konuşmalar, her iki eşin farklı anlatımları nedeniyle çocuğun kafasını karıştırabilir. Eğer birlikte konuşmayı beceremeyeceğinizi düşünüyorsanız, her ikinizin de benzer şeyler söylemesi için gerekli önlemleri almanız yararlı olacaktır. Bir başka çözüm ise bir profesyonelden yardım almak olabilir.

Aile büyüklerine konunun açılması genellikle:

a. Onların konuyu bilmelerinin bir hak olduğunu düşünüyor olmanızdan ya da

b. Onlardan destek ve öneri alma gibi bir beklentiden kaynaklanır.

Ancak konuyu aile büyüklerine, arkadaşlarınıza ya da güvendiğiniz birine açarken şu noktaları göz önünde bulundurmanız yararlı olur:

1. Eşinizin sadakatsizliğini anlattığınız kişi olup biteni öğrendiğinde, eşinizle olan ilişkisi bir daha asla düzelmeyecek biçimde bozulabilir mi?
2. Anlattığınız kişinin bu bilginin mahremiyetini koruyabileceğine inanıyor musunuz?
3. Bunu anlatırken beklentileriniz nelerdir?
4. Eğer onun öneri ve tavsiyelerini isteyecekseniz bu konuda yeterince objektif olacağına inanıyor musunuz? Başka bir deyişle, yalnızca sizin yanınızda olmadan tarafsızlığını koruyabilir mi?

İlişkinizi daha çok zedelememek için bu soruların dürüstçe yanıtlanmasında yarar vardır. Bu konuyla ilgili bir yaşantıdan örnek vermek isterim:

Bir kayınvalide sadakatsizlik yaşantısını öğrendiğinde, damadının evlilik dışı ilişkisini bitirmesine yardımcı olur düşüncesiyle, onun çalıştığı yerin genel müdürüne durumu aktaran bir mektup yazıp damadının işinden olmasına neden olmuştu.

Sadakatsizliğin paylaşıldığı üçüncü kişi ile ilgili alınabilecek önlemler

Sadakatsizlik sonrasında, kontrolden çıkan ilişkinizi tekrar kontrolünüze alabilmek ve güven duygusunu yeniden sağlayabilmek için üçüncü şahısla ilgili yapılabilecekler net olarak belirlenmelidir. Eşinizle üçüncü şahıs arasındaki temas devam ettikçe sadakatsizliğin tekrarlama şansı artmakta, sadakatsizlik yaşanmasa bile, belirsizlik ilişkinizi tahammül edilemeyecek boyutlara getirmektedir. Ancak eşinizle bu üçüncü kişinin temasını kontrol edebilmek çeşitli nedenlerle zor olabilir. Örneğin eşiniz ve ilişkide olduğu kişi aynı işyerinde çalışıyor olabilir ya da eşiniz ilişkiyi bitirse de diğer kişi ilişkiyi devam ettirebilmek için çaba harcıyor olabilir. Belki ilişki henüz gerçekten bitmemiş de olabilir. Bu konuda alınması gereken temel önlemler şöyle özetlenebilir:

1. Eşinizle üçüncü kişi arasındaki sınırlar ne kadar net ve keskin olarak belirlenebilirse ilişkinizin geleceği için o kadar iyi bir iş yapmış olursunuz.
2. Yapamayacağınız ya da yapınca pişman olabileceğiniz kararlar almayın.
3. Sınırların net belirlenmesi zaman alan bir süreçtir. Çok aceleye getirmeyin ve ilerleyen zaman diliminde aldığınız kararlarda değişiklik yapabileceğinizi peşinen kabul edin.

Berrin, Ahmet ile evlilik dışı ilişkisini bitirmek ister. Ahmet buna katlanamaz ve hiç olmazsa arkadaş kalabilmelerini ister. Berrin, bunu istemese de onu kırmamak adına teklifini kabul eder. Zaman zaman Ahmet ile görüşmeye devam eder. Berrin'le görüşme taleplerinin giderek daha çok reddedilmesine dayanamayan Ahmet, onu evinden aramaya başlar. Telefonu Berrin'in eşinin açtığı bir gece kendini kontrol edemeyerek ilişkilerinin bitmediğini ve halen eşiyle görüştüğünü söyler. Berrin'in ve eşinin evliliklerini ayakta tutmak için gösterdikleri tüm çabalar bir anda anlamını yitirir ve Berrin'in eşi ayrılmaya karar verir.

Sadakatsizlik üçgenlerden oluşur. Oysa gerçek beraberlik iki kişi arasındadır. Üç kişiden oluşan üçgende, kişilerden biri alınan karardan memnun değilse sorunlar yinelenecektir. Sadakatsizliğin paylaşıldığı kişi ile arkadaş kalma çabası çoğu kez başarılı olamayan bir girişimdir. Zaman zaman yapılan masum görüşmeler bile, öğrenildiği takdirde sadakatsizliğe uğrayan kişinin henüz sarılmamış yaralarının yeniden açılmasına neden olur.

Diğer taraftan sadakatsizliğin paylaşıldığı kişiyle duygusal bir bağ oluşmuşsa bunun hemen kesilmesini beklemek çoğu kez gerçekçi olmayabilir. Hiçbir ilişki, ilişkiyi paylaşan kişilerin her ikisi de kesin olarak istemediği takdirde aniden sonlanamaz. Bu noktada sınırların kesin, ancak gerçekçi biçimde çizilmesinde yarar vardır. Yüz yüze görüşme kabul edilmese bile belirli bir süre için (içeriği belirlenmiş olması kaydıyla), telefon görüşmeleri tolere edilebilir.

Aynı işyerinde çalışılıyorsa, ikili görüşme kabul edilir olmasa da, grup içinde (toplantı gibi) görüşebilme olasılığının göz önünde bulundurulması daha gerçekçi olacaktır. Ancak bu gibi durumlarda sadakatsizlik yapmış olan partner kesinlikle dürüst davranmalıdır. Çünkü eğer eşinizle ilişkinize devam etmek istiyorsanız sorumluluklarınıza odaklanmanız ve dürüst olmanız gerekecektir.

Sadakatsizliğin paylaşıldığı kişiyle ilgili sınırları çizerken bitirdiğiniz ilişkiyle ilgili:

1. İleride oluşabilecek temasın boyutları ve olası içeriğiyle ilgili kesin çizgiler koyun.
2. Eğer bu sınırlar aşılırsa (üçüncü kişi tarafından) bunu mutlaka eşinize söyleyin.
3. Teması artırmaya yönelik üçüncü kişiden gelen girişimlere nasıl bir tepki vereceğinizi eşinizle birlikte belirleyin.
4. Gerekirse, ilişkinin bittiğine dair bir mektubu ya da e-postayı eşinizle birlikte yazarak üçüncü şahsa gönderin.
5. Koşullar (aynı işyerinde olmak gibi) görüşmeyi gerektiriyorsa, görüşmenin süre ve içeriği ile ilgili olarak kararlı davranın.
6. Eğer üçüncü kişiden gelen birlikte olmaya yönelik girişimler devam ediyorsa, verdiğiniz mesajın net ve kesin olup olmadığını yeniden gözden geçirip, gerekirse yeniden söyleyin.
7. Tüm bu stratejiler işe yaramıyorsa yasal önlemler almaya çalışın (işyerinde olan ve birçok kişi tarafından bilinen bir ilişki söz konusu ise statü olarak ikinizin de üstünde olan birine konuyu açmak ya da hukuki önlem almak gibi).

Sadakatsizliği geride bırakabilmenin ilk aşaması başarılı olarak tamamlandı mı? Bu aşamadan öğrenilenler:

Sadakatsizlik sonrasında yaşanan olumsuzlukları ve acıyı azaltabilmek için öncelikle sizlere ne olduğunu daha iyi anlamanız gerekir. Bu amaçla önce tek tek daha sonra birlikte bazı noktaları iyi incelemeniz gerekir. Belki bir deftere notlar tutabilir ve duygu, düşünce, davranışlarınızın zaman içinde nasıl değiştiğini gözlemleyebilirsiniz.

• **Duygularınız.** Sadakatsizliğin açığa çıkması ya da itiraf edilmesini takiben yaşadığınız temel duygular neler oldu? Üzüntü? Korku? Öfke? Hissizlik?

Duygularınızın olumsuz olmasından korkmayın ve duygularınızdan uzaklaşmaya çalışmayın. *Duygularınız neleri kaybettiğinizi ve dolayısıyla nelerin yeniden kazanılması gerektiğini gösteren işaretlerdir.* Nadiren de olsa olumsuz duygular yanı sıra olumlu duygularda hissedebilirsiniz. Yaşanılan olumsuz duygulara örnek olarak, "*Benimle sadakatsizlik hakkında konuşmayı reddettiğinde inanılmaz öfkeleniyorum. Gelecekte aynı şeyleri yapmasından çok korkuyorum*" ya da "*Aynı konuyu açıp, aynı soruları sormasından çok kaygılanıyorum*" gibi duygular verilebilir.

Olumlu duygulara örnck olaraksa, "*Konuşabilmeyi becerdikçe, ilişkilerin ve yaşamın beklenmedik olaylara ne kadar açık olduğunu her ikimiz de fark ediyoruz. Garip de olsa, tüm acıya rağmen kendimi ona her zaman olduğumdan daha yakın hissediyorum*" şeklinde dile getirilen duygular verilebilir.

• **Düşünceleriniz.** Sadakatsizlik sadece sizi üzmekle kalmaz aynı zamanda eşinizle, kendinizle ve hatta yaşamla ilgili temel düşünce ve inanışlarınızı da olumsuz etkileyebilir. Kendinizle ve partnerinizle ilgili inanışların nasıl değiştiğini veya etkilendiğini not edin. Bazen olumsuz düşünceler yanı sıra olumlu düşüncelerin de geliştiğini fark edebilirsiniz. Olumsuz düşüncelere örnek olarak, "*Tamamıyla güvenebildiğimi düşündüğüm tek insanın da güvenilmez olduğunu görmek yaşamımı altüst etti. Evlenirken bana hep dürüst olacağını söylemişti. Artık ona güvenmiyorum. Geçmişte birileri bana sadakatsizlikten* *söz etse, bunun bize asla olmayacağını düşünürdüm. Ne kadar yanılmışım"* biçiminde düşünceler verebilir. Olumlu düşüncelere örnek olarak da, *"Her zaman zayıf olduğumu ve tek başıma yaşamıma devam edemeyeceğimi düşünürdüm. Şimdi bu yaşadıklarımdan sonra ondan ayrılıp tek başıma yaşamımı devam ettirebilecek kadar güçlü olduğumu düşünüyorum"* biçiminde düşünceler verilebilir.

- **Davranışlarınız.** Bu kadar gergin ve üzüntülü iken doğal olarak kendi kişiliğinize uymayan davranışlar sergileyebilirsiniz. Bu anlaşılır bir durum olmakla birlikte böyle davranmaya devam ederseniz işlerin daha da kötüye gitme olasılığı artacaktır. Sadakatsizliği öğrendiğinizden bu yana sergilediğiniz, hoşunuza gitmeyen davranışları not ederek, hangi davranışların normale dönme sürecini olumsuz etkilediğini anlamaya çalışın. Bu süreçte bazı davranışlarınızın olumlu olabildiğini de görebilirsiniz. Olumsuz davranışlara örnek olarak, *"Ona hakaret etmeye, bağırmaya ve saldırmaya başladım. Yaptığı her şey bana batıyor. Telefonunu, e-postalarını, kredi kartı dökümlerini kontrol edip duruyorum. Onun yaptığından nefret ediyor olsam da kendi davranışlarımı da hiç sevmiyorum"* verilebilir.

Olumlu davranışlara örnek: *"Şimdiye kadar bu ilişkide kimliğimi ortaya koyamamış ve pasif yaşamış olduğumu fark ettim. İlk defa kendimi ifade ediyor ve düşüncelerimi açıkça söylüyorum. Bu ilişki bitse de bitmese de artık hiçbir zaman bir kenara itilmiş olarak yaşamayı kabul etmeyeceğim. Uzun yıllardan sonra kendime ilk kez güveniyorum"* ya da *"Bugüne kadar hiçbir zaman partnerime tam dürüst olamadım. Şimdi ona hep doğruları anlattığımı fark ediyorum. Dürüstlüğüm kendimi daha çok sevmeme neden oluyor. Yaptığımdan utanç duyuyorum ama dürüst davranmayı öğrenebildiğim için de seviniyorum"* verilebilir.

Duygu, düşünce ve davranışlarınızın dikkatli bir analizini yaptıktan sonra birlikte konuşmaya başlayabilirsiniz. Sadakatsizlik konusunda konuşmanın kolay olmayacağını hatırlatmak isterim. Konuşma sırasında daha önce anlattığım iletişim kurallarını hatırlayın.

Sadakatsizliği anlamak, sadakatsizliğe uğrayanın en temel hakkıdır. Ancak konuşmalarınız sırasında soracağınız soruları belirli bir süre ve sayı ile sınırlandırın ve olabildiğince net ve somut sorular sorun. Örneğin, *"Sadakatsizlik ne zaman başladı ve sonlandı? Sadakatsizlik yaptığın süreçte ikimizin ilişkisini bitirmek istediğin zamanlar oldu mu?"* gibi sorular somut ve amaca uygun sorulardır. *"Neden?"* sorusundan şimdilik uzak durmanızın daha uygun olacağını söylemiştim. Bu sorunun yanıtını daha sonraki aşamalarda birlikte araştıracaksınız. Soruları mümkün olduğunca çift taraflı sorun. Sadakatsizlik yapanın da merak ettiği konular olabilir.

Sadakatsizlik konusunu haftanın belirli günlerinde, belirli saatlerde ve belirli bir süre içinde konuşmaya gayret edin. Böylelikle kontrolden çıkmış bir yaşam alanını zamanlama, yer ve süre yönünden yeniden kontrol edebilme şansına sahip olabilirsiniz. Ayrıca böylelikle sadakatsizlik yapanı her dakika aynı konu açılacak korkularından kurtarabilir, kendini daha iyi hissetmesini ve konuyu daha kolay konuşabilmesini sağlayabilirsiniz.

Sadakatsizliği kiminle konuşup, kiminle konuşmamanız gerektiğini iyi belirleyin. Bu, ilişkinizin geriye dönülmez yaralar almasını engeller. Konuyu aile üyelerine veya çocuklara açmak zorunda kaldığınız durumlarda neyi, nereye kadar konuşacağınıza iyi karar verin.

Eşinizle günlük yaşamın rutinlerini nasıl devam ettireceğinize ilişkin bir plan yapın. En azından bu kriz döneminin devam edeceği birkaç gün veya hafta süresince neyin yapılıp, neyin yapılmamasını istediğinizi açıklıkla belirtin. Her ikiniz de halen devam eden sorumluluklarınızla ilgili ne tür bir tutum içinde olmak istediğinizi açıkça ortaya koyun.

"Çocuklarımızla ilgili sorumluluklarımız, örneğin onları okula götürüp getirme işlemleri eskisi gibi devam etsin. Çocuğumuzun okul aktivitelerine veya sosyal ortamlara birlikte gitmeye devam edelim ama içimizden konuşmak gelmiyorsa böyle bir zorunluluk hissetmeyelim" veya *"Şimdilik seninle fiziksel bir yakınlaşmaya hazır değilim. Çünkü birbirimize yaklaştığımızda kendimi daha kötü hissediyorum. Cinsellik sırasında aklıma, benimle paylaştıklarını onunla da paylaşmış olabileceğin geliyor. Bu nedenle bir süre aramızda cinsellik olmasını istemiyorum. Bu konuyu belirli bir sürenin sonunda yeniden gözden geçirelim"* gibi öneriler kriz koşulları altında yaşamı nasıl devam ettirmek istediğinizle ilgili son derece açık, anlaşılır önerilerdir.

Günlük yaşamın birlikte ve ayrı ayrı yapılan aktiviteleri üzerinde konuşup uzlaşmak, belirsizliği ortadan kaldıracaktır.

Örneğin, *"Senin, daha önce olduğu gibi faturaları düzenli ödemeni istiyorum. Ben de her zaman olduğu gibi arabalarımız ve çocuğumuzun bakımı ile uğraşacağım"* gibi öneriler tek tek yapılacak aktiviteler hakkında bir öneridir. Birlikte yapılan ama fazla etkileşim gerektirmeyen aktivitelere örnek olarak, *"Birlikte film izleyip, oğlumuzun okulundaki gösteriye gidebiliriz"* şeklindeki öneriler verilebilir. Birlikte yapılan ancak etkileşim gerektiren aktivitelere örnek olaraksa, *"Sadakatsizlik konusunu konuşmama kararı aldığımız günlerden birinde birlikte yemeğe çıkmak ve eskisi gibi eğlenmeyi çok isterdim. Kendimi biraz olsun rahatlamış hissetmek için birlikte eğlendiğimiz bir güne öylesine ihtiyacım var ki"* gibi öneriler verilebilir.

11. SADAKATSİZLİKTEN ANLAM ÇIKARMA AŞAMASI: Anlaşılmayana Anlam Verme Süreci

Demet, eşi Volkan'a artık her şeyi geride bırakma zamanının geldiğini söyler. Ona göre artık başkalarını bırakıp kendilerine odaklanmaları ve beraberliklerini daha sağlıklı bir biçimde götürmenin yollarını aramaları gerekmektedir. Volkan da yaşamlarına eskisi gibi devam edebilmeyi en az Demet kadar istemektedir. Ancak Demet'in olayları "geride bırakmak" derken sadakatsizlik konusunun bir daha asla gündeme gelmemesini istediğini gayet iyi bilmektedir. Tekrar öfkelenir. Her öfkelendiğinde, Demet'in ağlamaya başlayacağını bildiği halde... Volkan sürekli uğradığı sadakatsizliği düşünüp öfkelenmekten kendini alıkoyamamaktadır. İlişkisinde bir şeyleri eksik bırakmış olabileceği ya da ilişkilerine yeterince özen göstermediği düşüncesi, onu daha da çok öfkelendirmektedir. Diğer taraftan eşinin cinsellik içermediğini söylediği ilişkisinde "Diğer kişi başka ne istiyor olabilir?" diye düşünür kendi kendine. Ailesini daha rahat yaşatmak için herkesten çok çalışması mıdır suçu? Yoksa evine daha çok para getirebilmek için ailesine ve eşine ayırdığı zamanı azaltması bir başkasının eşinin kalbine girebilmesi için bir fırsat mı oluşturmuştur? Üstelik bu üçüncü kişi eşinden hiçbir şey beklememekte ve bu nedenle eşini olduğu gibi kabul edebilmektedir. Bu adil olmayan yarışta eşinin yeniden sadakatsizlik yapmayacağına nasıl emin olacaktır? Üstelik iş yaşamında pek çok yeni sorumluluklar almışken üçüncü kişiyle nasıl rekabet edebilir ki? Sadakatsizliğin tekrarlamaması için onun neden oluştuğunu anlamadan, nasıl her şeyi geride bırakabilir ki?

Sadakatsizlikle ilgili ortaya çıkan krizin atlatılması ve günlük yaşam aktivitelerinin eskisi gibi olmasa da en azından sorun oluşturmadan devam etmesini sağladıktan sonraki aşama, sadakatsizlikten anlam çıkarma aşamasıdır. Sadakatsizlik mi evliliği bu duruma getirmiştir yoksa eşinin ima ettiği gibi yolunda gitmeyen evlilik mi sadakatsizliğe kapı açmıştır? Evlilikte yolunda gitmeyen ya da daha iyi gitmesi gereken konular nelerdir? Bu anlamsızlığa anlam verebilmek mümkün müdür?

Anlaşılmaz görünen olaylardan anlam çıkarmaya çalışma sürecinde dikkat edilmesi gereken en önemli konu, **sadakatsizliği "anlamakla", sadakatsizliğe "iyi nedenler bulmak" arasındaki ayrımı iyi yapabilmektir**. Sadakatsizliğe uğrayan kişi için sadakatsizliğe gerekçe oluşturabilecek iyi bir neden bulmak, doğal olarak olanaksızdır. Hiçbir iyi neden sadakatsizliği açıklayamaz. Ancak anlamak, iyi nedenler bulmak için değil, yaşanan olaya içerik sağlayabilmek için yapılmalıdır çünkü içeriği anlaşılamayan hiçbir olgu "kabul"ü getiremez. Burada içerikten kastedilen, resmin bütününü görmek, yani evliliğinizin sadakatsizliğe uğramasına zemin hazırlayabilecek risk etkenlerini anlamaktır. Ancak bu risk etkenlerinin hiçbiri sadakatsizliğin nedeni veya suçlusu değildir. Sadakatsizliği anlamak, sadakatsizliği yapan eşle birlikte sadakatsizlik nedeni olarak gösterilen konularda fikir birliğine ulaşmak veya uzlaşmak da değildir. Amaç yalnızca, anlaşılmayana anlam kazandırarak travmanın uzun süreli olumsuz etkilerinden korunmaktır.

Sadakatsizliğin oluşma nedenini anlamak zorlu ve yıpratıcı bir süreç olmakla birlikte iyileşmesinin en önemli aşamasıdır. "*Neden-nasıl oldu?*" sorusunun önemini daha iyi anlayabilmek yönünden, bir an için şu andaki ilişkinizin soyulan bir eve benzediğini hayal edin.

Evinize hırsız girdiğinde, hırsızlığa yol açan etkenleri daha iyi anlamak istemez miydiniz? En basitinden eviniz sigortalı ise sigortacılar bile evinizin nasıl soyulduğunu daha iyi anlamak istemezler mi? Komşularınız arasında güvenilmez biri olabilir mi? Kapıyı açık bırakmış olabilir misiniz? Hırsızlığın yapılmasını zorlaştıracak önlemler almış mıydınız? Evinize az tanıdığınız insanları davet edip içeriye daha kolay girilmesini kolaylaştırmış olabilir misiniz? Değerli eşyalarınız kolaylıkla başkalarının görebileceği yerlerde mi duruyordu?

Tabii ki evinizin soyulmasından siz sorumlu değilsiniz. Suçlu hiç değilsiniz... Suç hırsızlık, suçlu da hırsız... Ancak bu evde kalmaya devam edecekseniz, hatta başka bir eve taşınacak olsanız bile, evinizin güvenliği yönünden bazı tedbirleri almak zorundasınız. İşte evinizin gelecekteki güvenliğini sağlamak yönünden alacağınız tedbirler gibi ilişkinizin gelecekteki güvenliğini sağlamak yönünden de bazı tedbirler alabilirsiniz. İlişkinizi dış etkenlere daha duyarlı hale getiren aksaklıklar olabilir. Belki ilişkiniz içinde birbirinize yeterince zaman ayırmadan aynı evde bir "otelci" gibi yaşadınız. Belki de işlerinizin yoğunluğu partnerinizin yalnızlığını görmenize engel oldu. Belki çevrenizde eşinizle ilişkinizi ve birbirinize olan sadakatinizi yeterince önemsemeyen arkadaşlarınız vardı ve siz bu tür kişilerin etkisi altında kaldınız. Bu etkenlerin hiçbiri sadakatsizliğin nedeni olmayabilir. Ancak her biri sadakatsizlik kararını kolaylaştırabilir. Bu tür etkenler iyi belirlendiği takdirde neyi, nasıl değiştireceğinizi belirlemek de mümkün olabilir. Ancak hatırlatmak isterim ki sadakatsizliği anlamak hiç de kolay olmayan bir süreçten geçmeyi gerektirir ve ne yazık ki ilişkiler bu süreçte bazen onarılamayacak yaralar alıp sonlanabilmektedir.

Hem Tunç hem de Sinem, oluşan sadakatsizliğe rağmen evliliklerinin devamını isteyen bir çiftti. Ancak her ikisinin de ilişkinin devamı için gerekenler konusunda farklı görüşleri vardı. Tunç, terapi seanslarının birinde ilişkinin devam edebilmesinin en önemli koşulunun bu konuyu artık konuşmamak olduğunu belirttiğinde tedaviye ara verdiler. İki ay sonra tekrar yardım almak için geldiklerinde aralarındaki duygusal mesafenin açıldığı gözleniyordu. Tunç işi gereği şehir dışına çıkıyor, eve geç saatlerde geliyordu. Sinem ise sevdiği ve her şeyini paylaştığı eşinin kendisini aldatmış olmasına hâlâ bir türlü anlam veremediğini belirtiyordu. Sinem kocasını üzmemek ve öfkelendirmemek adına duygu ve düşüncelerini eşiyle paylaşmıyordu. Cinsel yakınlaşmalar sırasında aklına gelen düşünce ve görüntüler nedeniyle kendini cinselliğe bırakmakta giderek daha da güçlük çekmekteydi. Tunç eşindeki bu duygusal ve cinsel uzaklaşmayı fark ediyor ve bunu Sinem'in kendisini cezalandırmak amacıyla yaptığını düşünüyordu. Tunç iki aylık bir aradan sonra geldikleri ilk seansta cezalandırma olarak algıladığı bu davranışların nedenini eşinin olayı aklından silememesine bağlıyordu. Ona göre eşi olayları aklından silebilse her şey tamamen düzelecekti. Sinem'in eşinin sadakatsizliğini daha iyi anlamaya yönelik ihtiyacı ile Tunç'un olayı geride bırakarak ileriye bakma konusundaki ısrar ve aceleciliği aralarında önüne geçemedikleri bir engel oluşturuyordu. Birkaç hafta sonra Tunç evden ayrılıp, başka bir eve taşındı. Birkaç ay sonra da boşandılar...

Bu durum sık rastlanan bir sonuç mu? Ne yazık ki EVET. Bu kaçınılmaz bir son mu? Kesinlikle HAYIR. Sadakatsizliğe rağmen çiftlerin yüzde 60-75'inin evliliklerine devam ettiğini belirtmiştim. Devam eden ilişkilerin bir kısmında sadakatsizlik yalnızca tolere edilen bir gerçek olarak kalırken, bir kısmında sadakatsizliğe anlam verme süreci başarıyla tamamlanıp, geleceğe doğru daha sağlıklı adımlar atılabiliyor. İkinci aşamanın başarı ile tamamlandığını söyleyebilmek için eşlerin evliliklerinde sadakatsizlik riskini artıran etkenleri birlikte belirlemiş olmaları ve ortak bir kavrayış geliştirmiş olmaları gerekir. Ancak böylelikle:

1. Sadakatsizliğe uğrayan eş, anlam veremediği bir yaşantıya anlam kazandırarak ilişkinin gidişi konusunda kısmen de olsa bir güven duygusu geliştirebiliyor. Belki ilişkisi ile ilgili tahmin yapabilme yeteneğini yeniden kazanıyor. Çünkü anlam verilemeyen sadakatsizlik yaşantısının gelecekteki bir zaman diliminde yeniden tekrarlayabileceği şeklindeki kaygının azalması ancak tahmin edilebilir bir ilişkinin varlığında mümkün olabilir. Başka bir deyişle "tahmin edilebilirlik" yeniden oluşması istenen güven için önemli bir adımdır. Ayrıca yaşanılanla ilgili ortak bir anlam geliştirmek, sadakatsizlik yapan partnerin duyarsız, güvenilmez, sahtekâr bir kişi gibi algılanması yerine çeşitli nedenlerle çok yanlış karar almış bir eş olarak algılanmasını sağlayabilir.
2. Sadakatsizliği yapan eş, hangi gerekçelerle olursa olsun, sadakatsizlik kararı almasındaki temel sorumluluğun kendisinde olduğunu anlar. Ancak bu sorumluluğun altında ezilmek yerine, ne yaparsa evliliğinin daha iyi gidebileceğini görme şansına sahip olur.
3. Eşler evliliklerine devam edip etmeyeceklerine gönül rahatlığıyla karar verip, yolculuklarına yalnız veya çift olarak devam edebilirler.

Sadakatsizliğe anlam verebilmek için daha iyi incelenmesi gereken boyutlar nelerdir?

Bu boyutlar şöyle sıralanabilir:

1. İlişkide neler olup bitiyor?
2. İlişkinizin dışında ve yakın çevrede neler olup bitiyor?
3. Sadakatsizliği yapan kişiye ait yanlar nelerdir?

4. Sadakatsizliğe uğrayan partnerin sadakatsizliğe katkısı olabilir mi?

1. İlişkide neler olup bitiyor?

Sadakatsizlikler her zaman kötü evlilikler sonucunda ortaya çıkmaz. Evlilikleri sorunlu olmasına karşın sadakatsizlik yapmayan birçok eş olduğu gibi eşini sevdiğini söyleyen ve ilişkilerinde tatmin olduğunu belirtmesine karşın sadakatsizlik yapan eşler de vardır. Bu nedenle sadakatsizlikte evliliği suçlamanın hiçbir anlamı yoktur. Ancak evliliği sadakatsizliğe yatkın hale getiren etkenleri incelemek her zaman yararlıdır.

a. Evlilikte çatışma alanları ve çatışmanın düzeyi

- Siz ve partneriniz aranızda oluşan uzlaşmazlıkları gidermek ve ortak kararlar almak konusunda ne kadar başarılı olabildiniz?
- Hangi sıklık ve şiddette tartışmalar yaşıyordunuz?
- Hangi sorunlar sık tartışılan ve bir türlü uzlaşma sağlanamayan konular olarak karşınıza çıkmaktaydı?
- Uzlaşma sağlayamadığınız gerekçesi ile konuşmaktan vazgeçtiğiniz ve iletişimi sonlandırdığınız zamanlar oldu mu?

b. Duygusal yakınlık düzeyi

- Birbirinizle önemli bulduğunuz düşünce ve duyguları hangi oranda paylaşıyordunuz?
- Birbirinizin başarılarını yeterince kutladınız mı?
- Mutsuzluk ve hayal kırıklıkları yaşandığında birbirinize yeterince destek verdiniz mi?

- İkiniz en iyi arkadaşlar olduğunuzu söyleyebilir misiniz?
- Evliliğinizin hangi aşamasında, hangi sorunlar nedeniyle birbirinizden ayrı düşmeye başladınız?

c. Fiziksel yakınlık düzeyi

- Cinsel ilişkinizden ne kadar doyum sağlıyordunuz?
- Cinselliği hep aynı eş mi başlatıyordu yoksa her ikiniz de zaman zaman ilk adımı atıyor muydunuz?
- Cinselliği açıkça konuşabiliyor muydunuz?
- Cinsellikte ön sevişme yaşanıyor muydu?

d. İlişkide beklentiler

- Sadakatsizlik öncesindeki ilişkiniz, evliliğinizin başlangıcındaki beklentilerinizle ne kadar uyumluydu?
- Bir eş ya da ebeveyn olarak hayal kırıklığı yaşadınız mı?
- Aile ile ilgili sorumluluklar adil biçimde paylaşılıyor muydu?
- İlişkinizde "biz" olmanın yanı sıra "ben" olabildiğinizi de hissedebiliyor muydunuz?

Bu soruların yanıtlarını eşinizle birlikte açıkça, dürüstçe ve saygı çerçevesi içinde konuşulabilmeli ve bu süreçte ilişkinin yalnızca olumsuz yanlarına değil, olumlu yönlerine de odaklanabilmelisiniz.

2. İlişkinizin dışında yakın çevrede neler oluyor?

İyi bir ilişkiyi devam ettirebilmek emek ister. Bazen başkaları birbirinize yönelik bu emeğinizi hatta sadakatinizi küçümseyip değersizleştirebilir. Arkadaşlarınızın çoğunun bekâr, boşanmış ya da evlilik dışı ilişkiler kuran kişiler olduklarını düşünün. Onlarla geçirdiğiniz süre arttıkça, ailenize yönelik ilgi ve dikkatinizin çelinme olasılığı artacak, hatta zaman zaman onların yaşantılarına duyduğunuz özlem büyüyecektir. Buna karşılık etrafınızda evliliğine değer verip, destekleyen arkadaşlarınızın olduğunu düşünün. Evlilik yaşamının zor zamanlarında onlardan aldığınız destek, güç ve empati ise evliliğinize gösterdiğiniz özeni artıracaktır. Sadakatsizlik öncesinde ilişkinin etrafında olup bitenler derken, ilişkiye ayırdığınız enerji ve zamanı azaltan ya da değersizleştiren tüm dış etkenleri kastediyorum. Doğal olarak bunun içine, işinize, hobilerinize ayırdığınız zaman da dahildir. Birçok erkek, işine ayırdığı zamanın fazlalığı ile ilgili konuşulurken, bunu aile üyelerinin daha iyi koşullarda yaşamasını sağlamak ya da aile bireylerine daha iyi bir gelecek oluşturmak için yaptığını söyler. Ancak aile adına bu kararı alırken aile üyelerinin fikrini sormaz. Çok çalışma kararı eşle birlikte alınsaydı eminim birçok kadın, "*Eve daha az para getir ama bizimle daha çok birlikte ol*" demeyi tercih ederdi. Ancak atalarının "eve ekmek getirme" genlerini yüklediği birçok erkek, günümüzün değişen koşullarında sevgi ve paylaşıma duyulan ihtiyacın, en az ekmek kadar önemli olduğunu görmek ya da duymak istemiyor. *İşe ayrılan bu abartılı zaman belki genlerle aktarılan bir görev bilinci, belki özgüven ve özsaygı sağlamanın bir yolu, belki eve ne kadar çok ekmek getirilebileceği ile ilgili anlamsız bir yarış ve gösteri, belki de ekmekle pastanın karıştırılması...*

Sadakatsizlik öncesinde ilişkinin etrafında olup bitenlerden biri de yaşadığınız zorlu yaşantı ve stres kaynakları olabilir. İş değişiklikleri, yeni bir yerleşkeye taşınma, ekonomik güçlükler, geniş aile içinde yaşanan sorunlar, aile üyelerinin fiziksel ve ruhsal sağlıklarında değişiklik hali, yeni bir bebeğin dünyaya gelmesi gibi etkenler birbirinizle olan bağınızı güçlendirebilir ya da zayıflatabilir. Sadakatsizliği anlarken resmin arka fonunda duran bu ayrıntılar bazen sanılandan daha önemli olabilir.

3. Sadakatsizliği yapan kişiye ait yanlar nelerdir?

Sen kendine, *"Ben bu hatayı nasıl yaptım?"* diye sormaktan kaçınsan da partnerinin, *"Bunu bana nasıl yaptın? İlişkimizi nasıl gözden çıkarabildin?"* gibi sorularından kaçınman pek mümkün olmayacaktır. Bu sorular nedeniyle kendini saldırı ya da baskı altında hissettiğinde sorulara yanıt verebilmen daha da güçleşebilir. Bu nedenle kendi gerçeğinle yüzleşebilmeli ve yaşadıklarına anlam vermeyi öğrenmelisin. Unutma, bu sadakatsizlik hem sana hem eşine mutsuzluk getirdi. Daha da önemlisi her ikiniz de belki etkileri yaşam boyu sürecek bir travma yaşadınız. Eşinin yaşadıklarını geride bırakmasını istiyorsun değil mi? O halde travmalarını geride bırakanlarla bırakamayanlar arasındaki farka bir bak. Travmayı geride bırakıp yola devam edebilenler travmalarına anlam verebilenlerdir. Onlar yaşadıkları travmanın tartışmasız kötü bir deneyim olduğunu, ancak artık geride kaldığını söylerler. Oysa bazı insanlar travmalarını geride bıraktıklarını söyleyemezler çünkü yaşadıkları olaya anlam verme süreçlerini henüz tamamlayamamışlardır. Geçmişte yaşanan travmatik olay ancak başı, ortası ve sonu olan bir öykü biçiminde anlaşıldığında günlük deneyimlerin bir parçası olur. Ağır travmalar hiç beklenmedik bir biçimde yaşandığından, günlük yaşamın sıradan olayları gibi kolaylıkla anlaşılıp, sindirilemezler. Kişi hiç beklemediği bir olayla karşılaşmıştır ve bu olaya anlam vermekte güçlük çekmektedir. "Olay (sadakatsizlik) ne zaman başlamıştır? Ne kadar süredir devam etmektedir? Kendisi bu süre boyunca nasıl hiçbir şeyi fark edememiştir? Bu olayı başka kimler bilmektedir?" gibi birçok sorunun yanıtı henüz yoktur. Yeni ve beklenmedik acı bir bilginin, bilgi işleme sürecinden geçirilmesi, anlam kazanması ve anlaşılır bir içerik içine oturtulabilmesi zaman gerektirir. İşte eşin bu nedenlerle olayı hızla geride bırakmakta zorluk çekmektedir. Travmalar başlangıçta kolay anlaşılan ve kabul edilen yaşam olayları olmasa da gösterilen amaçlı ve ortak bir çaba ile süreç içinde çiftin yaşamı ile bütünleştirilip, sindirilebilir.

Biliyorum, sadakatsizlik yapanlar da acı çeker. Tabii bunu sık sık yaptıkları için duyarsızlaşmamışlarsa... Biliyorum, onlar da suçluluk ve üzüntü yaşarlar. Sadakatsizlik sonrasında sık yaşanan bir başka duygu ise şaşkınlıktır. Yaşamlarının en değerli parçası olarak gördükleri ailelerine böylesine acı veren bir travmaya nasıl izin verdiklerini anlayamamanın şaşkınlığıdır yaşanan.

Şimdi, sadakatsizlik yaşantısının bir daha tekrarlamayacağına söz vermekten daha önemli bir şey yapmalısın. Kendi çatışmalarını, bireysel ihtiyaçlarını, güçlerini ve güçsüzlüklerini daha iyi anlayabilmelisin. Bu evlilik devam etsin ya da etmesin, aynı travmanın bundan sonraki yaşamında tekrarlanmaması için olup bitenden anlam çıkarmayı öğrenmelisin. Kendi travmasını tekrar tekrar yaşayanlara bir bak... Çocukluklarında kötüye kullanılmış olan ve büyüdüklerinde kendi çocuklarını kötüye kullananlara... Ya da anlam veremediği bir savaşta insanları öldürdüğü için savaşlara lanet eden ancak bir sonraki savaşta paralı asker olarak yer alanlara...

Belki de yaşadıklarına anlam veremedikleri için aynı yaşantıyı tekrarlayarak yaşadıklarına anlam kazandırmaya çalışıyorlar.

İnsanlar gündelik yaşamdaki sıradan travmalara kolaylıkla anlam verebilirler. Çünkü bu tür travmalar gündelik yaşamın bir parçasıdır ve anlaşılmaz bir yanları yoktur. Başka bir deyişle, kişiler bu tür travmalara hazırlıklıdırlar. Ancak sadakatsizlik gibi bir travmayla karşılaştıklarında bunu güncel, yerleşik yaşantıları içine oturtamazlar. Travmanın bireysel tarih içine oturtulup anlamlandırılabilmesi, hem sadakatsizlik yapan hem de sadakatsizliğe uğrayan kişi için pek de kolay olmamaktadır. Olayın başı, ortası ve sonuyla bir bütünlük içine yerleştirilebilmesi için çok iyi anlaşılması gerekir.

İşte bu nedenlerle senin de kendini sadakatsizliğe yatkın hale getiren özelliklerini anlaman gerekiyor. Seni sadakatsizliğe yatkınlaştıran özelliklerin olmalı. Belki insanlarla kolay dost olan, onlara "hayır" diyemeyen yanın. Belki de bugüne kadar hep olumlu olarak gördüğün sosyal özelliklerin, şimdi aleyhine çalıştı. Belki kendine olan güvenin, başarıların ve diğer olumlu özelliklerin senin başkaları tarafından çekici bulunmana ve üzerine gelinmesine neden oldu. Sen de üzerine gelen bu kişiye "hayır" diyemedin. Belki kendinle ilgili güvensizliğin, kendini yetersiz hissetmen, sana kollarını açan ve kendini beğenilir, istenilir hissettiren bu kişiyle ilişki içine girmeni kolaylaştırdı. Belki de sadakatsizlik ile ilgili olarak, *"Pek çok kişi bunu yapıyor, çok da olağandışı bir durum değil"* şeklinde *"kendine izin veren düşüncelerin"* nedeniyle yaptığın işin ciddiyetini fark edemedin. Belki evlilik ilişkisinin mutlu bir biçimde devamı için ilişkinin başlangıcındaki romantizm, tutku, heyecan gibi duyguların hep devam edeceğini düşünüyordun ve bu tür duyguların giderek azalması sende yeni bir ilişkide aynı heyecanları hissetme ihtiyacı oluşturdu.

Kim bilir belki de hep böyleydin. Henüz bir ilişkiye kendini adamanın anlamını yeterince kavrayamadın. Belki de eskiden beri çeşitli konularda sözler veren ancak sözlerini tutmakta güçlük çeken birisin.

Unutma sadakatsizliği geride bırakmak için kat edeceğin bu uzun ve çetin yolda, öncelikle bir ilişkiye kendini adayabilme yeteneğini kazanabilmen gerekiyor.

4. Sadakatsizliğe uğrayan partnerin sadakatsizliğe katkısı olabilir mi?

Hep aklında tutmanı istediğim için tekrarlamak durumunda olduğum bir şey var: *"Partnerinin sadakatsizliği senin yüzünden olmadı."* Sadakatsizlik öncesinde yaşamında olup bitenleri incelemeni istememin amacı, kesinlikle sana sorumluluk yüklemek ya da seni suçlamak değil. Amaç evini hırsızlığa (evliliğinizi sadakatsizliğe) yatkın duruma getiren nedenler varsa, bunları saptamak. Bazen farkında olmadan evinin soyulmasını kolaylaştıracak şeyler yapmış olabilirsin. Böylelikle bilmeden bu duyarlılığa katkıda bulunmuş bile olabilirsin. *"Neyi farklı yapabilirdim?"* ya da *"Bu yaşantıdan geleceğe yönelik olarak ne öğrenebilirim?"* gibi sorular acılardan anlam çıkarmayı kolaylaştırır. Başarılı ve cömert olman ve başka insanların talep ve gereksinimlerine aşırı önem vermen, eşine ve ailene ayırdığın zamanı azaltmış olabilir. Ya da kendini güvensiz, mutsuz, yorgun, değersiz hissetmen evinin karanlıklaşmasına zemin hazırlamış olabilir. Tekrarlamak istiyorum. Bazen sadakatsizlik sağlıklı ve mutlu ailelerde de olur. Görünür bir ilişki sorununun olmadığı yerde, gereksiz bir sorumluluk almanı istemem. Hele kendini suçlamanı asla istemem. Unutma hırsızlığı kolaylaştıran tedbirlerin tamamını hiçbirimiz alamayız. Hırsızlık gerçekleştiğinde, suçlu hırsızdır.

Bizler yalnızca bir sonraki hırsızlığın oluşma olasılığını azaltmak için bir miktar önlem alabiliriz.

Sadakatsizliğe anlam verebilme aşamasının sağlayacakları

Şu ana kadar sana sadakatsizlik sonrasında yollarına birlikte devam etmeye çalışan çiftlerin aşmak durumunda oldukları iki aşamadan söz ettim. İlişkinin daha fazla darbe almasını önlemek için sadakatsizliğin oluşturduğu krize müdahale ederek, ilişkide geçici de olsa yeni bir denge oluşturmaya yönelik girişimler ilk aşamayı oluşturur. İkinci aşama ise sadakatsizliğe anlam verme ve evliliği sadakatsizliğe yatkın duruma getiren etkenleri daha iyi anlamaya yönelik çabaların gösterilmesi beklenen aşamadır.

Bu ikinci aşamanın temel hedeflerinden biri, sadakatsizliği yapan partnerin verdiği sadakatsizlik kararının getirdiği sorumlulukları fark etmesinin sağlanmasıdır. Bu aşamada sadakatsizliğe uğrayan partnerin güvenini yeniden kazanabilmesi de gerekir. Bu ise ancak ilişkinin öngörü ve tahmin edilebilirlik özelliklerini yeniden kazanması ile mümkündür. Öyle ya, bir ilişkinin güven duygusu vermesi ancak o ilişkide olabilecekler konusunda eşlerin öngörü yapabilmeleri ve öngörülerinin çoğu kez doğru çıkabilmesi ile sağlanabilir.

İlişki içinde olanların ve olabileceklerin tahmin edilebilirlik sınırları içinde kalması bize güven verir. Ama çok güvendiğin eşin sadakatsizlik sonucu bir şok yaşattığında, tahmin edebilme, öngörebilme gücüne inancın sarsılır. Hatta böyle bir yeteneğinin hiç olmadığını düşünerek, kendine kızar ve kendini suçlayabilirsin. İşte bu nedenle sadakatsizliğe uğramış pek çok kişi, *"Nasıl oldu da tüm aldatma sürecinde hiçbir şey anlamadım? Nasıl bu kadar aptal olabilirim?"* diyerek kendine kızmaktadır. İlişkinin tahmin edilebilirlik özelliklerini yeniden kazanması ancak bu süreçte olup bitenlerin sadakatsizliğe uğrayan kişi tarafından bütünüyle anlaşılması ile mümkündür. Travmanın anlaşılması, hem ansızın yaşanabilecek bir başka travma ile ilgili kaygıları azaltır hem de kaybedilmiş kontrol duygusunun yeniden kazanılması anlamına gelir.

Temelde hedef, yaşananları anlaşılabilir bir perspektif içine oturtmak ve kaybolan güven duygusunu yeniden sağlamak olduğundan, bu iki amaca yönelik olmayan konularla ilgili konuşmaların eşlere belirgin bir yarar sağlayamayacağı açıktır. Belki sen de partnerinin yaptığı sadakatsizliği konuşurken şu iki alanda daha dikkatli olmalısın:

a. Eşine sadakatsizliği paylaştığı kişiyle yaşadığı cinselliğin ayrıntılarını sorma. Bunun sana ve ikinizin cinselliğine hiçbir katkısı olmayacaktır. Biliyorum, sadakatsizlik sonrasında eşinle ne zaman fiziksel olarak yakınlaşsan, birlikte paylaştıklarınızı başka bir kişiyle de yaşadığını düşünüyorsun. Hatta gözünün önüne onların görüntüleri geliyor. Bu noktada cinsellikten kopuyor, yaşadıklarına odaklanamıyor hatta ağlıyorsun. Ne var ki eşine başkasıyla yaşadığı cinsellikle ilgili sorduğun her soruya aldığın yanıt, beyninde seni huzursuz eden yeni imajlar oluşturur. Bir taraftan duymak istediğin, diğer taraftan duymaktan nefret ettiğin bu ayrıntılar yalnızca seni huzursuz edecek ve yaşananları sağlıklı biçimde geride bırakmayı güçleştirecektir.

b. Eşinin sadakatsizliği paylaştığı kişinin çekici gelen özelliklerini ya da bu kişinin sende olmayan hangi özelliklere sahip olduğunu da sorma. Genelde bu soru, *"Onda, bende olmayan ne buldun?"* şeklinde sorulur. Hatta bazı kadınlar eşlerinin sadakatsizliği paylaştığı kadını tanımak ya da en azından görmek isterler. Bazıları ise onu gördükten sonra, *"Güzel olsa içim yanmayacak, hiçbir özelliği de yok!"* şeklinde yorum yaparlar. Sanki kendilerinden güzel ya da akıllı olmaları acılarını azaltacak gibi!... Tabii tersine özellikler bulmak da mümkündür. Genç, güzel, bakımlı, çekici özellikler taşıyan birini görmek gibi... Kıyasın anlamı yoktur çünkü sadakatsizliğin paylaşıldığı kişinin, eşinle geçirdiği sınırlı zamanı olağanüstü süsleyebilmek gibi bir lüksü vardır. Onun çocuklara bakmak, geniş aile sorunlarıyla uğraşmak, yeni bir çamaşır/bulaşık makinesi almak gibi sorunları olmaz çoğu kez. Diğer yandan sadakatsizlik yapan eşin, sadakatsizliği paylaştığı kişiyle yaşadığı hoş deneyimlerin hep böyle güzel kalacağını ve devamlılığı olacağını düşünmesi de yalnızca bir hayaldir. Sadakatsizlik ilişkisi içinde yaşananlar, evlilikte yaşanacakların işareti olamaz.

Sadakatsizlik süreci kendine özgü, ayrıksı bir süreç olup kendi sınırlılıkları içinde çekici özellikler taşır. Ancak buradan yola çıkarak ilişkinin hep böyle kalacağını varsaymak doğru olmayabilir. Bunun en güzel kanıtı sadakatsizlik ilişkisi ile başlayan ve evlilikle noktalanan ilişkilerin çoğunun boşanma ile sonuçlandığı gerçeğidir. Sadakatsizliği paylaştığın kişide çekici bulduğun bir dizi özelliği geçmişte eşinde de bulduğunu unutma. Bu sana sadakatsizliğin sorumluluğunu almayı öğretir. Eğer evliliğin başlangıçtaki gibi ya da senin istediğin gibi gitmiyorsa bunda mutlaka sana ait yanlar da vardır. Eşini, içinden ya da yüksek sesle eleştirirken de ölçülü olmalısın. Eşin yaşlanmanın önüne geçemez. Çocuklar, hastalıklar, evlilik süreci içindeki yıpranmalar onun eskisi gibi bakımlı kalmasını engellemiş olabilir. Yaşadığınız ekonomik sorunlar ise dışarıda yemek yemeyi bile güçleştiriyor olabilir. Oysa sadakatsizliği paylaştığın partnerle yaşantınızda bu gerçeklerin hiçbiri yer almayabilir. Biliyorum bütün bunları niye söylediğimi merak ediyorsun. Sadakatsizliği geride bırakmaya yönelik bu uzun yolculukta evliliğinizi sadakatsizliğe daha açık ve yatkın hale getiren etkenleri görmen ve aynı acıyı tekrar yaşamaman için. Belki de evliliğinde bazı şeyler eksikse bunu içinde tutmak yerine partnerinle paylaşman için. Ama bunu yaparken eşini sadakatsizliği paylaştığın kişi ile asla kıyaslama. Böyle bir kıyas adil olmaz ve olsa olsa daha çok öfke ve incinmişlik getirir.

Sadakatsizliği geride bırakmaya yönelik üçüncü ve son aşamaya hazır mısın?

Acını geride bırakmaya yönelik son aşamaya geçişi engelleyebilecek bazı etkenlerden söz etmenin yararlı olacağı düşüncesindeyim.

a. Tekrarlıyorum... *Sadakatsizliğe anlam verebilmekle sadakatsizliğe iyi gerekçeler bulmak arasındaki ayrımı çok iyi yapmalısın.* Daha önce de belirttiğim gibi, evini hırsızlığa yatkın hale getiren, yani hırsızın işini kolaylaştıran etkenleri ortaya çıkarmakla, hırsızlıktan eşini sorumlu tutmak aynı şey değildir. Suç hırsızlık, suçlu ise hırsızdır. Eşinin ya da onunla ilişkinizin sadakatsizlik riskini artırmış olduğu gerçeği, yaptığın sadakatsizlik için haklı bir gerekçe oluşturamaz. Sadakatsizliği yapan gibi, sadakatsizliğe uğrayan kişinin de olayın nedenlerini daha iyi anlama ile sadakatsizliğe gerekçe bulma arasındaki ayrımı iyi yapabilmesi gerekir. Aksi takdirde bu süreç ya öfke getirir ya da suçluluk duygusu.

b. Sadakatsizliğe uğrayan kişi, bu konuda konuşmanın sadakatsizlik yapan partnerin sorumluluğunu azaltmasından endişe edebilir. Sadakatsizliğe anlam verme sürecinin, eşi tarafından kullanılacağından veya yaptıklarına iyi nedenler bularak gereksiz bir rahatlama içine gireceğinden endişe edebilir. Daha önceden de belirttiğim gibi *"Ne?"* sorusunun yanıtı, *gerçekleri*; *"Neden?"* sorusunun yanıtı ise, *öyküleri* verir. Öyküler ne kadar anlaşılır olursa olsun gerçekleri değiştirmez. Bazen hiçbir açıklama yaşananların acısını dindirmeyecektir. Başka bir deyişle, sadakatsizliğe iyi neden bulmak neredeyse olanaksızdır. Olup biteni anlamakla, olanlara neden bulmak aynı şey değildir.

c. Bu aşamada oluşabilecek bir başka sorun, sadakatsizlik yapan partnerin anlam verme çabaları sırasında, eşini daha da çok incitmekten çekindiği için sürecin içinde yer almak istememesidir. Bazıları tüm sorumluluğu üstlenip konuyu kapatmak isterler. Bazı eşler ise (özellikle erkekler), iyileşme sürecinin bu aşamasında artık daha fazla dayanamayacaklarını düşünüp, *"Ne olacaksa olsun"* diyerek süreci tamamlayamayabilirler. Çünkü sürecin asla bitmeyeceğinden, hiçbir şeyin değişmeyeceğinden ve sonsuza kadar eleştirileceklerinden kaygılanmaktadırlar. Son aşamaya geçebilmek için acılardan bütünüyle arınmış olmayı beklemek, henüz bir sonraki aşamaya hazır olmadığınızı gösterir.

Bu aşamanın sonunda eşinin sadakatsizlikle ilgili algılarını onun konuşmasını kesmeden ve onu anlamaya çalışarak dinlemeyi becerebildiğinden emin olmalısın. Bunun her ikiniz için de zor olduğunun farkındayım. Yaptıkça gelişen bu beceri sayesinde eşler, zorlu bir sürecin içinde birlikte var olabildiklerini görme şansını bulurlar. Bu sürecin başlangıcında, ilişkinizle ilgili çeşitli sorunları görmezden geldiğiniz gerçeğiyle yüzleşmek hoşunuza gitmeyebilir. Ancak, süreç tamamlandığında evliliğinizle ilgili resmi tüm ayrıntılarıyla görebilme şansını elde edebilirsiniz.

"İyi evliliklerde sorun yaşanmaz" şeklindeki gerçekçi olmayan beklenti ve buna bağlı sorunları küçültme ve görmezden gelme eğilimi hiçbir evliliğin işine yaramamıştır. Her evlilikte sorunlar vardır. Önemli olan, sorun çıktığında sorunları çözümlenir olarak görebilmek ve sorunu çözme doğrultusunda eşinle birlikte ekip ruhuyla çalışabilmektir. Eşler arasındaki duygusal bağların zayıflamasındaki en önemli nedenler; sorun çözme sürecinde ekip ruhuyla çalışamamak, *"Nasıl olsa anlamayacak"* düşüncesi ile duyguları paylaşmamak, birlikte geleceğe yönelik hayal kuramamak ve birlikte oynamak, gülmek ve ağlamak için yeterince zaman ayırmamaktır. İkinci aşamayı başarılı bir biçimde tamamladıysanız, evliliğinizi suçlamayı, ancak evliliğinizin birçok diğer evlilik gibi gelişmelere, olgunlaşmaya, paylaşmaya açık yönlerinin olduğunu görmüş olmalısınız. Partnerinle aranızdaki farklılıkları görmek ve bu farklılıklardan korkmak yerine, farklılıkla birlikte büyüme ve olgunlaşmayı da öğrenmek gerekir. Çatışma alanlarınızı saptayıp, bu alanların çözümünde birlikte daha çok gayret etmek ve fiziksel, cinsel yakınlığınızı artırmanız gerektiğini de anlamış olmanız gerekir. Çevrenizdeki arkadaşların, iş yoğunluğunun, çocuk büyütmeyle ilgili sorumlulukları paylaşmanın ve ortak ilgi alanlarını artırmanın önemini de fark etmiş olmalısınız. Şimdi evinizin tekrar hırsızlığa uğramaması için önlem almanız gereken risk etkenleri konusunda daha çok bilginiz olduğunu umuyorum.

12. SADAKATSİZLİĞİ GERİDE BIRAKIP İLERİYE DOĞRU ADIM ATMA AŞAMASI: Kabul ve Affetme

Son aşamada, eşlerden acı yaşantısını olabildiğince yargısız bir biçimde kabul edebilmeleri ve yaşanana dair küçük parçaları bir bütünlük içinde birleştirerek, yaşanılana anlam kazandırabilmeleri beklenir.

Sadakatsizlik travmasını geride bırakmak ancak onu anlayarak (düşünsel ve duygusal düzeyde), kabul ederek ve affederek gerçekleşir. Travmasını başarıyla aşmış insanların öykülerini dinlersen, "Çok acı bir yaşantı idi; ancak geride kaldı" dediklerini duyarsın demiştim. **Bir şeyi geride bırakmak, ancak yaşantını protesto etmekten vazgeçip kabul etmekle gerçekleşir.** Ancak bir travmayı kabul etmek, o travmanın ve etkilerine boyun eğmek değildir. Kabul etmek, yaşanılanların adil olduğunu düşünmek de değildir. Yaşanılanı unutmak hiç değildir. **Kabul, olayları olmasını istediğiniz şekilde görmekten vazgeçip, olduğu gibi görmeyi becerebilmektir.**

İnsanlar genelde yaşantılarının oluşturduğu olumsuz duygulardan kaçınmak ve gerçeği görmenin getireceği acıdan uzak durmak amacıyla, olup biteni hissetmek yerine protesto etmek eğilimindedirler. Bu protestonun en güzel örneği, *"Nasıl bunu yapar, nasıl bu kadar acımasız olabilir?"* şeklinde tekrarlayan düşüncelerdir. **Bu tür travmalar aslında sana ve bana dünyanın itici gücü olmadığımızı ve olayların gidişinde belirleyicilik**

rolümüzün ne kadar sınırlı olduğunu gösterir. Protesto ise yaşanılan gerçeğin kabulünü güçleştirir. Eğer yaşantımızı değiştirmek ve acımızı geride bırakmak istiyorsak, eninde sonunda yaşantımızı yargılamadan kabul etmeyi öğrenmek durumundayız. Çünkü yaşantı ne kadar acı olursa olsun, bu acıyı geride bırakabilmek ancak istenmeyen yaşantıya kendini bırakabilmek ve *onunla kalabilmeyi* öğrenmekle mümkündür. Acı, ancak acıyla karşılaştığımızda ortaya çıkan tüm olumsuz duyguları tolere etmeyi öğrenerek aşılabilir. **Acı, ondan anlam çıkarabilenler için muhteşem bir bilgidir. Duygu ise bilgi taşır. Ancak olumsuz duygular sayesinde bizi rahatsız eden şeyleri daha iyi tanır, anlar ve neyin değişmesi gerektiği konusunda bilgi edinerek harekete geçebiliriz.**

Yaşananların tüm ayrıntılarıyla bir bütünlük içinde anlaşılabilmesi ancak yaşantıların anlamsız gibi görünen fotoğraf kareleri şeklindeki görüntülerinden çıkartılıp, bir film şeridine dönüştürülebilmesi ile mümkündür. İzlemiş olduğun filmlerden hatırlarsın. İnsanlar travmatik olayları bizim mesleğimizde "flashback" (geçmişe geri dönme) olarak adlandırılan fotoğraf kareleri şeklinde görüntüler ya da birbirinden kopuk, izole bellek parçaları şeklinde hatırlarlar. Filmin sonunda bu küçük kareler birbirleriyle bağlantılandırılarak başı, ortası ve sonu olan bir film şeridine dönüşür. Artık yaşananlar anlam kazanmış, göz önüne gelen istemsiz ve rahatsız edici fotoğraf kareleri yok olmuştur. Kopuk görüntüler, anlamlı bir film şeridi ile birbirleriyle bağlantılandırılmışlardır.

Ayşe ile Ahmet'in birbirlerinden ilk uzaklaşmaları, her ikisinin de birbirlerine ayırdıkları zamanın azalması ile başlar. Ahmet, zamanının çoğunu işinde, Ayşe ise bebekleri ile geçirmeye başlar. Duygusal uzaklaşmayı cinsel uzaklaşma izler. Ayşe, Ahmet'in kendisine yaklaşmamasını çekiciliğinin kalmaması biçiminde yorumlar. Artık o da Ahmet'e yaklaşmamaktadır. Ahmet ise karısı Ayşe'nin kendine artık eskisi gibi önem vermediğini düşünmektedir. Ahmet, çevredeki kadınlar tarafından oldukça çekici ve duyarlı bulunan bir erkektir. İnsanlara kolaylıkla "hayır" diyememesi ve ilişkisinde giderek azalan özgüveni kendine yakınlaşan kadınlardan biriyle ilişki kurmasına kadar gider. Olan olmuş, sadakatsizlik gerçekleşmiştir. Her şey açığa çıktığında yaşadığı utanç ve suçluluk duyguları, Ayşe ile sadakatsizlik konusunu konuşmasını güçleştirir. Eşinde oluşturduğu acı kendisine dayanılmaz bir üzüntü vermektedir. Diğer taraftan eşine çok güvenen Ayşe'nin yaşadığı acı ise tarifsizdir. İşittiklerine bağlı olarak hissedeceği olumsuz duygulardan korktuğu için eşiyle konuşmamayı tercih eder. Her ikisinin suskunluğu iyileşme sürecinin başlamasına engel olur. Birlikte terapiye gelirler. Terapistin süreci aşabilmek için birlikte çaba harcamaları gerektiğini vurgulamasından sonra birlikte harekete geçerler. Terapistle geçirilen uzun ama istikrarlı bir terapi süreci sonunda Ayşe Ahmet'e şunları yazar:

> *"Ahmet, sanırım her ikimiz de evlendikten sonra birbirimizi mutlu etme gayretlerinden vazgeçtik. Bitmeyen işler, çocuğumuz ve ekonomik zorluklar aramıza girdi ve ilişkimizi gerektiği kadar önemsemez olduk. Zaman zaman senden uzak durduğumda muhtemelen sen eskisi gibi önemsenmediğini düşündün. Aslında ben uzak durarak seni boğmamaya çalışıyor yani bireysel alanında seni rahatsız etmemeye gayret ediyordum. Sen cinsellikten uzak durduğunda ise ben kendimi istenmiyor gibi algılıyordum. Terapi sırasında bu uzak duruşunun nedeninin benim tarafımdan reddedileceğin korkusu ile ilgili olduğunu anladım. İkimiz de ilişkimizle ilgili sıkıntı yaşıyor, ancak ikimiz de bu konunun konuşulmasının*

getireceği rahatsız edici duygulardan kaçıyorduk. İletişimimiz neredeyse yalnızca çocuğumuz ile sınırlı idi. Seninle hiç kavga bile etmedik. Bu, kavgalı bir aile içinden geldiğim için çok hoşuma gidiyor ve kavga etmemek için konuşmamayı tercih ediyordum. Bana o kişiyle yaşadığın ilişkiyi anlattığında tüm korkularımın ve olmasını istemediğim şeylerin gerçekleştiğini düşündüm. Fiziksel ve cinsel yakınlaşmamızın giderek yok olması, bana senin başka biriyle ilişkin olabileceğini düşündürtmüştü zaten. Ancak asla şüphelerimin doğruluğunu anlamak için çaba sarf etmedim. Çünkü sen kaybetmekten korkuyor ve benden daha olumlu özelliklere sahip biriyle karşılaşırsam rekabet edemeyeceğimi biliyordum. İşte bu nedenle yaşadığın ilişkiyi bana açıkladıktan sonra da seninle konuşmak istemedim. Onunla yalnız cinsel değil duygusal bir bağ kurduğunu duymak beni daha da çok yıkacaktı. Terapi süreci içinde bu sadakatsizliğe anlam verebilmek için çok çaba sarf ettim. Biliyorum sen de çok çaba sarf ettin. Gösterdiğin çabaları ve zaman zaman elimde olmadan ortaya çıkan öfkemi tolere etmek ve yatıştırmak için sergilediğin gayreti gördüm. Bil ki bunu hep takdir ettim. Şunu da bilmeni istiyorum; sadakatsizliğini hiçbir zaman unutmayacağım. Umarım sen de unutmazsın. Hiçbir açıklama sadakatsizlik için yeterince iyi bir gerekçe oluşturamaz. Sadakatsizliğini gözden geçirmek ve bu kadar uzun süre devam ettirmemek yönünde karar verebileceğin birçok zaman dilimi olduğuna eminim, sen de biliyorsun. Seninle yalnızca çocuğumuz için evli kalmak istemiyorum. Eski yaşantımıza geri dönüp, birlikte geçirdiğimiz zamanı artırmak, ihmal ettiğimiz arkadaşlarımızla yeniden görüşmek ve kendimizi güzel şeyler hak eden bu ilişkiye daha çok adamak durumundayız. Sadakatsizliği birçok kişi öğrendi. Sen utandığın için ben ise kendimi yetersiz hissettiğim için onlarla görüşmeyi kestik. Oysa onlardan bazıları hep yanımızda olmak istedi. Belki terapistimizin söylediği gibi yaşadığımız acıdan öğrenebiliriz. Geçmişten öğrendiklerimiz geleceğimizin daha iyi olmasını sağlayabilir. Terapiye başladığımız zamandan şimdiye kadar olduğu gibi, bundan sonra da bu acıyı aşmamda yanımda olacağını umuyorum. ***Belki bir gün bu acıyı da tamamen geride bırakabiliriz. Ama unutmadan...***"

Ahmet ise Ayşe'ye şunları yazar:

"Biliyorum yaşadığım üzüntü ve suçluluk hiçbir şeyi geri getiremez. Bunu bana defalarca söyledin. Suçluluk duymak yerine ilişkimizi iyileştirmemiz gerektiğini ben de biliyorum. Gizli ilişkimin ortaya çıkması ve buna rağmen senin benden ayrılmayıp yanımda kalmış olmanın sana yaşattığı duyguları da anlıyorum. Terapistimiz gibi ben de bunun bir gurursuzluk ya da bağımlılık olmadığını düşünüyorum. Seni ne kadar incittiğimin farkındayım. Senin yerinde olsaydım bu kadar güçlü olamayacağımın da farkındayım. Bu senin ne kadar özel olduğunu, benimse ne kadar sıradan olduğumu bir kez daha görmemi sağlıyor. Geriye doğru baktığımda kendime olan güvenimi nasıl kaybettiğimi hâlâ tam olarak anlamış değilim. Kendimi önemsiz hissettiğim ve bu histen kurtulmak için böyle bir ilişkiye başladığımı düşünüyorum. Ancak bilmeni istiyorum ki yaşamımın bundan sonraki bölümünde kendimi ne kadar önemsiz ve güvensiz hissedersem hissedeyim, güven ve önemi başka yerlerde aramayacağım. Haklısın, evliliğimizi ve ilişkimizi ihmal ettik. Ben yalnızca eve ekmek getirmek için çabaladım. Ailemizin geleceği için çalışırken, senin ilişkimiz için

ayırdığım zamanı az bulmanı ise yaptığım fedakârlığın anlaşılamaması gibi algıladım. Duygusal yakınlığın ve eşlerin birbirine gösterdiği özenin ilişkiyi en az ekmek kadar besleyebildiğini göremedim. Seni çekici bulmadığımı düşündüğünü söylüyorsun. Seni her zaman çok beğendim. Yalnızca aramıza giren çeşitli soğukluklar nedeniyle yatakta, bana eskisi gibi sarılarak uyumuyor olman beni telaşlandırdı. Oysa telaşlanmak yerine konuşmak gerekiyormuş. Evet, arkadaşlarımızla daha çok görüşmeliyiz. Kibrimizden arınıp, olup biteni ne kadar acı da olsa yaşantımızın bir parçası olarak kabul etmeye çalışmalıyız. Yaşadığım utanç, suçluluk gibi duyguların arkadaşlarımızdan kaçmama neden olduğunu biliyorum. Ama artık bu duygulardan çok daha önemli bir şey olduğunu ve bunun senin sevgini yeniden kazanmak olduğunu da biliyorum. Senin sorumluluk duyguna hayranım. Bana ve çocuğumuza gösterdiğin özenin ve sorumluluğun farkındayım. Seninle yalnızca çocuğumuz için birlikte yaşama kararı almadığımdan emin olmanı istiyorum.

Biliyorum güven kaybolunca sözler anlamsız oluyor. Ama eğer şu ana kadar gösterdiğimiz çabayı devam ettirebilirsek, özlediğin o güveni tekrar sağlamak için elimden geleni yapmaya hazırım. Sen evimizi güzelleştiren kişisin. ***Yaşamımdaki en güzel şeysin. Yaşanılanları unutmayacağını biliyorum. Benim de unutmayacağımdan emin olabilirsin.*** *Ama terapistimizin de belirttiği gibi, acı onu hisseden ve işaret ettiği adresi görmek isteyenler için muhteşem bir bilgi olabiliyormuş. Sana yaşattıklarım için ne kadar üzgün olduğumu bir kez daha belirtmek isterim.* ***Umarım bir gün sen de ben de beni affetmeyi becerebiliriz.*** ”

Sadakatsizlik yaşantısının bu biçimde öykülendirilmesi bazı önemli yararlar sağlar. Her şeyden önce son aşamada eşlerin aynı yaşantıya verdikleri anlamın tutarlı olup olmadığını görebilmelerini sağlar. Eğer yazılan öyküler birbirinden çok farklı ise bu durum sürecin henüz tamamlanmadığını gösterir. Bu koşullarda bile umutsuzluk yaşanmamalıdır. İyi şeyleri başarmak ve elde etmek için bazen daha çok çaba harcamak gerekir. Önemli olan çabadan vazgeçmemektir. Öykülerdeki tutarsızlıkları gözden geçirmek, eşlerin birbirleriyle ilgili hangi noktalara daha çok odaklanmaları gerektiği konusunda bilgi verir. **İleriye doğru adım atmak bir bebeğin yürümeyi öğrenmesine benzer. Emeklemekten yürümeye geçmek için bir bebeğin kaç kez düştüğünü unutmamalısın. Bebekler düştükleri için yürümeye çalışmaktan vazgeçmezler. Senin de bebekler kadar kararlı olmanı dilerim.**

İleriye doğru adım atmak, sadakatsizlik yapan partneri aldatıcı özellikleri ağır basan bir şeytan gibi görmekten vazgeçmek ve onunla ilgili daha dengeli ve gerçekçi bir bakış açısı geliştirmekle mümkündür. İleriye adım, onu cezalandırmaya çalışmaktan vazgeçip, ilişkinin düzelmesini yavaşlatan öfkeyi bir kenara bırakabilmektir. İşte bu noktada *affetme* kavramı devreye girer. Affetmek, onun yaptığını onaylamak ya da oluşturduğu acıyı görmezden gelmek değildir. Affetmek, yapılanı hoş görmek ya da yapılanı unutmak da değildir. Hepsinden önemlisi affetmek, acıyı artık hissetmemek de değildir. Affetmek, her şeye rağmen ilişki için çaba harcayabilecek kadar olgunlaşabilmek, onu cezalandırmaktan vazgeçmek ve kalbinizi insancıl duygularla yumuşatabilmektir. İlişkinin düzelmesi, hatta eskisinden de anlamlı bir duruma gelebilmesi ancak affedebilme becerisini kazanmakla mümkündür. **Son olarak affetmek, mutlaka onunla birlikte yaşamaya devam etmeyi de**

gerektirmez. Çünkü affetmek, birlikte kalmak için yeterli olmayabilir. Affetmeyi sağlamak için baskı yapmak yerine, *affetmenin önündeki engelleri gözden geçirmek gerekir.* Bazen eşler, affettiklerini dile getirdiklerinde partnerlerinin sadakatsizlik konusunun asla açılmamasını istemelerinden endişe ederler. Affetmenin acıyı tekrar yaşamalarına neden olabilmesinden korkabilirler. Affetmenin kendi inandıkları değerlerinden vazgeçmek olduğunu da düşünebilirler.

Bazıları ise, *"Affettim"* diyebilmenin; ancak acı çekmedikleri bir zaman gelirse mümkün olabileceğini düşünebilirler. **Oysa affetmek yalnızca bir tercihtir. Bu tercihi yapar ya da reddedersiniz. Affetmek tercihi, süreci bitiren değil, sürece adanmışlığı ve kararlılığı temsil eden bir davranıştır.** Affetmek, sevecenliğin göstergesidir. Amacı kendinizden çok partnerinizin acısını dindirmeye yöneliktir.

Affetmek, sadakatsizliği yapan kişi için de olgunlaşma doğrultusunda atılan önemli bir adımdır. **Kendini affetmeyi bilmeyen başkalarını da affedemez.** Bir miktar suçluluk ve utanç, seni değişim için motive eder. Çok miktar suçluluk ve utanç ise seni hareketsizleştirir, pasifleştirir ve insan olmanın belki de en önemli niteliklerinden biri olan affetme gücünü elinden alır. Affetmeyi öğrenmeyi yalnızca kendin için değil, hem bu ilişki hem de bundan sonraki ilişkilerin için becermelisin. Eğer bu sürecin sonunda birlikte kalmaya karar verirsen, geçmişin yaralarını sarmak, bugünü güçlendirmek ve yarınlarını zenginleştirmek durumunda olduğunu unutmamalısın. Kaybedilen güvenin yeniden kazanılması ne kadar zaman gerektiriyorsa o kadar süre için sabırlı ve kararlı biçimde çaba harcamalısın. Güveni kazanmak zor kaybetmek kolaydır. Bunu öğrenmiş olmalısın.

Güven duygusunun yeniden kazanılması

"Güven" olarak adlandırılan kavramın tanımını yapmak zordur. Birçok kişi güvenin anlamını ancak onu kaybettiği zaman anlayabilmektedir. Hiç düşündün mü, *"Ona güveniyorum"* demek neleri gerektirir? Güvenin içinde *güvenilirlik, tahmin edilebilirlik, dürüstlük, adanmışlık, sadakat ve ortak sınırlar* gibi kavramlar vardır. Bir insanın güvenilirliği, küçük büyük verdiği sözleri ne oranda yerine getirdiğine bağlı olarak artar ya da azalır. Tahmin edilebilirlik kavramı sıkıcı olmak, bıktırıcı olmak gibi anlamlar yüklenerek günümüzde değersizleştiriliyor olmakla birlikte, insan ilişkilerinde güvenin sağlanması için olmazsa olmazlardan biridir. Birinin neyi yapıp, neyi yapmayacağını tahmin edebilmek ve tahminlerin doğru çıkması onu iyi tanıdığımızı ve daha da önemlisi ona güvenebileceğimizi gösterir.

Birinin dürüstlüğüne inanmak ancak onun söylediklerinin doğruluğu oranında artar. Yalan söyleme gibi bir özelliğinin olması ise dürüstlüğüne olan güvenimizi azaltır. Adanmışlık, zor zamanlarda da olunması gereken yerde olabilmekle ilgili bir kavramdır. Pek çok aşk şarkısı içinde bu adanmışlığı simgeleyen sözler vardır. *"Gökyüzündeki son yıldız kayboluncaya kadar seni seveceğim"* gibi. Ancak adanmışlık düzeyi yalnızca hoş zamanlarda değil zor zamanlarda da onu sevebilmek ve onun mutluluğu için çaba harcama düzeyi ile ölçülür. Ortak sınırlar ise bir ilişkiyi devam ettirebilmek için gerekli ortak tutum ve davranışlardır.

İlişkinizi bir bahçe gibi düşün. Her bahçeyi birbirinden ayıran çitler vardır. Bu çitler sizin birliktelik ile ilgili beklentileriniz düzeyinde yükselir ya da alçalır. Bazı insanların çitleri çok yüksektir. Örneğin Nilgün, eşinin sosyal bir ortamda bile bir kadına ilgi göstermesine asla katlanamazken, Füsun eşi eve geldiği müddetçe geç saatlere kadar ne yaptığını hiç merak etmeyebilir. Bazen eşler birbirlerinin çitlerinden haberdar değildir ve ancak biri ötekinin çitini aştığı zaman bunu fark ederler. Eşler çitlerini benzer yükseklikte tutabilmek için açıkça konuşabilmeli; para, çocuk, ilgi, cinsellik, aile yaşamı ve ilişkilerinin gidişi konusunda ortak tutumlar geliştirmeye çalışmalıdır. Yeniden güven için gerekli bu özelliklerin, sadakatsizlik sonrasında yeniden kazanılmasının çok kısa bir süre içinde olmasını beklememelisin.

Ayrıca sadakatsizliği yapan kişi olarak gizlilik içinde yaptığın hiçbir şey olmamalı, asla yalan söylememelisin. Başkalarıyla ilişkilerine sınır koyabilmeli ve ilişkini daha iyileştirmek için eksiklikleri iyi tanımlamalı ve iyi anlamalısın. Sadakatsizliğe uğrayan kişi isen o zaman da belirsizlikle ilgili küçük riskleri göze alabilmeli ve belirsizliğin oluşturduğu rahatsızlık duygusunu tolere edebilmeyi öğrenmelisin. Yaşamda, belirsizliklerin tümünü belirli hale getirmeye yönelik bir çaba sınıfta kalmaya mahkûmdur. Eşinin her an ne yaptığını bilmeye yönelik bir çaba, yalnızca seni yorar. Belirsizliğe tahammül ya da belirsizliği tolere etme gücü insanın en adaptif yanıdır. **Aslında, belirsizliğe tahammül gücü bireyin kişisel gücü ile eşdeğer bile sayılabilir.** Sadakatsizlik sonrası dönemde de bazı belirsizlikler olacaktır. **Belirsizlik, her zaman tehlike işareti değildir.**

Bu iyileşme sürecinde zaman zaman gerilemeler olacağını ve geçmişle ilgili anıların ya da duyguların tekrar sahneye çıkabileceğini de peşinen kabul etmen gerekir. Zamanla bunların sıklığı, şiddeti ve süresi azalacaktır. Sadakatsizliğe uğrayan partnerin acı verici anılarla daha çok baş etmek durumunda olacağını tahmin edebilirsin. Olayı hatırlatan konuların, seyredilen bir filmin ya da başkasının başına gelen benzeri bir olayın sessizleşmeye başlayan anıları yeniden canlandırabileceğini de unutmamalısın. Böyle durumlarda hiçbir şeyin düzelmediğini ya da her şeyin geriye gittiğini asla düşünmemelisin. Şu ana kadar ne kadar çok mesafe aldığını hatırlar ve gerileme gibi görünen işaretlerin, ileriye adım atma yönündeki sürecin son derece doğal parçaları olduğunu kabullenebilirsen bu tür kaygıları daha çabuk atlatırsın. Böyle durumlarda ondan uzaklaşmak yerine ondan yardım istemelisin. Aklına gelen anıları, artan farkındalığının bir parçası olarak görmeye çalış ve onları korkutucu olarak değerlendirmek yerine koruyucu olarak algılamaya çalış. Sadakatsizlik herkesin başına gelebilir. Seni rahatsız eden anıları bir uyandırma alarmı olarak değerlendirirsen, tehlike algın yerine farkındalığın artar.

Dünyanın birlikteliğin için çeşitli risk ve tehlikeler içerdiğini de unutmamalısın. Sürekli talep eden bir dünyada patronun daha çok çalışmanı, gönüllü kuruluşlar kendilerine daha çok zaman ayırmanı, çocuklar ise kendileriyle daha çok ilgilenmeni isteyeceklerdir. Bazı arkadaşların sadakatsizliği komik bir kavram olarak değerlendirip, eşine olan düşkünlüğünle alay bile edebilir. Geniş ailen eşine olan özenini fazla bulabilir ve arkadaşların seninle daha çok zaman geçirmek isteyebilir. Evliliğinin güzelliğini korumak konusunda en çok özen göstermek durumunda olan kişi sensin. Dış dünyanın bu tür taleplerinin evliliğinin devamını riske sokmasına izin verme. Onunla iletişimine her şeyden çok önem ver. İleriye adım atmak iyi bir iletişim ve birlikte sorun çözme becerileri gerektirir. Onunla konuşabilmek için, "Günün nasıl geçti?" sorusu yerine *"Bana gününü anlat, en güzel ve en kötü tarafı neydi?"* diye sormayı tercih et.

Yaşamınızda olup bitenleri birlikte gözden geçirmek için haftanın bir gününün en az bir saatini eşinle konuşmaya ayır. Bu özel saatte TV, telefonlar, bilgisayarlar kapalı; çocuklar uyumuş olsun. Onunla fiziksel yakınlığını sürdür. Ona dokun hatta sarıl. Yanından geçerken ona sarılmak sana bir şey kaybettirmez. Yan yana otururken ya da yürürken elini tutmanın bir şey kaybettirmeyeceği gibi.

Aranızdaki seksin her zaman mükemmel olması gerekmez. Cinsellik ona gösterdiğin ilginin ve şefkatin işareti olsun. Hepsinden önemlisi ilişkinizi ödüllendir. Ona gün içinde sonradan bulabileceği notlar koy. Notlarında sevgi sözcükleri olsun. Geçmişte birbirinizi mutlu etmek için yaptığınız sürprizleri hatırla. Onu ve ilişkini besle. Ancak beslersen büyüyen ve gelişen bir ilişkin olur.

Eski bir öyküyü hatırla: *"Göğsümün iki yanında birer kurt var. Birisi öfke dolu, diğeri ise sevgi. Aralarında savaşıyorlar, benliğimi ellerine geçirmek için. Acaba hangisi kazanacak"* sorusunu ve daha önemlisi bu soruya verilen yanıtı: *"Hangisini beslersen kazanan o olacaktır."*

13. SON SÖZ

Sadakatsizlik sonrasında birlikte kalma çabasını gösteren ve bu konuda en doğru olanı yapmak için profesyonel yardım arayışı içine giren çiftlere hep hayranlık duydum. Her zaman olmasa da, zaman zaman yaşadıkları acıya rağmen ilişkilerini sadakatsizlik öncesinden daha sağlıklı ve güvenilir bir konuma getirebildiklerine de tanık oldum. Sadakatsizliği sen de yaşayabilirsin. Çünkü sadakatsizliğin önyargısı yoktur, herkesin başına gelebilir. Bu *"Bizim ilişkimizde sadakatsizlik yaşanmaz"* biçiminde dile getirilen gereksiz kibri öldürüp, bizlerin de *"sıradan ölümlüler"* olduğumuzu gösterir. Bir gün sen de bu deneyimden geçersen unutma yalnız değilsin. Sen ve benden önce kim bilir kaç çift bu acıdan nasibini aldı. Ama sen de başarabilirsin... Acının gösterdiği adresi görebilir ve acıdan öğrenebilirsen acı muhteşem bir bilgi olur. **Sadakatsizliği geride bırakma; acıyı kabul etmeyi, kararlı, sabırlı olmayı, ama hepsinden önemlisi umutlu olmayı gerektirir.**

Unutma ki her ikiniz de ilişkinizde yaşanabilecek en kötü deneyimlerden birini yaşadınız. Birlikteliğinizin üzerine kurulduğu zemin sarsıldı, ama yıkılmadı. Benzer deneyimden geçen birçok çift bu sürecin sonunda birbirlerine daha yakın oldular ve daha güçlü bağlarla bağlanabildiler. Ancak onlar sorun çözerken sorun oluşturan stratejiyi kullanmadılar.

Sana daha önce de söylediğim gibi bana bugün "Delilik nedir?" diye sorsalar, *"Delilik, aynı stratejiyi kullanıp, farklı sonuçlar almayı beklemektir"* derim. İlişkinin iyileşmesi için işlevselliği olmayan stratejilerden vazgeçip, amaca uygun stratejileri öğrenmek ve uygulamak durumundasın. Unutma ki evliliğinizin iyi gitmesi ve sadakatsizlik acısının geride bırakılabilmesi ancak sizleri mutsuz eden stratejileri tanımak ve değiştirmekle mümkündür.

Sadakatsizliği izleyen süreç içinde, doğru stratejileri uygularken yılmamak ve değişimi sağlamak konusunda kararlı bir tutum sergilemek çok önemlidir. Einstein şöyle der: *"Ben zannettiğin gibi diğerlerinden daha zeki değilim. Yalnızca sorunlarla daha çok birlikte kalıyor, onlarla daha çok vakit geçiriyorum."*

Ancak bu bölümün başında anlattığım Ayten'in öyküsünü de unutma. Hani beşinci sadakatsizliğini "gerçek aşkı" bulması ile açıklayan kocayla evli olan Ayten'i. Hissettiklerinin adını "sevgi" koyduğun için tekrarlayan sadakatsizliklerine rağmen, kendisini bir ilişkiye adamayı öğrenmemiş birisiyle birlikte olmakta ısrarcı davranmak pek de akılcı olmayabilir. **Bazen de sadakatsizlik, bitmiş bir ilişkinin en somut göstergesidir.**

Son olarak sana şunu söyleyerek bitirmek istiyorum sözlerimi:

Sıcağı, üşümenin ne olduğunu öğrendiğimiz için severiz. Işığı ise karanlıkta kalmanın ne olduğunu anladığımız için. Mutluluğun güzelliği ve bilgeliği ise ancak mutsuzluğun karanlığından gelirsen daha iyi anlaşılır. Bazen mutsuzluk, ileride yaşayacağın mutluluğun itici gücü olabilir.

[illegible] Çocuklar [illegible]

[illegible] gerektiği [illegible]

Aile büyüklerine konunun açılması gerektiğinde:

a. Onların konuyu [illegible] olduğunu [illegible]

b. [illegible]

[illegible]

[illegible] ya da [illegible] konunun [illegible]

[illegible] bilgi [illegible]

bileceğini [illegible] musunuz?

[illegible] Bunu anlatırken beklentileriniz nelerdir?

[illegible] ve tavsiyelerini isteyecekseniz bu konuda [illegible]

[illegible]

[illegible] yararı vardır. [illegible]

[illegible] çocuklar [illegible] [illegible] [illegible] [illegible] [illegible] [illegible] [illegible]

Aile büyüklerine konunun açılması gerekli ise:

a. [illegible]

b. [illegible]

[illegible]

1. [illegible]
2. [illegible] bileceğine inanıyor musunuz?
3. Bunu anlatırken beklentiniz nedir?
4. [illegible]

[illegible]